Karl Stieler

Natur- und Lebensbilder aus den Alpen

Karl Stieler

Natur- und Lebensbilder aus den Alpen

ISBN/EAN: 9783956978197

Auflage: 1

Erscheinungsjahr: 2015

Erscheinungsort: Treuchtlingen, Deutschland

Literaricon Verlag Inhaber Roswitha Werdin, Uhlbergstr. 18, 91757 Treuchtlingen

www.literaricon.de

Natur- und Lebensbilder

aus den Alpen

von

Karl Stieler.

Mit einem Vorwort

von

M. Haushofer.

Stuttgart.

Verlag von Adolf Bonz & Comp.

1886.

Vorwort.

enn schon der lebende Autor seinem Buche
ein Vorwort voranzuschicken pflegt, in
welchem er darlegt, was ihn dazu
brachte, das Buch zu schreiben und
es der Öffentlichkeit zu übergeben, so ist es wohl
noch weit mehr gerechtfertigt, wenn dem Buche eines,
viel zu früh aus der Vollkraft seines Schaffens
geschiedenen Mannes von Freundeshand ein paar
Worte zur Begleitung mitgegeben werden.

Karl Stieler hat sich seinen Namen haupt=
sächlich durch seine Gedichte in oberbairischer Mund=
art erworben. Wer diese kleinen, aus tiefster Seele
des Volkes geschöpften Lieder liest, ahnt nicht, welcher
umfangreiche Apparat von Volkskenntnis, von Lebens=
erfahrung und Naturanschauung dazu gehörte, sie
zu schaffen. Der flüchtige Leser mag wohl glauben,
es hätte nur der gelegentlichen Veranlassung, eines
raschen Blickes, eines fröhlich im Hochwalde, oder
auf sonniger Alm, oder in rauchiger Hütte aufge=

fangenen Wortes ober Scherzes beburft, um bem
Dichter biese Lieber in ben Munb zu legen. Aber
bas genügte nicht. Der Mann, ber biese ober=
bairischen Gebichte schrieb, hatte zuvor sein ganzes
Leben in bie Seele bes Volkes versenkt, bessen
Poesie er wiebergab. Alles unb Jebes, was um
ihn war unb geschah, warb mit scharfem Auge von
ihm verfolgt. Wie sich bie Natur seiner Heimat
unb bas Leben seines Volkes in allen Einzelnheiten
mit einanber verketten; wie Brauch unb Sitte im
Boben unb in längstvergangener Geschichte wurzeln;
wie alter unb neuer Glaube ineinanber verflochten
sinb; wie tausenbfache Fäben zwischen Vergangenem
unb Entstehenbem, zwischen seelenloser Sache unb
lebensfrohem Menschengemüt, zwischen ben kleinen
Einzelschicksalen unb ber bröhnenben, klirrenben Zeit=
geschichte sich spinnen: Nichts burfte ihm verborgen
bleiben.

Eine Reihe von schriftstellerischen Prosaarbeiten,
welche Karl Stieler hinterließ, geben Zeugnis bafür.
Von biesen Arbeiten ist ein Teil unter bem Titel
„Kulturbilber aus Baiern" im Laufe bieses Jahres
erschienen; kleinere, aber barum nicht minberwertige
Arbeiten sinb es, bie im vorliegenben Banbe ge=
sammelt sinb. Alle biese Prosa=Arbeiten bieten
gewissermaßen einen Einblick in bie geistige Werk=

ſtätte, aus welcher jene Dichtungen hervorgegangen
ſind. Sie ſind ein Teil jenes unerſchöpflichen
Schatzes an Volkskenntnis, den Stieler ſich erworben
hatte. Nur ein Teil, denn das meiſte hat der ſo
früh Geſchiedene mit ins Grab genommen; es iſt
unwiederbringlich verloren. Das ſind jene kleinen
feinen Züge aus dem Volksleben, die in ſeiner
Erinnerung aufgeſpeichert lagen und ihm zur Ver=
fügung ſtanden, ſo oft es nötig war, ſie zur Charak=
teriſtik der Menſchen und der Zuſtände anzuwenden.

Die in dieſem Bande geſammelten Aufſätze
ſtammen aus einer ziemlich langen Periode: aus
dem Zeitraum von 1868—1885. Es iſt begreiflich,
daß bei einem Schriftſteller, der in ſo jungen Jahren
ſchon thätig war, nicht alles, was er im Zeitraum
von vierzehn Jahren ſchrieb, auf gleicher Höhe der
Lebenserfahrung und künſtleriſchen Ausgeſtaltung
ſteht. Trotzdem wird man die Sammlung eine ſehr
einheitliche nennen dürfen. Nur diejenigen Leſer,
welche die Perſon des Dichters und zugleich alle
ſeine Arbeiten kennen, ſind wohl im ſtande, bei
den älteren Arbeiten ein Urteil darüber abzugeben,
ob Stieler, wenn er noch lebte, dies oder jenes
jetzt anders ſchreiben, ob er dieſe oder jene Stelle
des Buches noch mit neuen Lichtern, mit ſchärferen
Strichen verſehen würde. Man muß nur von den

VIII

„Kulturbildern aus Baiern" die letzten Stücke ge=
lesen haben, um zu erkennen, mit welchem Meister=
blick, mit welch eminenter Plastik Stieler in seinen
letzten Jahren seine Gestalten und Ereignisse hin=
zeichnete; mit welch beneidenswerter Begabung er
die Kulturbilder seines Volkes ausstattete.

Aber — was immer Stieler selbst an dieser
Sammlung abgeändert hätte — in der Hauptsache
wäre sie wohl dieselbe geblieben. Denn der Grund=
zug, der durch sie hingeht, der die einzelnen Stücke
verbindet, nicht nur unter einander, sondern auch
mit allem andern, was Stieler schrieb: das ist die
Bergheimat mit ihrer Schönheit und Großartigkeit,
mit dem schneidigen Wesen ihres Volks.

Wenn es eine tief ergreifende, zur Wehmut
stimmende Aufgabe war, diese Sammlung zu lesen
und zu sichten, so ward sie doch verschönt durch
den Gedanken: daß auch am kleinsten, was sie ent=
hält, die Meisterhand sich offenbart, daß es nichts
Unwürdiges ist, was durch sie dem deutschen Volke
als Vermächtnis eines teuren Toten geboten wird.

München, im Oktober 1885.

M. Haushofer.

Inhalt.

Aus dem

Tierleben der bairischen Alpen.

(1877.)

an kann von der Kultur, vom Volks=
leben unserer Berge nicht sprechen,
wenn man es nur auf zwei Füße
stellen will, so notwendig gehören die Vierfüßler
dazu. Sie wohnen unter Einem Dache mit ihrem
Besitzer, sie geben der Arbeit, der Dichtung, der
Sage hundertfältige Motive, sie sind eine unent=
behrliche Staffage für unser Hochland. Man fühlt
es im Winter, wo alles Vieh tief in den Ställen
steht, wie leblos da die Landschaft wird, wenn kein
Geläut mehr klingt über die grüne Halde. Wie
schön ist es dafür im Herbst, wenn das goldene
Laub der Bäume sich abhebt von den blauen Bergen,
wenn auf den umzäunten Wiesen die Nebel ziehen,
und wir sehen die großen Herden weiden, — wie

wandelt sich da jede Gruppe von einem Bilde ins
andere; man fühlt gewissermaßen dem Tiere nach,
wie wohlig ihm das Leben in freier Natur ist, und
darum, nicht nur durch seine malerischen Formen,
belebt das Tier im tieferen Sinne die Landschaft.

Und wenn's schon drunten im Thale so lustig
ist, um wieviel lustiger ist es erst droben auf der
Alm, in der wehenden Luft, in der schrankenlosen
Freiheit!

> Und lusti' is almerisch,
> Almerisch bin i(ch);
> Und z'Alm obn san frische Leut,
> Dös sag enk (euch) i(ch).

> Und z'Alm obn is lusti'
> Da greint oan Nem'd aus;[1]
> Der Hüterbua derf nit,
> Und der Bauer is z'Haus.

Ja, alle anderen sind weit von hier, zu Haus im
Thale drunten; dies allein für sich sein ist der geheime
Zauber, der aus all den Jodlerrufen klingt, die da
hinunterschallen. Freilich hieß es auch schon vor
fünfhundert Jahren: „Lützel trewen (wenig Treue)
ist uf den Alben": es ist wohl derselbe Gedanke,

---

[1] Dort zankt (greint) einen niemand aus.

ben heutzutage das Dirndl in die Worte kleidet:
„Auf der Alm giebt's koa Sünd."

Aber selbst das Vieh ist viel munterer da
droben, als es je auf der Heimweide ist; jedes Stück
weiß augenblicklich seinen alten Platz im Stalle,
und das schneeweiße Kätzlein, das auch mitgeht,
streckt sich noch einmal so behaglich auf das braune,
sonnige Geländer. Die Sennerin hat freilich keinen
Herrn hier oben, aber der eigentliche Herr ist da=
für — das „Viech". Das muß zuerst verpflegt
und versorgt sein, bevor man an sich selber denken
kann, und wenn der „Bua" heraufkommt am Sams=
tag Abend, so muß er warten, bis Futter und
Streu in Ordnung ist. Zuerst kommt das Vieh,
dann kommen die Leute, — das ist nun einmal so
hergebracht in der bäuerlichen Hierarchie. Wo man
einen schweren Schlag Vieh auf die Almen treibt,
— wie er sich z. B. aus der Kreuzung der Pinz=
gauer und Simmenthaler Rasse ergab, — da kommen
sogar die Kühe zum Melken nicht an die Hütte, son=
dern die Sennerin muß ihnen nachgehen, wo sie
eben weiden, und sie nimmt willig den Weg auf
sich, um ihn den braunen Honoratioren zu ersparen.

Im Frühjahr, wenn die Herde zum erstenmal

ins Freie kommt, giebt es in der Regel ein gewal=
tiges Kampfspiel. Das drängt und stürmt hinaus,
daß die Thüren des Stalles fast brechen; dann
geht der Stier auf jedes einzelne Stück der Herde
los und verteilt martialische Rippenstöße, um seine
Meisterschaft nnd Autorität zu erhärten. Ist das ge=
schehen, so fangen die Kühe untereinander zu kämpfen
an, bis sich erwiesen hat, wer die Stärkste von
ihnen ist, — wer „Hagmoar" ist, lautet der dia=
lektische Ausdruck; diese erhält sodann als Leitkuh
die Glocke, und ohne Widerstand fügen sich ihr die
andern. In Tirol finden, wie mir von Augen=
zeugen solcher Kämpfe versichert ward, zahlreiche
Wetten statt, wer Sieger wird; ganze Dorfschaften
treiben ihr Vieh zu solchem Zwecke zusammen. Von
der Berechnung, die in diesen braunen Köpfen steckt,
von der Rivalität, kurz von dem individuellen Ver=
hältnis, welches die einzelnen Tiere einer Herde
zu einander suchen, giebt es bewunderungswürdige
Proben; es kommen unbestreitbar gewisse Stim=
mungen zum Ausdruck, die mehr als Instinkt sind,
in denen sich wirklich die „Tierseele" ausprägt. Einer
wunderschönen, weißen Kuh in Egern hatte man ihr
Kalb genommen; zwölf Stunden brüllte und klagte

sie ohne Unterlaß, daß man es bis ans andere
Ufer des Sees hörte; nun lag sie müde und krank
auf der Streu. Ich werde den Ausdruck der Teil=
nahme, fast könnte man sagen, des Verständnisses
nie vergessen, mit dem die beiden Nachbarkühe das
arme Tier behandelten, vor allem die eine, der
man das eigene Junge gelassen. Ohne Unterlaß
schmeichelten sie und leckten ihr Hals und Nacken,
und die eine besonders drängte immer wieder ihr
eigenes Kälblein hinüber, als wollte sie den Besitz
desselben mit der Verwaisten teilen. Wenn man
das hört, so mag es seltsam klingen; wer es ge=
sehen hat, diesen Ausdruck in den großen, stummen
Augen, — der konnte sich des Mitgefühls nicht
erwehren. Die kluge Art gegenseitiger Hülfeleistung,
die Sorgfalt aller übrigen, wenn einem Stück der
Herde das mindeste zustößt, aber auch die bos=
haften Ränke, die man zuweilen unter jenen Vier=
füßlern wahrnimmt, zeigen einen hohen Grad von
Intelligenz. Manche haben eine ausgesprochene
Feindschaft gegen einander und warten oft lange
Zeit, bis der günstigste Augenblick kommt, um dem
Gegner einen Schabernack zu spielen.

In der großen Meierei zu Kaltenbrunn, am

nördlichen Ende des Tegernsees, war ein gewaltiger
Stier, Namens Tell, und zwei riesige Ochsen von
achtzehn bis zwanzig Zentner Gewicht; die haßten
einander auf den Tod. Es war der Groll, den
die Depossedierten gegen den Regierenden besitzen;
nie gingen sie ohne einen kleinen Stoß an einander
vorüber. Doch auch der troßige Tell lauerte schon
lange auf eine passende Gelegenheit, um ein Exempel
seiner Souveränität zu statuieren; da endlich war
es einmal still und leer in dem großen Stall, nur
der kleine Hüterbub war da, — fast alles Vieh
war draußen auf der Weide. Jeßt riß sich Tell
von seiner Kette los und steuerte pfeilgerade auf
die beiden roten Ochsen zu. Mit einem kurzen
Ruck schob er sie so zurecht, daß sie in ganzer Länge
dicht am Barren standen, dann lud er sie von unten
auf den gewaltigen Nacken und warf sie mit einem
Stoße in den tiefen Futtertrog, wo sie hilflos auf
dem Rücken lagen, — alle Viere in die Luft ge=
streckt. Noch ein Weilchen sah er vergnügt um sich
und ging dann zurück an seinen gewohnten Plaß,
während die beiden fast eine halbe Stunde lang in
der verzweifelten Situation verharrten, bevor es
gelang, sie zu befreien.

Seit den letzten Jahren ist auch von Amts=
wegen und durch Vereine viel für die Hebung der
Viehzucht geschehen; besonders tragen hiezu die
großen Schaustellungen bei, die an besuchten Orten
des Gebirges, in Tölz, in Miesbach, in Gmund,
abgehalten werden. Sie gestalten sich überall zum
farbenreichen, lebendigen Volksfest; von allen Seiten
strömt die Landbevölkerung herbei, denn das Inte=
resse, welches jung und alt dem schönen Vieh ent=
gegenbringt, ist ein beispielloses. Die Viehzucht ist
eben in den Bergen, wo der Getreidebau wenig
gedeiht, die Grundlage des ganzen wirtschaftlichen
Lebens; der Ehrgeiz der Nachbarn, der Stolz ganzer
Dorfgemeinden wurzelt darin, und die Leute schauen
gegenseitig ihr Vieh viel schärfer an, als sie sich
selber betrachten. Wie es gefüttert und wie es
geputzt ist, wie viel oder wie wenig, wie fett oder
wie mager, das giebt den Maßstab für den gesamten
Haushalt und Wohlstand des Bauern. Wäre heute
eine Volksversammlung oder eine Versammlung von
irgendwelchen Celebritäten in Gmund angesagt, es
gäbe kaum halb so viel Leute, als sie jetzt „bei der
Viehschau“ zusammenströmen.

Der dortige Platz für die Schau kann aber

auch nicht schöner gefunden werden; frei nach allen
Seiten liegt der große Anger da, auf dem sich bald
das fröhliche Tierleben entfaltet. Zur Rechten ruht
spiegelglatt der See, in den das Schilf tief hinein=
gewachsen, drüben schauen die Berge herein mit
ihren breiten Wäldermassen, und vom blauen Himmel
herab glänzt die Oktobersonne goldig und weich.
Von allen Enden aber kommen sie schon gezogen,
über den Fußsteig herab und über den Gmunder
Berg, vom Schliersee und von Baierisch=Zell, von
Miesbach und Wallenburg und dann von der Tölzer
Seite, von Waakirchen und Reichersbeuern.

Welche prächtige Formen! Welche Kraft ruht
in solchem Nacken, der nur widerwillig den Kranz
von Blumen und grünem Reisig trägt! Jetzt legt
er den Kopf zurück, der schwarze Stier; die ge=
öffneten Nüstern schnauben und wittern; dröhnend
hallt das Gebrüll ins Weite. So kommen sie her=
unter von den Höhen, zur Seite ein stämmiger
Bursch, der sich zurücklehnt und das kurze Seil
noch fester zieht, hinterdrein ein Mädchen im
schmucken Mieder, auf dem Spitzhut die goldene
Schnur, denn der heutige Tag ist Festtag. Sie
war mit oben auf der Alm den ganzen Sommer

lang und kennt jedes Stück; ihrem Winke folgen
sie geduldig.

Auf der andern Seite der Wiese stehen die
Kühe mit den munteren Kälblein, um den Hals die
hellen Glocken, die sie droben auf den Bergen ge=
tragen, und das alles wogt und klingt wie ein
bunter Reigen ineinander.

Gegen neun Uhr ist der weite Anger dicht
mit Menschen gefüllt, und in vier langen Reihen,
nach Rang und Stand geordnet, stehen die braunen
Preis=Kandidaten; das Volk hat sich in plaudernde
Gruppen zerteilt, die „Kommission" aber wandert
mit gravitätischer Miene von Stück zu Stück und
zeichnet mit dem dicken Stift geheimnisvolle Hiero=
glyphen. „Kriegst was?" — ruft einer den
andern an, wenn zwei Bauern an einander vor=
übergehen. „Was kann man sagen?" lautet die
Antwort, „nix G'wiß's woaß man nit." Und
dutzendmal hört man wohl rufen: „Aber schön, ja
wunderschön", — „so a Vichei giebt's auf der Welt
koan's mehr", — „da möcht ja unser Hergott abi=
steign und schaugn!"

Unterdessen hat sich auch das „Geschäft" bereits
lebhaft entwickelt, denn aus allen Teilen des Hoch=

landes und selbst aus Schwaben und Franken sind zahlreiche Gutsbesitzer erschienen, die einige von den prächtigen Zuchttieren erwerben und mit nach Hause nehmen wollen. Doch auch der Bauer selbst ist seit etwa zehn Jahren von einem gewissen Handels= geiste angesteckt, der ihm früher fremd war; jetzt ist Kaufen und Verkaufen seine höchste Lust, und wenn die Ware auch nicht weitergeht, wenn sie nur zwischen ihm und dem Nachbar bleibt. Aber jeder hat gern, wie der Ausdruck lautet, „so a bißel a Handelschaft."

Am lebhaftesten geht es natürlich an der kleinen Schenke zu, die im Freien improvisiert ist; auf den umgestürzten Fäſſern, auf den rasch gezimmerten Bänken, und vor allem im Gras sitzt alles bunt durcheinander, die Mädchen auf dem Schoße der Burschen; da wird gezecht und gejubelt, und manche Almenlieder, wie man sie droben im Sommer sang, werden wieder lebendig.

> Und schön hoch is in Bergen,
> Schön eben is im Land;
> Und an almerisch Dirndl
> Hat Holz bei der Wand!

Dort steht ein Senner und eine Almerin bei

einander in lebhaftem Gespräch; ihre Hütten sind nahe beisammen, — auf dem Wege, wo es zum Achenthal geht, — und jeden Tag im Sommer trafen sie sich oben am Grat; aber das alles ist eben zu Ende, wenn es im Spätherbst wieder zu Thale geht. Da wohnen die einen hüben und die andern drüben vom Berg, und nur selten führt ein Festtag die Menschen zusammen.

„Warum bist denn so traurig heunt, alter Hirsch?" fragt die Sennerin den graubärtigen Ge= sellen, und in ihrem lachenden Munde blitzen die kleinen, blendenden Zähne. „Bist ja ganz hantig und kümmerli."

Er aber öffnet traurig den Mund und erzählt, daß er sich vor kurzem in einem Anfalle von Zahn= schmerz drei Vorderzähne herausgerissen, jetzt könne er nicht mehr pfeifen, und seitdem sei er ganz traurig geworden. Nächste Woche wolle er nach München fahren und für das „Wachstum" neuer, künstlicher Zähne sorgen.

„Aber das ist ein teurer Spaß," fiel ich dem Manne ins Wort; ich stand dicht hinter ihm und konnte mir's nicht versagen, dieses moderne Ersatz= geschäft ein wenig zu kreuzen. Ein Senner, ein

„Stoß" mit falschen Zähnen, das war ja der helle
Widerspruch! Jener aber drehte sich gelassen um
und musterte mich vom Kopf bis zu den Füßen,
dann fuhr er behaglich fort: „So, also teuer is's!
Was kost's?"

Nur um ihn zu erschrecken, erwiderte ich: „Ja,
etwa hundert Gulden." „No wenn's nit mehr is,"
erwiderte der Senn, „so viel hab i mir schon er=
spart, — bös wag' i! Denn wenn i nimmer
pfeifen kann, na' is mei ganze Lustbarkeit dahin,
und wennst nimmer lustig bist, na' hat ja 's Leben
koan Wert!"

Doch das Gespräch ward plötzlich abgebrochen;
eine junge Kalbin war ungeduldig geworden, daß
sie da so lange stehen sollte an dem hölzernen
Pfahl, und um ihre Flucht zu beschleunigen, riß
sie den dicken Pflock mit aus der Erde und rannte
damit quer durchs Feld. „Ja, die is noch so
fromm, wie ein Lampl", sprach der Stoß begüti=
gend, als alles wieder in Ordnung war, „neben
unserem großen Stier." Und dann erzählte er,
wie er es trieb vom ersten Augenblick an, da er
den Stall verließ. Wutschäumend ließ er sich auf
die Kniee nieder und war nicht mehr in die Höhe

zu bringen; den ganzen Weg von daheim bis nach
Gmund hatte er auf den Knieen rutschend gemacht,
rechts und links den Boden mit den Hörnern durch=
wühlend; wer ihm begegnete, ging zwanzig Schritte
bei Seite. „Ja," sprach der Senner mit einem
vergeblichen Versuche zu pfeifen, „bös is a g'fahrli's
Mannsbild."

Unterdessen war es Nachmittag geworden; die
schweren Kühe lagen des Stehens müde im Grase,
nur selten noch hallte eine Glocke; die Menschen
aber hatten sich rings in Wirtshaus und Garten
zerstreut, bis der Trompetenklang sie plötzlich zu=
sammenrief. Die Preisverteilung sollte beginnen,
eine tausendköpfige Menge drängte sich um die kleine
Tribüne, welche ganz mit blauweißen, seidenen
Fahnen geschmückt war. Da droben nun standen
die Honoratioren des Tages und die großen Ver=
treter der Landwirtschaft aus der ganzen Umgegend;
der Herr Präsident, der mit Extrapost von München
gekommen war, verteilte selber die Preise, wie sie
der Herr Lehrer von Gmund verlas. Eine schmale
Gasse bildete sich in der dichten Menge, und müh=
sam wand sich der Sieger hindurch, den trotzigen
jungen Stier an den Hörnern nach sich ziehend,

bis er vor die Tribüne gelangte. „Dank schön"
ober „Vergelt's Gott," sprach er mit lachendem
Gesicht und rückte den Hut, während er die Fahne
entgegennahm; es kam auch noch ein seidenes Beutel=
chen mit blanken Thalern ober „mit goldena Reichs=
füchs" hinzu, aber die meisten stutzten und zögerten,
es anzunehmen; „dös braucht's nit," sprach einer
treuherzig zum Präsidenten. Gar mancher strauchelte
auf seinem Siegesgange, ober warb niebergerannt
von dem ungebuldigen Tier; andere waren völlig
verschwunden, als ihr Name zum Aufruf kam; sie
hatten, den Triumph nicht ahnend, der ihnen be=
schieden war, eine feste Stellung hinter dem Maß=
krug eingenommen, wo sie die Stimme des Ruhmes
nicht erreichte. Statt ihrer kam dann ganz ver=
legen die junge Dirn, und wenn sie hübsch war,
waren's die Leute auch zufrieden.

„Halt, Kutscher, halt," hörte man es draußen
auf der Landstraße schreien, denn der Stellwagen
fuhr eben vorbei, und seine Insassen wollten auch
ein wenig von der Preisverteilung sehen. Im Nu
stiegen sie dem gelben Wagen aufs Dach. „Haus=
knecht, bring mir a Maßl außi," rief der Kutscher
vom Bock herab, und das war das sicherste Pfand

seines Verweilens. Eine wohlwollende Rede, die
allen Ermunterung bot, schloß das lebensfrohe Fest;
man hörte auch von denen, die nichts bekommen,
nur wenig klagen und schelten. In solchen Fällen
hilft sich der frische Sinn der Leute mit einem Witz.
„Haſt aa nix g'kriegt, Peter?" rief einer den andern
an, doch der Peter erwiderte rasch gefaßt: „Ich
schon, ich hab schon das vierte Paar Bratwürſt
und die dritte Maß Bier; nur grad mei Stierl hat
nix kriegt."

Und schließlich ist der Beifall der Menge auch
ein Preis, für welchen der Bauer vielleicht em-
pfänglicher ist, als man es denkt, und an diesem
Beifalle litt keiner Mangel. Auch nicht ein einziges,
mittelmäßiges Stück war unter den Hunderten vor-
handen, und die Matadore der Viehzucht, „der
Woazinger" von Miesbach, „der Bermüller" von
Wallenburg u. a. m. waren mit ihrer Elite auf
dem Platze.

Das entscheidende Verdienst um die Hebung
der Viehzucht in unseren Bergen hat übrigens der
— Wirt von Gmund, ein Mann von jener rastlosen
Energie, die um so sicherer zum Ziele führt, je
seltener sie ist. Als ich ihn frug, wie er denn seiner-

zeit auf diese Neigung verfiel, da rückte er langsam den Stuhl zurecht und den vollen Krug und blinzelte mit den klugen Augen; dann erst begann er seine Erzählung.

Es war beinahe vor vierzig Jahren (1838), als der russische Kaiser in Tegernsee und in Bad Kreuth war; das Vieh, wie es damals von den Almen kam, gefiel ihm, und so wünschte er auch auf seinen großen Meiereien den sogenannten Miesbacher Schlag vertreten zu sehen. Alsbald wurden achtundfünfzig Stück aus allen Dörfern des Gebirges ausgewählt, die schönsten, die es gab, und mehrere Zillerthaler Bauern erboten sich, den Transport bis nach St. Petersburg zu leiten. In Rosenheim war der Sammelpunkt; von dort ging es auf dem Floße nach Wien und von da zu Fuß über Warschau in die Zarenstadt. Die Kühe alle wurden mit zoll= dicken Eisen beschlagen, wie es sonst nur bei den Hufen der Pferde geschieht; man war gefaßt, daß wohl die Hälfte auf der langen Reise zu Grunde ginge; in allen Dörfern, die der Zug passierte, war er das Ereignis des Tages. Damals sah der halb= erwachsene Knabe zuerst jene prächtigen Tiere, und mit einer Art von Leidenschaft erfaßte er den

Gedanken: „so müssen einmal alle bei uns sein."
Der Vater starb früh, und mit dem ersten Gelde,
das sich der Sohn erspart, ging er ins Berner
Oberland, um drei, vier Stücke zur Zucht zu holen.

Der Wirt that einen tiefen Zug und blinzelte
wieder mit den klugen Augen; er schob das seidene
Käpplein zurück, das er fast immer trägt; — man
sah ihm an, daß er jetzt an die Schwierigkeiten
dachte, mit denen er damals zu kämpfen hatte.
Und so war es auch. Die Bauern wollten anfangs
nichts von den Neuerungen wissen; sie meinten,
der schwere Simmenthaler Schlag thue auf den
steilen Almen nicht gut; die kleinen, roten Schecken,
wie sie die Miesbacher Rasse bisher erzeugt, seien
ganz recht für Unsereinen, denn nicht jeder brauche
so schönes Vieh, wie es der Kaiser von Rußland
sich ausgesucht.

Viele Tausende von Gulden kostete das Experi=
ment, aber der kluge Wirt ließ sich dadurch nicht
irre machen; es war einmal seine Leidenschaft, seine
Passion, oder wie man es nun nennen mag, und
da stand das Geld ja nicht in erster Reihe. Fast
alljährlich zog er wieder in die Schweiz, mit
schweren Rollen Napoleons in der Tasche; der Tag,

an dem er mit seiner stattlichen Herde von Holz=
kirchen zurückkam, war jedesmal ein Festtag für
das stolze, alte Wirtshaus von Gmund.

Nach und nach hatten sich auch die klügeren
unter den Bauern bekehrt; der Ertrag, den sie von
ihrer Viehzucht gewonnen, war bald mehr als ver=
doppelt, und heute herrscht in der ganzen Gegend
weit und breit ein Schlag, der den edelsten Schweizer=
Rassen ebenbürtig ist. Fast alles, was im Leben
des Volkes geschieht, sei es nun auf geistigem oder
auf wirtschaftlichem Gebiete, beruht zuletzt doch meist
auf individueller Initiative, auf der Inangriffnahme
durch eine einzelne Persönlichkeit. Und so ist es
auch hier der Fall; der ökonomische Wert der Vieh=
zucht in dem kleinen Winkel zwischen Isar und
Inn hat sich in den letzten Jahren bereits verdrei=
facht; es giebt Kühe im bairischen Oberlande, die
ihre vier= bis fünftausend Maß Milch im Jahre
geben; und dies alles ist nicht zum geringsten Teile
das Verdienst eines einzelnen Mannes.

Allein wir haben nun mehr als genug ge=
plaudert über dies vierfüßige Thema; wir müssen
ein Ende machen, wenn auch der alte Senn, der
nicht mehr pfeifen kann, uns noch hunderterlei

Geschichten zu erzählen hätte von seinen Erlebnissen, von allerlei Zaubermitteln und geheimnisvollen Sagen. Denn er ist jetzt bald sechzig volle Jahre „beim Viech", wie ein anderer „beim Militär" oder bei der Justiz ist, und da läßt sich manches erfahren.

„Sechzig Jahre," — sprach er mit einem Atemzuge, der tief aus der Brust kam, und rückte den grünen Hut, — „und was moanst, daß mei ganze Meinigung is, die i derhauft hab?"

„„No ja — so sag's!""

„Wenn man's so recht betracht," erwiderte er, „is 's Viech doch zehnmal besser, wie die Leut."....

Eine Waldidylle im Winter.

(1871.)

ief in den Bergen liegt ein Haus, in
dem die Einsamkeit ihre unumschränkte
Gewalt übt. Meilenweit dehnt sich der
Tannenforst nach allen Seiten hin, wie grüne
Mauern, die Felsen reichen faft bis an die steinerne
Schwelle, und durch ihre schmale Kluft zieht der
Waldbach dahin, hellgrün mit weißem Schaum,
trotzig und ungeftüm, wie es die Kinder der Wild=
nis sind. Die Forelle, die pfeilschnell durch die
rauschenden Wellen schießt, der Vogel, der flatternd
zwischen den Zweigen singt, und der mächtige Hirsch,
dessen Schrei stundenweit aus den Tiefen des
Waldes schallt, das ist das einzige Leben, das hier
waltet, sorgenlos und ahnungslos, als ftünde die

Schöpfung noch in ihren Kindertagen. Und mitten darinnen in dieser versunkenen Ruhe, in dieser menschenlosen Pracht steht das einsame Försterhaus, von breiten Balken und breiten Quadern gebaut, das mächtige lange Dach mit verwitterten Steinen bedeckt, von keiner Zierde umgeben, als von dem Grün, das die Natur verschwenderisch um Thür und Giebel rankte. Ein bärtiger Mann mit breiter Brust und hoher Gestalt ist hier der Gebieter; zu seiner Seite waltet das Weib mit den blauen Augen und den blühenden Wangen; blondlockige Kinder spielen über der Schwelle und zausen den Hund, der horchend in den Wald hinauslugt. Ihr Haus und ihre Schule, ihr Tempel und ihr Spielgerät ist der Wald, sie wissen kaum, daß draußen die Welt beginnt, sie wachsen heran, wie die Kinder im Märchen.

Das ist das einsame Jägerhaus in der Kaiser= klause. Jetzt aber herrscht der tiefe Winter dort, und nur dort weiß man es, was dies Wort be= deutet, dies schneebelastete, eisigstille Wort, durch das ein Hauch hingeht, wie die Atemzüge eines Schlafenden.

Zwischen den Zweigen der Tannen liegt das Eis;

der letzte grüne Halm ist erstarrt, der Vogel duckt sich zu unterst in das Geäste. Über die pfadlosen Wege schreitet der Hirsch und nagt an den braunen, saftlosen Rinden; seine Glieder zittern, in den forschenden Augen steht eine Thräne, als wollt' er in stummer Hilflosigkeit die Natur verklagen. Immer gewaltiger, immer dichter fällt der Schnee, alles, was noch lebt, lebendig begrabend: so unerschöpflich, so grauenhaft sind die Massen, die sich langsam niedersenken. Unsichtbar und ungehört ringt jetzt ein tausendfaches Leben den Kampf ums Dasein. Die Pflanze, die fußhoch überschneit ist, liegt nicht in seligem Friedensschlummer; sie liegt nur in Ohnmacht, und bewußtlos vor Erschöpfung kämpft sie für ihre Zukunft, Millionen Keime erwachen niemals wieder. Unerbittlich schleicht das Raubtier um diese Zeit durch die Wälder, kein Laut, nur die Spur im Schnee, durch den es die Beute schleift, verrät seine List, und wo ein Tier vor Hunger starb, kreisen die Sperber über seiner Leiche. Aber das alles sieht kein Auge, kein Ohr vernimmt den letzten lebendigen Hauch, still, grabesstill ist der Winter in den Bergen. Nur der Wind allein saust des Nachts durch den Wald und schmettert

tausende von Stämmen zu Boden, daß es klingt
wie ein fernes Schlachtgetümmel; man hört auf
stundenweit das stöhnende Gekrach, dann wird es
wieder stumm und ringsum die alte Grabesstille.

Das ist der Winter der Berge, und die Menschen,
die mitten darin leben? Die Herrschaft der Natur=
gewalten ist so mächtig, so ausschließend und ge=
bieterisch, daß man es fast vergißt, daß es noch
Menschen giebt und eine Weltgeschichte, daß sie
Reiche bauen, die selbst das Reich der Natur unter=
jocht haben.

Wir treten über die steinerne Schwelle des
Forsthauses, die vom Eise starrt, und freudig win=
selnd grüßt uns der braune Hühnerhund. Wenn
wir die Stubenthüre öffnen, dann strömt uns die
heiße Luft entgegen; in einem Forsthaus darf man
nicht frieren, und darum glüht uns der ungeheure
grüne Ofen so trotzig an, als wollte er allein den
Kampf mit dem Winter bestehen. Hinter der Thür
hängt der Wettermantel des Försters, eine breite
Bank läuft rings um die Wand, und schnarchend
liegt dort der Jägerbursch, um von den Mühen
seines Fanges zu ruhen. Auf der Strohdecke am
Boden aber kauert der Dachshund und schnüffelt

mit verschlafener Neugier um sich, wenn das Holz
im Ofen zu ungestüm knistert; dann legt er sich
wieder aufs Ohr und träumt von seinen Helden=
thaten, von den mächtigen Geweihen, die rings an
der Wand hängen, von hohem Gestrüpp und vom
Dunkel der Fuchshöhlen, aus dem ihm zwei zornige
Augen und spitzige Zähne entgegendrohen. Man
sieht, wie ihn der Traum erregt, wie er die Lippen
emporzieht und das Gebiß zeigt. Neben ihm liegt
sein treuer Gefährte, ein Jagdhund von hohem
Wuchs und mächtiger Gestalt, der hat den Kopf
sinnend auf die Pfoten gelegt und blickt uns mit
treuen, forschenden Augen an.

Das Tagewerk des stillen Försterhauses im
Winter ist eintönig und karg, nur ausnahmsweise,
wenn die Massen von Schnee hartgefroren sind,
daß sie die stärksten Lasten tragen, dann findet der
Jäger über sie den Pfad und bringt bis an die
Futterstätten des Wildes vor, die an den gedeck=
testen Plätzen des Waldes liegen.

Dorthin kommt das Rotwild gezogen, und schon
von ferne sieht der Jäger die scheuen Rudel, die sich
herandrängen, wenn er den Hafer oder andere
Nahrung aufschüttet; allein nur die stärksten Hirsche

kommen in ihren Besitz, das Rehwild und die
jüngeren Tiere werden mit unbarmherziger Kraft
verdrängt. Auch die Holzarbeit wird im Winter
betrieben; nicht die Fällung der Bäume, sondern
nur die Herbeischaffung der ungeheuren gefällten
Stämme, denen der Schnee die steilen Wege ebnet,
während er sie allen ringsumher verschließt. Mit
lawinenartiger Gewalt stürzen tausende von Klaftern
zu Thal, die Holzknechte, die das lebensgefährliche
Amt versehen, wohnen in den sogenannten Winter=
stuben, und wochenlang sehen sie kein menschliches
Angesicht, als wenn der Förster kommt, um nach=
zuschauen. Auch die Jagd ist in solcher Zeit be=
schränkt, denn der Frost ist der wilde Jäger, dessen
unsichtbarer Pfeil die scheuen Tiere ins Herz trifft.
Deshalb stellt man fast nur dem Raubwild nach;
dem Marder, der tiefgeduckt auf B e u t e g e h t, und
den Füchsen, die um den Schmaus des verendeten
Rehes streiten, werden mörderische Fallen gelegt;
auch Geierfeder steht gut zum grünen Hute. Da=
zwischen flattert wohl einmal das scheue Schnee=
huhn über den Weg, und den Schuh mit eisernen
Hacken bewaffnet, trägt der Jäger die leichte Beute
über der Schulter heim.

So finden wir heute den Herrn des Hauses,
in dessen Stube wir in Gedanken eingetreten sind.
Er hat den Mantel abgelegt und sich niedergelassen
am eichenen Tisch, über dem Ofen sind auf Sperr=
hölzern die kostbaren Felle zum Trocknen ausge=
spannt. Noch ist es kaum vier Uhr nachmittags,
und doch beginnt schon die tiefe Dämmerung; nur
mühsam sehen die Kinder, tief über den Tisch ge=
beugt, noch die Gestalten in ihrem Buch. Es sind
Husaren und Dragoner; das Spielzeug, mit dem
sie tändeln, sind Bleisoldaten. Fremde Kinder haben
sie im Sommer zurückgelassen.

Der Alte aber streckt behaglich die Glieder
und plaudert mit einem von seinen Jägerburschen;
aber nicht von dem Adler, den er heute über dem
Kahr emporsteigen sah, er spricht vom Kriege, vom
deutschen Kaiser sprechen sie in der Kaiserklause.

Wie es wohl draußen gehen mag? Zwei von
den jüngsten Gehilfen sind mit im Felde; sie waren
von jeher die verwegensten auf den Felsenspitzen,
sie stiegen den Gemsen nach über den steilsten Grat,
dem Wilddieb, wenn er langsam am Abgrund hin=
zog; jetzt hat sie der Kampf unter die Fahnen
geführt. Bis ins ferne Thal, bis an die letzte

Scholle des großen Reiches drang ja der Krieg und der Ruf zur Heeresfolge, und so nahmen sie ihren Stutzen auf und zogen hinaus in die Welt; auch draußen blieben sie bairische Jäger. Der eine von ihnen ist tot, er ist in Bazeilles verbrannt unter den rauchenden Trümmern; vom andern fehlt jede Kunde.

So lange im Sommer noch einzelne Fremde kamen, erfuhren sie drinnen im Försterhaus wohl manches aus dem Felde, alle Tage brachte ein Bote das Zeitungsblatt; aber nun, nun ist die Welt da draußen wie abgeschnitten und so ferne liegend, als ob sie tausende von Meilen weit weg läge.

Die letzte Zeitungsnummer, die auf dem Tisch liegt, ist mehr als drei Wochen alt.

Der Förster zündet die Lampe an, tiefe Stille herrscht in der Stube, die Kinder beginnen schläfrig zu werden, und draußen schlägt das Flockengewirbel an die Scheiben.

Wie seltsam wird es dem breiten bärtigen Mann zu Mute, mitten in dieser großen Zeit, und doch so mitten in der Einsamkeit, ohne Kunde von dem, was die Weltgeschichte unterdessen gethan, ohne Ahnung, wer lebt und wer gestorben ist, ganz

verlaſſen, ganz entrückt aus dem gewaltigen Zu=
ſammenhang der Dinge, aus dem mächtigen Strome
der Zeit, von dem die Millionen getragen werden!

Wie ein Traum klingt das Geſchehene in ſeinen
Gedanken nach, und traumhaft blickt er hinaus in
das, was jetzt geſchehen mag und noch geſchehen
wird, er weiß, daß ſie Paris belagern, aber keine
Kunde kommt an die ſtille Stätte, keine Kunde, ob Sieg
oder Tod den deutſchen Heeren folgt. Sie ahnen
es nicht, daß unterdeſſen das Reich erſtanden iſt,
daß ein Kaiſer darüber waltet, daß Paris mit ge=
bundenen Händen den Deutſchen überliefert ward.

Dicht vor ſeinem Hauſe ſteigen die Felſen=
wände des Sonnwendjochs empor, 7000 Fuß hoch,
grabesſtumm und tot, eine Welt, die nur für
den Gedanken der Ewigkeit und nicht für die
großen Geſchicke der Zeit geſchaffen ſcheint. Und
auf beiden Seiten, wo der Weg zu Thale führt,
ſtehen Mauern von Schnee, klaftertief und meilen=
weit. Der mühſame Pfad, den Menſchenhände
ſich gebahnt, um den Menſchen zu erreichen, wird
in einer Nacht verſchneit, kein Fuß darf es wagen,
über die dünne Decke zu ſchreiten, ohne daß ihn
plötzlich das eiſigkalte Grabtuch einhüllt und erſtickt.

Der nächste Ort, der an der Kaiserklause liegt, ist das kleine Kirchdorf Schliersee, der Weg dorthin führt über den Spitzingpaß, allein er ist während des tiefsten Schnees nicht zu wagen. Nach Tegernsee sind es etwa vier Stunden; im Anfange wird die Bahn mit ungeheurer Mühe offen gehalten, allein fast jeden Winter zählt man zwei bis drei Monate, wo auch hier der Verkehr vollständig unterbrochen ist.

Wie mag es draußen wohl gehen im Krieg? Die stille Stube ist ohne Antwort auf diese Frage, die alte Wanduhr zählt die Minuten so langsam, wie sie's im tiefsten Frieden that. Und doch zuckt heute nur ein Gedanke über den Erdkreis, alle Völker sind erschüttert von der großen Kunde — Paris hat heute kapituliert.

Wie ein elektrischer Schlag fiel dies Wort in die großen Massen; Paris, die Königin der Erde, kam vor den schlichten deutschen Meister, es warf sich vor ihm auf die Kniee und rief um Erbarmen. Alle Städte in Deutschland zogen die Flaggen auf, Ströme von Menschen fluteten gegen einander, die Glocken riefen es tönend ins Land hinaus. Und nun erst in Frankreich selber! Es war der letzte

Stoß in das gefolterte stolze Herz des Landes, von
der Nordsee bis an die Buchten des Mittelländischen
Meeres widerhallte der verzweifelte Ruf: „Paris ist
gefallen!"

Sein Echo ging noch weiter, blitzschnell trug
es der zündende Funke selbst durch die Tiefen des
Weltmeeres, alle Elemente wurden die Genossen
und die Boten unseres Ruhms. Alle wußten es,
alle jubelten oder knirschten, das Fieber, in dem
die Welt an diesem Tage lag, ist ohne Gleichnis
in der Geschichte.

Und nur in der stillen Stube ahnten sie nichts
seit langen bangen Wochen, die alte Wanduhr tickte
und schlug und wußte nicht, w e l c h e S t u n d e sie
geschlagen hatte, welches Verhängnis sich erfüllt.
Wenige Meilen jenseits des kleinen Försterhauses
feierten sie schon das Siegesfest, jeder Bauer im
Dorf wußte die Kunde, bis dorthin war sie ge=
drungen, dann aber mußte sie stillstehen vor den
unüberwindlichen weißen Mauern, über die nur die
Schwinge des Vogels den Weg findet.

Wenn der Schneehimmel gegen Abend sich
lichtet, brechen vereinzelt die flimmernden Sterne
durch und funkeln über der eisigen Todesruhe;

zwischen den Zinken des Sonnwendjoches steigt die
kalte, glänzende Sichel des Mondes empor.

Dann tönt es, als ob man in der Ferne den
verlorenen Klang des Abendläutens vernähme, oder
ist's eine Täuschung, ist's nur der Wind, der mit
dem klingenden Demantgeschmeide des Waldes spielt?

Der Förster streift mit der Hand über die
Scheiben und lugt empor, aber die funkelnden Sterne
sind stumm. Und doch sind es dieselben Sterne,
die über dem Jubel der nordischen Hauptstadt
glänzten, über der Verzweiflung von Paris, über
der Krone des neuen Reiches; die Sterne, die un-
veränderlich und geheimnisvoll über dem Wandel
der Weltgeschichte stehen.

„Es wird heute eine eisige Nacht!" sagt der
Förster gedankenvoll. „Wenn es so weitergeht, erstarrt der Schnee so hart, daß er wohl die Last
eines Menschen trägt. Dann mag es einer von
den Burschen wagen und nach Schliersee hinunter-
gehen, damit wir hören, wie es draußen steht; die
lange Einsamkeit ist entsetzlich."

So sprach der Förster. Der gewaltige Bart
fiel ihm über die Brust hinab, und in geduldiger
Langmut sah er zu, wie die Minuten verstrichen,

wie ihm der Hund die breiten Tatzen aufs Knie legte, wie nach und nach die Kinder in Schlummer fielen.

Noch ehe es neun Uhr schlug, ward die Lampe gelöscht, und totenstille ward es im stillen Haus.

Es mochte 3 Uhr nach Mitternacht sein, ein stechender Frost zog den Schnee zusammen; da tönte mit einmal in der Nähe des Hauses ein Schuß. Der Förster fuhr empor; wie wäre es möglich, daß ein Menschenkind des Nachts durch diese Wüste zöge; er horchte auf, er blickte durch das mondhelle Fenster, und siehe da, es war in der That eine schlanke Gestalt, die vorsichtig über den Schnee hin tastete, die Füße mit hölzernen Reifen gesichert, wie man sie im Gebirge zur Winterszeit trägt, um sich vor der Gefahr des Versinkens zu sichern.

Bald pochte es sachte unten ans Thor, und als der Förster hinabstieg, stand ein Jägerbursch von Schliersee vor ihm, der den Hut lüftete und ihm lachend entgegenrief: „Paris hat kapitu = liert!“ Gegen Nachmittag war die Nachricht ins Dorf gelangt, und sein Herr in Schliersee wollte sich's nicht versagen, seinem eingemauerten Kollegen

die koſtbare Botſchaft zuzuſtellen. Er frug, wer
den Mut hätte, über den Spißing emporzuſteigen,
und ſiehe da, der jüngſte und leichteſte war bereit,
das Wageſtück zu unternehmen. Gegen Mitternacht,
wo der Schnee ſich härtet, ſchlich er davon wie
ein Spion, der es verſucht, in eine eingeſchloſſene
Veſte zu dringen; er hörte unterwegs, wie das Eis
am Spißingſee zerborſt, wie der Froſt die Tannen
niederwarf; mitten durch das unheimlich = wilde
Leben, durch den Totenſpuk der Winternacht drang
er vor, klafterhoch über der Straße, auf der er im
Sommer dahinzog, bis das kleine, ſchlafende Förſter=
haus endlich in Sicht kam. Da ſchoß er im Jubel die
Büchſe ab; ſein Schußpatron, meinte er, habe ihm
diesmal wohl beigeſtanden auf dem gefahrvollen
Pfade, und ſolche Botſchaft ſei einen Freudenſchuß
wohl wert.

So ſprach der flinke, ſiebzehnjährige Burſche;
das blaue, feurige Auge des Förſters aber erglänzte,
er hatte von kämpfenden Soldaten geträumt, und
nun ſtand der Bote des Sieges auf ſeiner Schwelle.

Natürlich wollte er ihn über Nacht nicht mehr
von hinnen laſſen, aber der Junge drängte; wenn
der Tag beginnt, wird der Schnee wieder weich,

die Nacht ist die rechte Zeit zu ·solcher Wander=
schaft. Darum zog er denn fröhlich dahin; sein
ferner Jodler verhallte über dem Schnee. So kam
die Kunde von dem großen deutschen Sieg in den
fernsten Winkel des deutschen Vaterlandes, und
auch hier fand sie leuchtende Augen, offene Arme
und treue Herzen.

Wintertage im bairiſchen Hochland.

(1874.)

icht ſtill und friedlich wie ein langge=
wohnter legitimer Gebieter zieht der
Winter ein in die Berge, ſondern als
Uſurpator, der überall wilden Aufruhr ſchafft, der
ſich im Sturme ſeine Macht erobert. Es iſt kein
ruhiges Entſchlummern der Natur, es iſt ein Sterben
mit aller Härte, die das Wort beſitzt, tauſendfaches
Leben muß getötet, muß gebrochen werden, ehe er
ſiegt, und welches Leben ergiebt ſich ohne Kampf?

Darin liegt das dramatiſche, das tragiſche
Moment, das dieſes große Schauſpiel der Natur
ſo ergreifend macht.

Faſt unmittelbar, ehe der erſte Schnee kommt,
wird es noch einmal warm und milde, ein rauſchen=

der Föhn geht durch die Luft, die blau ist wie der
Himmel des Südens. Dies Zeichen ist fast untrüg=
lich; „morgen giebt's Schnee!" sagt der Bauer
und beschleunigt sein Tagewerk.

Und er hat recht. Denn wenn wir nun
morgen erwachen, dann ist der Himmel bleischwer
und grau, Nebelwolken umhüllen die Gipfel der
Berge, und schauerlich schwarz sind unter ihrem
Druck die breiten Tannenwälder, die den See um=
säumen. Ein eisiger Hauch zieht über das düstere
Bild; aber noch ist alles stumm und regungslos
— noch eine Stunde lang — noch wenige Minuten,
dann wachen die Lebenskräfte auf, die in dieser
Düsternis verborgen sind — der Kampf beginnt.

Wie mit rasendem Stoße bricht der Sturm=
wind hervor aus dieser finsteren Umwölkung, dort
ist die Werkstatt der grollenden Geister; das heult
und jauchzt über den See herüber, daß die Wogen
mit weißen Kämmen sich bäumen, daß es am hellen
Tage dunkel wird. Und nun fängt es auf einmal
zu schneien an, die brütende Stille und der brausende
Sturm sind aufgelöst in ein tausendfältiges flockiges
Gewirr — der Schnee, unermeßlicher Schnee be=
ginnt.

Stunde um Stunde, Tag und Nacht, ohne
Ende und Unterlaß sinken die weißen Massen, schon
am nächsten Morgen ist kein Pfad mehr sichtbar,
und so geht es weiter; wie die Flut bei Über=
schwemmungen steigt und wächst, wächst der Schnee
über der armen Erde; die Bäume brechen, die
Dächer stöhnen und können ihn nicht mehr tragen.

Der Mensch aber sitzt schlaflos in seiner Kammer
und lauscht dem Sturm; wie mag es jetzt erst
brausen auf dem Meer? Das ist derselbe Nord,
der gestern noch die Wogen des Oceans emporge=
türmt, und heute jauchzt er um die Felsenzacken
der Berge und legt in ihren verborgenen Klüften
die Grüße und das Geheimnis des Meeres nieder.

Eine volle Woche lang wütet dieser Kampf
der Elemente; immer neuer Schnee, immer neuer
Sturm; haushoch steigen die weißen Mauern, und
die niedere bleierne Luft lastet darauf wie der Deckel
auf einem ungeheuren Sarge. Wird es nochmals
gelingen, ihn zu sprengen oder zu lüften? Nein!
heult der Sturm, der über die weiße Fläche jagt
und mit Riesengewalt den Deckel niederhält, bis
das zuckende sträubende Leben, das drunten im
Schnee sich regt, verhaucht ist. All dies leise

Wimmern und Stöhnen wird von seinem Geheul
übertönt; Hekatomben müssen zu Grunde gehen,
ehe der Winter in den Bergen siegt.

So kommt der siebente Tag, daß es ohne
Unterlaß schneit und stürmt; da endlich tritt die
Ruhe ein, der Wind verstummt, der Himmel, der
so niedrig war, daß man sich unter ihm schier
bücken mochte, beginnt sich wieder hoch und luftig
zu wölben — das erste Blau, die erste Sonne
glänzt; aber drunten liegt eine stumme schneebe-
grabene Welt!

Es ist vollbracht! Der Winter hat seine Herrschaft erobert, und nun ist sie sein eigen; schweigend
trägt die Natur sein Joch, in stummer Ergebenheit
fügen sich ihre Geschöpfe seiner grausamen Macht
über Leben und Tod.

So zieht der Winter ein in die Berge.

Erst jetzt tritt auch der Mensch vor seine Thür
und sucht sich wieder den Weg ins Freie; denn
während jener Sturmeswoche sah die Welt wie
entvölkert aus, tagelang sah man niemand auf der
pfadlosen Straße, der Bauer schloß sich in sein
Gehöfte ein, wo die Weiber in der Stube spannen
und die Männer auf der Tenne droschen, daß der

Wind den einförmigen Taktschlag über den See
trug. Jetzt aber gilt es vor allem, wieder den Weg
zu bahnen; groß und klein, alt und jung geht
an die Arbeit, und als könnt' es nicht anders sein,
legt' ich die Feder weg und griff zur Schaufel,
wie die Nachbarn mit ihren Dirnen und Knechten.

Die erste und schwerste Arbeit muß der Schnee-
pflug thun, der mit acht, oft mit zwölf Pferden
bespannt ist; bisweilen kommt es auch vor, daß
zwanzig bis dreißig der stärksten Rosse zusammen-
getrieben werden, die nun bis an die Brust den
Schnee durchwaten müssen und so eine Bahn aus-
stampfen, die dann erweitert und verbessert wird.

Ununterbrochen ist nun der Himmel klar und
blau, kein Schnee fällt mehr, denn der härteste
Frost beginnt, und so ist in einigen Tagen wenigstens
die Bahn zwischen den nächsten Dörfern, die eine
Stunde weit im Umkreis liegen, fertig. Der Bauer
aber steht unter der Thür und reibt sich lachend
die Hände: „Heut is kalt, dös is g'scheid; da
friert's meine Knecht' recht, wenn s' nit arbeiten
mögen."

Mitten in diese Zeit fällt ein Fest, dem ich
niemals anzuwohnen versäume, und das zu den

originellsten im bairischen Hochland gehört; das ist
der Jahrtag der Holzknechte in Dorf Kreuth.

Im langen Zuge durch den tiefgegrabenen
Schnee, mit den luftigen Musikanten voran, steigen
die Festgenossen zu dem kleinen beschaulichen Kirch=
lein hinan. Graue uralte Männer, die vor sechzig
Jahren das kühne Handwerk begonnen haben, gehen
bei demselben mit oder nehmen wenigstens an der
kirchlichen Feier Anteil, mit welcher das Fest er=
öffnet wird. In dem solennen Hochamt, das der
Herr Pfarrer absingt, wird zuletzt der Genossen
gedacht, die im vergangenen Jahre verunglückt sind;
dann erst beten die Lebendigen, daß es ihnen nicht
desgleichen ergehe.

Den Vorsitz bei dem festlichen Mahle führen
die „Herren vom Forstamt", die aus der ganzen
Umgegend an diesem Tage zusammenkommen. Ihre
Uniform ist die graue Joppe, ihre Dienstmütze ist
oft nur der grüne Hut mit dem Gemsbart; ihnen
gebührt die Repräsentation beim Feste. Im ganzen
kann man nicht behaupten, daß diese Behörde den
Gebirgsbewohnern gerade sympathisch ist, weil sie
den Wald zu geschäftsmäßig und die Wildschützen zu
gebieterisch traktiert; für die Holzknechte aber, deren

Oberbehörde das Forstamt bildet, ist eine größere Verehrung derselben unvermeidlich. Diese müssen wenigstens offiziell dafür schwärmen, ähnlich wie die Soldaten für ihren Hauptmann.

In der Auswahl der Gäste verfährt man sehr liberal, denn es ist jedermann unbenommen, seine bessere Hälfte (worunter nicht bloß die Ehehälfte begriffen wird) mitzubringen. Zwischen jedem Gang des Mahles kommt ein Tanz, und wenn das Mahl zu Ende geht, kommen die Toaste. Wie gegen Abend jedes Fieber zunimmt, so auch das Fest= fieber, d. h. jene erregte Jubelstimmung, die alle gewöhnlichen Naturen bei außergewöhnlicher Ge= legenheit ergreift. Die Holzknechte sind ohnedem gar feurige Seelen, und wenn auch kein Öl, so wird doch ohne Unterlaß Bier und Branntwein ins Feuer gegossen.

Zahllose Trutzlieder, in welchen sich die Gegner Injurien entgegenjodeln, erklingen.

Nach dem Gebetläuten wird das Gedränge in dem kleinen Saal immer dichter, ein gewisses Ge= räusch geht durch die Reihen, man fühlt, daß ein Ereignis sich vorbereitet. Worin dies besteht, werden wir baldigst inne, denn mit einemmal verfinstert sich die Luft, und an der Wand gewahren wir ein buntes Transparent, auf dem die Holzknechte Gott und ihren Vorgesetzten Dank sagen.

Auf Oberbairisch gebietet einer der Anwesenden: „Silentium!" und nachdem dasselbe insoweit eingetreten, als es überhaupt herstellbar ist, hält derselbe eine vortreffliche Anrede, die als Kommentar zu dem beleuchteten Motto dient.

Der Redner aber war ein Bauer in der Nähe von Kreuth, Joseph Glockner mit Namen; bei den Seinen heißt er nur der Pointer-Sepp, und sein Verstand hat einen weitverbreiteten Ruf.

Alles horchte, und als die offiziellen Ehren erwiesen waren, da erklärte er mit lauter, fast erregter Stimme, daß er noch etwas auf dem Herzen habe, und begann zu sprechen von dem großen geeinigten Vaterland, dessen man auch im letzten Winkel der Berge gedenken, dem auch der letzte Mann dahier mit vollem Herzen gehören solle. Und dann erhob er den schweren steinernen Krug und brachte ein Hoch aus auf das deutsche Reich!

Ich habe manche erschütternde Scene gesehen in jenen großen Tagen, da die Würfel um Sein und Nichtsein uns fielen, da das Gefühl des Einzelnen getragen war vom Gefühl der Millionen; aber ich weiß es wahrlich nicht, ob einer dieser Augenblicke ergreifender war als der, den wir hier erlebten. Mitten in dieser Wildnis, in diesem meilenweiten Grab von Schnee, unter diesen rauhen riesigen Gestalten taucht der eine große Gedanke empor, der aus den Wogen der Nordsee rauscht, in dem sich die vierzig Millionen zusammenfanden.

Die Musik begann zu spielen; aber kein Jodler war es diesmal, es war die „Wacht am Rhein", und die wilden Burschen in Kreuth im grünen Hut und groben Nagelschuhen, die damals über den Rhein gezogen, sangen sie mit, daß die Scheiben bebten. Draußen über dem Schnee glitzern die Sterne, silbern glimmt der Mond über den Bergen: „Hoch, hoch!" und noch einmal „hoch!" klang es hinaus in die Winternacht.

„Der Schlitten geht — der Weg ist auf!" das ist die Losung, die nun jauchzend weit und breit erschallt, und auch die Honoratioren des Ortes waren darauf bedacht, das freudige Ereignis festlich zu begehen. Eine große Schlittenfahrt nach Kreuth schien auch ihnen das beste.

Beim Abendtrunk in beschaulicher Stille, wo's

20 Grad Reaumur in der Stube hat, da ist der rechte Ort, um solche Gedanken auszubrüten; um Mitternacht ist der Plan gereift, und die Frauen geben gerne ihren Konsens, denn wenn sie auch sonst vom „Recht" nichts wissen wollen, so ist doch das Schlittenrecht ein schöner Brauch. Nur für die Beschaffung des nötigen Fahrzeugs war jetzt noch zu sorgen!

„O ja, dös geht ganz gut," sprach der erste Kutscher, an den wir uns wendeten, ob er uns fahren wolle, „aber Roß' hab' i halt keine, die sind auf acht Tage lang draußen im Holz." So gingen wir zum zweiten. „O ja," sprach der, „dös laßt sich schon machen, aber kein Schlitten hab' ich halt, der is mir schon seit 15 Jahr derbrochen."

Das Schicksal schien sich verschworen zu haben wider uns, doch „Honoratioren" ergeben sich dem Schicksal nicht so schnell, und was der erste oder zweite nicht hat, das kann ja wohl der dritte bringen.

Der saß behäbig und breit hinterm eichenen Tisch, als wir zu ihm in die glühende Stube traten. „Was wollts?" rief er im drohenden Baß, ohne die Hand zu regen.

„Fahren wollen wir," ward mit künstlicher Energie erwidert, und vorsorglich setzten wir gleich hinzu: „Sind b' Roß daheim?"

„Freili," sprach der andere im Baß, „wo soll'n s' denn sein?"

„Haft nachher an Schlitten auch?"

„Freili, droben steht er in der Schupfen."

Wir atmeten leichter — doch als wir nun ganz ehrerbietig ersuchten, uns doch den Schlitten bis übermorgen um zwei vor's Haus zu schicken, da rückte er unwirsch auf der Bank umher und murrte: „Ja — schicken — aber Knecht hab' i kein, der Spitzbua is mir am Montag auf und davon, und selber fahr i nit naus, denn mir is z' kalt."

„So, so," sprach ich mit schmerzlichem Humor, „na' wird's schon mit dera Sach so sein, daß 's nix is," und nun begann von neuem die Wanderschaft.

Nur mit der größten Mühe und den verwegensten Kombinationen gelang es endlich doch, daß bis übermorgen wirklich das Fahrzeug für die ganze Gesellschaft bereit stand, zehn bis fünfzehn lustige Schlitten, alle mit klingenden Schellen geschmückt und mit dichter Wildbecke überhangen.

Es ist merkwürdig, welch ungeheuren Unter=
schied zwei bis drei Stunden Entfernung machen,
wenn man im Winter hinein ins Innere der Berge
fährt; mit jedem Meilensteine steigt der Schnee.
Wenn er heraußen im Thale von Tegernsee fünf
Fuß mißt, so sind's in Kreuth schon sieben und in
der Kaiserklause zehn. So scheint der Schnee mit
jedem Schritte vor unseren Augen zu wachsen, und
in dieser Steigerung der friedlichen Winterruhe bis
zur wilden verzweifelten Verschneitheit liegt der
Reiz und die Spannung einer solchen Fahrt.

Geraume Zeit ging's noch so ziemlich gut, wir
jagten über die Höhe des Reitrain dahin, nur wenn
uns ein Fuhrwerk entgegenkam, gab es besorgte
Gesichter. Schon von weitem lugten immer die
Knechte vor, ob sich nichts sehen oder hören ließ;
denn mit dem Ausweichen hat es schlechte Wege,
wo kaum für Einen Weg genug ist; und jeder, der
da kommt, gilt als ein Feind. Am schlimmsten
aber ist es, wo's um die scharfen Ecken geht!

„Höh!" schreit der vorderste der Kutscher ins
Leere hinaus, als wir an eine solche Reihe kamen,
und zog die Zügel an, „kimmt einer ums Eck?"

„Kreuzteufelelement!" erscholl es von drüben

zurück, „is schon einer da." Und im nächsten
Augenblicke werden auch die Pferde der schweren
Holzfracht sichtbar, die uns entgegenkam, das war
eine schöne Geschichte! Zur Rechten und Linken
Mauern von Schnee, die den höchsten Mann noch
zwei Fuß hoch überragen, nun heißt's aussteigen,
ausspannen, heben und tragen. Wohl ein gute
Viertelstunde vergeht, bis das Hindernis überwunden
ist, und eine zweite Viertelstunde gilt es, im aus-
geschaufelten Schnee zu warten, denn „'s kimmt
noch einer nach". Der erste aber fährt seines
Weges von dannen, sich mit demselben Gruße ver-
abschiedend, mit dem er uns empfangen: „Kreuzteufelelement!"

Nun wird der Weg immer stiller, immer tiefer
an der Dachrinne der niedrigen Häuser hängt das
Eis in Riesenkristallen herab, nur eine schmale Bahn
führt von der Thür heraus an die Straße, und
alles, was daneben liegt, ist unerreichbar für jeden
Schritt, für jede Hand.

Aber auch die ganze Plastik der Landschaft
hat sich geändert, man kennt selbst mit dem schärfsten
Blick kaum mehr die alte Scholle wieder, über die
man hundertmal im Sommer ging; die Tiefe ist

gefüllt und die Höhe geebnet, denn der Winter in
den Bergen ist nicht der Friede, sondern eine un=
geheure Revolution, und auch ihre furchtbare Losung
heißt: égalité!

Dort läuft ein hoher Tannenzaun längs des
fürstlichen Parkes hin, aber kaum die äußersten
Spitzen ragen mehr hervor, der plebejische Weg=
weiser steckt bis an den Hals im Schnee, und morgen
ist vielleicht auch die Inschrift verweht; an den
Sträuchern sieht man weder Zweig noch Spitze,
die Bäume haben keine Stämme mehr. Wie soll
man dies furchtbare Walten bezeichnen?

Es ist ein Kampf zwischen Form und Masse,
und die Masse hat gesiegt; sie hat mit ihrer un=
bezwinglichen Wucht alle Form überwältigt, gedeckt,
verschlungen. Das ist der Grundcharakter, den uns
die Winterlandschaft in den Bergen zeigt, dann
aber, wenn dies geschehen und das ungeheure Grab
vollendet ist, dann kommt der brausende Wind und
beginnt aufs neue zu formen und spielend zu ge=
stalten. So entstehen jene bizarren Linien; ganze
Höhenzüge von Schnee, die die Oberfläche durch=
kreuzen, ohne sich um die Form des Bodens zu
kümmern, der darunter liegt!

Aus silbernem Staube trug sie der Sturm zusammen, wohl fünfzig Fuß tief geht's hier hinunter,
eh man auf warme Erde trifft, und erst der Oster-
wind wird lösen, was der Weihnachtswind hier
auffügte. Aber auch die Straße selbst wird immer
enger, fast war der Jubelruf zu früh: „Der Weg
ist offen." Von den zweispännigen Schlitten muß
man das eine Pferd ausschirren, das hinterher trabt
auf der schmalen Bahn; halb erfroren eins nach
dem andern kommen uns die Schulkinder entgegen,
die eine Stunde weit nach den verstreuten Höfen
zu gehen haben. Früh morgens, wenn es dämmert,
gehen sie fort von Hause und bleiben über Mittag
beim Wirt, der ihnen Brot und eine warme Stube
giebt, dann geht die Schule wieder an, und bis
sie nach Hause kommen, ist es wieder Dämmerung
oder Nacht.

Jetzt nahen wir uns dem Ziel; schon thut sich
der dunkle Thalkessel auf, in dem das Wildbad
Kreuth gelegen ist, die langen Kurgebäude, das
kleine Kirchlein und das alte Wirtshaus daneben,
das schon zu den Zeiten der Tegernseer Mönche
bestand. Aber wie anders ist jetzt dies Bild, wer
erkennt es wieder? Auf dem großen Platze, wo

noch vor wenig Monden hunderte von vornehmen
Gästen sich tummelten, liegt klaftertief der Schnee,
und auf den Dächern liegt Schnee, daß ihn die
Mauern kaum mehr tragen, die langen Fenster=
reihen geschlossen, die Schwelle vereist, alles zu,
alles stumm! Das sind keine Wege mehr, die hier
an die Terrasse führen, das sind Minen, die durch
den Schnee gegraben sind, und der Durchzug durch
dieselben muß erobert werden.

Unter der Thür aber stand der Hausknecht,
hembärmelig wie im Sommer, und sah auf dem
Thermometer nach, ob's wirklich 16 Grad Kälte
hatte. Das war der rechte Mann für solche eisige
Einsamkeit, von einem Optimismus beseelt, um den
ihn manche Philosophen beneiden dürften, denn als
wir ihm zu dem vielen Schnee gewissermaßen kon=
dolierten, da sprach er gelassen: „Oh mei', dös is
ja noch gar nit der Müh' wert! So lang er nit
weiter geht, als bis ins Hochparterre, da lassen
ma's 'uns schon g'fallen, wenn er nur nit in ersten
Stock naufsteigt, wie vor zwei Jahr."

Auch drinnen in den Gängen des ungeheuren
Hauses war alles stumm und tot; es war jene
kalte Leere, die nicht das warme Feuer allein,

sonbern die nur der warme Menschenodem hinweg
bannt. Die Menschen aber waren fort, das Ge=
fühl der Bewohnung fehlte, und es dauerte wohl
eine Weile, bis wir's uns in dem kleinen Saale
zurecht gemacht, denn niemand will zuerst in solcher
Stille laut und lustig sein.

Aber wie ein wuchtiger großer Ofen, so wird
auch eine große Gesellschaft nur langsam warm,
dann aber hält's lange nach. Es wurde dunkel,
und die mächtigen Leuchter brannten, drunten in
in der Monstreküche fing es zu brodeln und schmoren
an, und droben spielten die Musikanten, die wir
mitgebracht, daß die Ländler mit ihrem schneidigen
Zug widerhallten. Nun war es warm, die dampfende
Bowle kam, und die Gläser klirrten, wir fühlten
uns so daheim im eigenen Kreise, daß wir uns
kaum mehr dessen bewußt waren, wo wir eigentlich
weilten, daß rings um uns eine undurchdringliche
verschneite Wüste lag.

Im Erdgeschoß war die Bauernstube, da saßen
die Kutscher mit etlichen Jägern zusammen und
thaten sich gütlich beim braunen Glas; der Ofen
sprühte, und einzelne Gruppen waren munkelnd zu
einander gerückt. So tief liegt drin „in der Au"

der Schnee, daß die Jäger fast dicht an der Straße
zwei schwere Hirsche fanden, die eingeschneit da
stecken blieben; nur der Kopf mit dem Geweih sah
noch über den Schnee, man hätte sie mit der Hand
berühren können, wenn man sich Bahn in ihre Nähe
brach. So erzählte der Jäger.

Muß doch ein wenig hinunter sehen, dacht' ich
mir in der Stille, ob nichts passiert, denn in der
Kutscherstube waltet bisweilen ein böser Dämon,
den man zwar nicht in guter Gesellschaft nennen
soll, aber der Hausknecht nahm ihn ungescheut auf
die Lippen und sprach: „Haha, Sie schaug'n nach,
daß keiner an Rausch kriegt!" Und als ich eintrat
in die rauchige Stube, ward das Gespräch mit einmal stumm, die Köpfe, die man erst wispernd zu-
sammengesteckt, ordnen sich wieder in Reih und
Glied; das ist kein gutes Zeichen, wenn der Bauer
so plötzlich schweigt.

„Was habts denn wieder für'n Disputat mit
einander g'habt, daß er gar so schnell aus is?"
frug ich den nächsten am Tisch; der aber sah mich
lachend an und erwiderte: „Ah mei', vom Heim-
fahr'n hab'n wir g'redt, wer wohl zum ersten um-
schmeißt? Ohne dös werd's nit abgehen." Dies

Monitorium war deutlich genug und ward ver=
standen, als ich es den Damen droben überbrachte;
man mußte endlich der Heimkehr gedenken. Noch
einmal füllten sich die dampfenden Gläser zum
Trunk; es war der letzte Moment, und mit pochen=
dem Herzen erhob sich der Cicero in unserer Mitte
und begann den Toast zu sprechen, dessen Ingre=
dienzen er seit zwei Stunden im heimlichen Busen
durch einander geschüttelt. „Ah, der Herr Apo=
theker!" scholl es von allen Seiten, und zaubernd
wie die klaren Tropfen vom Rand der Phiole fielen
die Worte vom Rand seiner Lippen — eins, noch
eins, und wieder eins, jetzt stockt er schon, der
Angstschweiß steht ihm auf der Stirn, wer wird
ihn retten? Aber Gott verläßt die Seinen nicht!

„Eing'spannt is!" ruft der Hausknecht zur
Thür herein. „Hoch — hoch!" und durch den
glitzernden Schnee fährt der Schlitten vors Thor.
Unser kleines Gefährt war das erste; nur rasch
hinein, zum langen Abschiednehmen ist keine Zeit,
der Schimmel scharrt und die Schellen klingeln, so
geht's hinaus in die funkelnde Winternacht.

Winternacht — wie wächst dies enge Wort,
wenn Aug' und Ohr nun ins Weite späht, wie

dehnt und wölbt es sich vor unseren Blicken! Nun
ist es nicht mehr eng, wie in den schmalen Straßen
der Stadt, oder im traulichen Stüblein, die Winter=
nacht in den freien Bergen ist weit und riesenhaft,
ist tief erschütternd.

Höher noch als bei lauer Luft spannt sich das
Gewölbe zu unseren Häupten, es ist jenes Nacht=
blau des Himmels, für das die Sprache kein Wort
hat, das Licht der Sterne, das sonst so friedlich ist,
hat sich gesteigert zum wilden Gefunkel; das zuckt
und zittert und blitzt in den unergründlichen Höhen,
daß uns ein leiser Schauer durchs tiefste Herz geht.
Es ist der Schauer, den die Ahnung der Ferne
und ihres geheimen Lebens erweckt.

Drunten aber auf der Erde liegt Schnee, nicht
die leichte flockige Hülle, wie wir sie sonst gesehen,
sondern jene Riesenlast, unter deren Druck die
Länder stöhnen!

Jetzt kommt der Mond hinter den Bergen vor
und rückt die langen Schatten fort, die über dem
Wege lagen; alles ringsum wird mit einemmale
offen und licht, ein neuer zauberhafter Wandel ist
geschehen.

Die Sternennacht ist heilig und ernst, aber

die Mondnacht ist hold und milde, und etwas von diesem milderen Hauche (den freilich nur die Seele fühlt) bleibt ihr auch dann noch, wenn alles Leben rings im Frost erstarb.

Bilder von feenhafter Pracht umgeben uns jetzt. Der Weg führt durch den Wald, aber das ist kein Wald mehr, das ist ein meilenweiter krystallner Palast mit flimmernden Säulen, von einem Stamm zum andern, von Zweig zu Zweige führt der Schnee seine weißen Gehänge, jeder Ast wird zum mächtigen Bogen; jede Ranke ist mit Silber umhüllt. Weit hinein schweift der Blick in dies flimmernde phantastische Gewirr zwischen den Zweigen hindurch und an den Stämmen empor, man sieht die zaghafte Spur des Wildes im Schnee, ein leiser Schrei hallt aus dem fernen Dickicht — das ist nicht Wahrheit mehr, das ist ein Märchen.

Und jetzt geht's hinaus über die Brücke, wo der Wildbach aus den Bergen kommt und das glänzende Thal sich aufthut; zur Linken der Weg an den Achensee, zur Rechten die Langenau. Da liegt das zerklüftete Bett des Baches, aber der Bach ist stumm, nicht mehr der Wald, sondern Wälder= massen steigen vor uns empor und über ihnen mit

felsigem Gipfel die Berge. Aber auch sie, die Ge=
waltigen, teilen das Los der ärmsten Ranke, auch
sie sind verschneit und begraben, auch sie zum stummen
Erdulden verurteilt. Und doch, wie ganz anders
tragen sie die große Not der Winternacht — der
zitternde Ast zerbricht, die riesige Tanne stöhnt und
beugt sich, sie aber stehen unwandelbar in ihrer
Majestät, was ist für die Jahrtausende ihres Lebens
der bange Augenblick, den die Menschen W i n t e r
nennen? In solcher Stunde geht das Gewaltige
der Bergeswelt uns auf, nie hab' ich sie so ur=
mächtig gesehen, es ist, als wären die steinernen
Glieder gewachsen; markig und scharf tritt jede
Flanke hervor, sieghaft und still schaut ihre ge=
furchte Stirn empor in die Sternennacht, in die
Ewigkeit.

Da zuckt das Pferd und bäumt sich mit scheuem
Sprung, daß ich ihm wild in die Zügel fuhr, aber
es war nur ein blinder Schreck; über den Schnee
huscht es leise dahin, mit langem Schatten, es war
ein Fuchs, der aus dem Dickicht zu den Gehöften
schleicht. Er allein gleitet sacht über die eisige Fläche,
in der das edelste Wild versinkt.

In den Gehöften aber, wo wir vorüberfuhren,

war alles still, sieben Fuß hoch lag der Schnee
auf den Dächern, und unten sah er zum Fenster
hinein, nur wie ein schmaler Streifen erschien die
braune hölzerne Wand mit ihren Lauben, wo sonst
die Nelken blühn. Die Nelken sind fort, und
die Lauben sind stumm, selbst dem geschwätzigen
Brunnen im Hof blieb das Wort in der Kehle
stecken.

Es ist das Dorf Kreuth, durch das wir jetzt
fahren, seine Häuser liegen weit verstreut am Fuße
der Berge, und auf ihr stilles Dach schaut das
Kirchlein herab mit seinem schlanken spitzigen Turm.
Nur im Wirtshaus, das breit und behäbig auf
seinem Platze steht, alle anderen um Haupteslänge
überragend, haben sie noch Licht, drunten in der
großen Stube sitzen die letzten Zecher und jodeln
ihre alten Weisen, daß es bis heraus auf die
Straße klingt:

> Holderi ju — juchhe,
> Aber jetzt schneibt's an Schnee!

„Jetzt trinkts amal aus und machts, daß
weiter kommts," ruft ihnen die Kellnerin zu, „sehts
nit, daß der Wirt schon schlaft auf der Ofenbank

und daß 's Faßl schon leer ist? Wann die Maß
aus is, na' kriegt keiner kein Tropfen mehr." Aber
die übermütigen Burschen macht das nicht irre, sie
jodeln nur um so lustiger darauf los, daß es heraus=
hallt durch die Thür, bis die klingenden Schellen
des Schlittens den Gesang übertönen und wieder
die einsame Mondnacht waltet. Kein lebendes
Wesen, kein fremder Laut kommt uns entgegen, nur
die weiße Halde glitzert, als wären tausend Diamanten
darauf verstreut, nur die Berge, an deren Fuß die
Straße entlang zieht, grüßen schweigend herab.
Wie anders sieht die Landschaft jetzt sich an als
vor wenigen Stunden, am Tage; da lag die Ge=
walt ihres Anblicks in den kolossalen Massen, in
dem Gefühl der Schwere, die sie trug, jetzt aber
ist alles umflossen von jenem leichten Duft, den
das Mondlicht verbreitet; die Härte der Formen
wird weich, und alle Körper sind ihrer Schwere
entlastet. Darin allein liegt wohl das Geheimnis
für jenen seltsamen Zauber, den jede Mondnacht
auf die Seele übt, darum geht selbst der müdeste
Schritt jetzt leichter dahin; darum fliegt das Gefährt
mit doppelter Schnelle.

Tief zur Rechten und Linken liegen einsame

Weiler, ab und zu wohl auch ein Einödhof, dann kommt ein niederes Haus an der Straße. Dort brennt noch Licht in der oberen Kammer, und doch ist Mitternacht schon lange vorbei — es ist eine junge Mutter, die bei ihrem kranken Kinde wacht, und Mutterliebe zählt ja nicht die Stunden. Sie hört den Schlitten klingeln und schaut hinaus mit verweinten Augen. Aber nein, das sind sorglose Menschen, sie hört ihr Lachen, der Schlitten fliegt, sein Geläute klingt ferner und ferner — dann ist's wieder still in der Kammer, und leise wimmert das schlaflose Kind.

Wie eine wilde Jagd ging's jetzt dahin, mir aber war seltsam zu Mute; bald kamen wir heraus ans Ufer des Sees, über den der Nebel in feinen Streifen zog, im welken Schilfe hört' ich es knistern, der morsche Kahn, der am Ufer lag, war mit silbernem Reif überzogen.

Da hielt der Schlitten plötzlich still, das dampfende Pferd biß knirschend die Stange, wir waren daheim.

* * *

Es war der letzte Tag am Tegernsee; nur kurze Zeit, dann schlägt auch uns die Stunde der Rückkehr, und das Leben der großen Stadt mit seiner rauschenden Pracht spült diese stillen Erinnerungen hinweg. Dann kommt der glänzende Saal mit tausend drängenden Gestalten, unmerkbar wandelt sich der Mensch und sein Gedankenkreis; überall stürmt Schaffen und Forschen auf uns ein, überall wogt der Kampf um die großen Fragen der Zeit. Ein vergeistigtes Sein beginnt.

Aber dennoch wird mir's nicht leid um diese bangen einsamen Wintertage, denn das große Ringen fürs Ganze begreift doch nur der, der es gelernt hat, der Einsamkeit ihre leisen Regungen abzulauschen. Lebt wohl, verschneite Berge!

Der Achensee.

(1882.)

ir liegen auf der Alpe des Schildenstein, rastend ins Gras gestreckt. Um uns her webt blaue Bergluft, und die Sonne des Nachmittags spielt in den grauen Felsenwänden, über denen schweigend ein Weih kreist.

Wenn wir dann die Blicke schweifen lassen und nach Süden schauen, öffnet sich ein weites Thal, in dessen Wiesen braune Häuser liegen, und zu dessen Seiten sich der Wald emportürmt. Das sind die uralten Siedelungen von Achenthal; am Schlusse des Weges aber dehnt sich langgestreckt ein blauer See, den die Felsen des Stamser= und Sonnenjochs in jähem Absturze schließen.

Hier, wo einst nur der enge Saumpfad sich dahinzog, ist die alte Länderscheide zwischen Baiern

und Tirol; hier führt der bekannte Paß aus dem
Tegernseer Thale hinunter ins Innthal. Es ist
ein zauberisches Stück Land, das sich da aufthut,
und wie sehnsüchtiges Verlangen packt es uns in
diesen Höhen, hinabzusteigen in das kühle, wald=
umrauschte Paradies.

Der Weg ist mühsam, aber nicht ungangbar;
stetigen Schrittes zieht der Führer voran, ein ge=
bräunter Tirolerbursch, mit dem Rucksack auf der
Schulter und der Pfeife im Munde; nur manch=
mal sieht er sich wortlos um, ob wir auch folgen.
Dann geht es über breite, vermoderte Stämme
dahin, dann über trockenes Geröll, und so kommen
wir zuletzt, — nicht auf der Heerstraße, sondern
auf steilem Gangsteige — ins Achenthal. Gott
grüß' dich, du leuchtender Bergsee!

Ein buntes Menschengewühl umgiebt ihn heute;
Gäste aus allen Ländern der Welt sind da; weder
Luft noch Flut ist mehr gefeit vor ihren jodeln=
den Dissonanzen. Aber mit tausendjähriger ver=
klärter Ruhe schauen noch heute die Felsen herab
ins Thal, — was ist in diesem Felsenleben ein
Jahrtausend? Es ist bekannt, wie früh schon die
Besiedelung und damit die Kultur des bairischen

und tirolischen Hochlandes begann; die urkundlichen
Nachrichten aber, die uns aus dem Achenthal er=
halten sind, reichen nicht weiter zurück, als bis zum
Jahre 1112.

Damals herrschten die Herren von Schlitters
am Seegelände (Dietrich und Gerwin lauteten ihre
Namen), und als sie zum Sterben kamen, schenkten
sie Land und Flut und ihre braungelockten Eigen=
leute dem Kloster von St. Georgenberg. So ward
denn auch die Geschichte des blauen Achensees in
den stillen Rahmen eines klösterlichen Idylls ge=
schlossen, und während der Sonnenduft um die
Gipfel webt, sehen wir den schweigenden Mönch
im Nachen dahergleiten und nach der Fischbrut
lugen, oder es kommt der Abt zur Huldigung ge=
zogen und streichelt dem Kindervolk die Wangen,
wenn es ihn ehrerbietig umdrängt.

Nicht immer jedoch blieben die Zeiten ein stilles
Idyll; es hatte so mancher den Wert des blauen
Edelsteins erkannt, der da zwischen den Bergen lag,
und er zog ihm mit heimlicher Sehnsucht entgegen.
So ist die Geschichte des Innsbrucker Hofes und
des tirolischen Adels fast ebenso eng mit dieser
Scholle verwachsen, wie die Geschichte des Klosters;

inmitten dieser Felsen begegnen uns mit einemmale
gewaltige historische Gestalten.

Schon im Jahre 1320, unter Ludwig dem
Baier, ward der Weg durch das Achenthal für den
öffentlichen Verkehr geebnet; Wein und Öl kamen
aus Etschland herüber, und von Hall ward der
Ertrag der großen Salzpfannen ins Baierland ver=
frachtet. Noch reger war das Leben in dem ein=
samen Thale, als dann im fünfzehnten Jahrhundert
die reichen Silberwerke in Schwaz sich öffneten;
es ist bekannt, daß ein wilder Stier mit seinem
Horn das Erdreich aufgewühlt und so zur Ent=
deckung des unermeßlichen Schatzes geführt hat.
Ringsumher wurden Schmelzstätten errichtet, die
nach kurzer Zeit in den Besitz der mächtigsten
Handelsfirmen, vor allem der Fugger und Welser,
kamen; fremde Bergleute zogen heran; das Holz
aber, dessen man zum Gewerk bedurfte, ward in
den ungelichteten Wäldern der Achenthaler Berge
geholt. So wurde es bald gar rührig vor dem
Zollhaus am See; doch Forst und Flut boten
noch andere Beute, und auch sie lockte gar manches
Fürstenkind zum Tannenschatten. In den Bergen
streifte das herrlichste Edelwild, — selbst Stein=

böcke gab es noch bis ins siebzehnte Jahrhundert, — während der See die köstlichsten Saiblinge und Renken barg, und so schlossen denn die Herzoge von Tirol schon früh mit dem Kloster ihr Abkommen, daß es ihnen „Gejaid" und „Fischwaid" gänzlich oder doch „zur Kurzweil" überließ.

In der Pertisau ward ein stattliches „Fürsten= haus" mit einem Aussichtsturm erbaut und dahinter ein eigener Fischpark errichtet; manch stolzer Gast kam damals mit Herzog Sigmund ins Land, und manch froher Tag verklang mit Gelag und Minne an den blauen Geländen.

Die glänzendste Gestalt aber unter allen, die ins Land gezogen, war Kaiser Max, der letzte Ritter. Seinem kühnen, weitschauenden Sinne that blaue Bergluft wohl; seiner verwegenen Kraft war keine Klippe zu steil. Sein liebstes Jagdrevier war jenes Felsland, das sich von den Innsbrucker Bergen bis an den Achensee hinzieht; dort streifte er um= her im Waidmannskleide, wie ihn Dürer gezeichnet, und sein Tagebuch gab ihm Rechenschaft von jedem Fischzug, den er gethan, von jedem Wilde, das er gefällt. Wenn festliche Gelegenheit erschien, dann zog er wohl auch mit stattlichem Gefolge aus, und

weithin scholl dann der Ruf der Knechte durch den
Wald, die den Edelhirsch aus dem Dickicht trieben;
am liebsten aber ging er allein, daß nur das
Sonnenlicht und die Waldvögel seine Genossen
waren.

Da droben, in der felsharten Einsamkeit, konnte
er den Kaiser vergessen und ganz der Waidmann
sein, ganz der Mensch, der sich sehnt, die Fittiche
des eignen Lebens auszubreiten; die blauen Gen=
zianen, die aus den Steinritzen blühten, und die
Drossel, die im Tannicht lockte, die wußten es ja
nicht, wer der froh=ernste Mann war, der sich vor
ihnen gelagert.

Freilich traf ihn selbst in tiefster Bergeswelt
mitunter die Mahnung seines Weltberufes; es kamen
die Gesandten aus Spanien, Venedig und dem
Orient, und an der Felswand widerhallten dann
die Grüße, die sie dem Kaiser über das Meer ge=
bracht.

Die Kühnheit und Sicherheit, womit Maximilian
auch über die gefährlichsten Stellen dahinschritt,
ward schon von seinen Zeitgenossen gerühmt; „er
hatte keinen Schwindel in seinem Haupte," heißt
es in seiner Biographie. Um die eigene Sicherheit

zu prüfen, stieg er einst aus einem Fenster des
Schlosses Tratzberg auf einen weit hinausragenden
Balken, aber der Baum war morsch, und hätte er
sich nicht an einem Vorsprunge des Gebäudes er=
halten, so wäre er rettungslos in die Tiefe gestürzt.

Das waren Tage des Glanzes für das stille
Thal; aber daneben fehlte es auch an herber Fehde
nicht. Mit dem Kloster Tegernsee gab es Grenz=
streitigkeiten ohne Ende; im Bauernkriege (1525)
erhoben sich die Bergknappen in Schwaz, verwüsteten
St. Georgenberg und zogen „mit Spiel und Trommel=
schlag durch Achenthal nach Baiern". Jedesmal,
wenn der Landesherr die Augen schloß, tauchte
wieder der alte Glaube auf, daß Wild und Wald
nun frei sei, bis man dem neuen Herrn gehuldigt;
wie übermächtig indessen auch der Wildstand heran=
wuchs, geht schon aus dem Berichte über eine einzige
Hirschjagd im Jahr 1565 hervor. Zwei Fuder
Salz kamen damals von Hall ins Achenthal, und
„97 Fässer mit zerlegtem Wildpret" wurden wenige
Tage später an das Hoflager zu Innsbruck be=
fördert; doch während der Unmut der Bevölkerung
sich täglich schärfte, wurden die Gesetze gegen den
Wildfrevel immer strenger. Ja, Erzherzog Ferdinand

befahl sogar, daß allen Hunden um Innsbruck und
Amras ein Vorderfuß abgeschlagen werde, nur
damit sie das Wild nicht verfolgten und damit ver=
minderten.

Er war der Gemahl der schönen Philippine
Welser, und auch sie sah mit ihren leuchtenden
Augen so manchmal ins tiefe Blau des Achensees.
Beide hatten sich ein eigenes Schiff nach italienischer
Bauart zimmern lassen, zu dessen Herstellung ein
Meister aus Riva berufen ward, und der höfische
Verkehr war damals so stark, daß in der Pertisau
eine eigene Stallung für vierzig Pferde errichtet
wurde.

Es war der letzte Aufschwung eines großen
fürstlichen Lebens; dann nahte mehr und mehr die
Not sinkender Zeiten. Das Kloster selbst war so
herabgekommen, daß es, statt sechzig oder siebzig
Mönche, wie früher, nur noch drei Priester ent=
hielt; bald folgte der dreißigjährige Krieg, wo alle
Wege von Verhauen starrten; Brände und Lawinen
brachen über die Mauern des uralten Stiftes herein,
und schließlich kam auch noch der furchtbare Aufstand
von 1705, wo an der ganzen Isar die Losung klang:
„Lieber bairisch sterben als kaiserlich verderben.“

Im Beginne des Jahrhunderts und während des Tiroler Krieges von 1809 war auch Achenthal vorübergehend in bairischen Händen; später fiel es an Österreich zurück, doch die Zeiten waren still geworden, und einsam ward es um die blauen Ufer. Ein tiefes, beschauliches Bauernleben war jetzt der einzige Inhalt des Thales; seine Schönheit und seine Geschichte schienen für die große Welt gleichsam verloren gegangen, und erst die Tiroler Herren, die von Innsbruck herauf in die Sommerfrische kamen, entdeckten sie aufs neue. Gelehrtes Wissen mit froher Gemütsart mischend, ward ihre kleine Gemeinde am Achensee gar bald ein Mittelpunkt, der Freunde aus allen deutschen Gauen heranzog; dann kam das schnaubende Dampfroß ins Innthal, und heutzutage giebt es kaum einen Berliner mehr, der nicht vom Achensee etwas wüßte.

So mußte sich auch dort gar bald die alte Einfachheit dem modernen Komfort bequemen.

Wer noch vor zwanzig Jahren kam, der fand, — wenn er nicht im „Fürstenhaus" ein Obdach suchte — sein Ein und Alles im kleinen, trauten Stüblein der Frau Scholastika; dort verzehrte er am Abend sein „Schnitzel" und den offenen Schoppen

Landwein; dort blätterte er an Regentagen in dem
vergilbten Fremdenbuch, wo der fahrende Schüler
seine Verse, der Musikant seine Noten und der
Maler seine Bilder eingezeichnet. Jetzt sind Balkone
und Speisesäle auf den See hinausgebaut; der
galonnierte Kutscher springt vom Wagen Seiner
Excellenz, und vornehm schaut die steife Telegraphen=
stange auf den Bauer herab, der gedankenlos nach
der Schwalbe lugt, die sich auf den Drähten schaukelt.
Tempora mutantur!

Und doch wird keiner diesem Wandel gram
sein, der auf dem breiten, lauschigen Balkone sitzt
und hinabschaut in diese Flut, deren unbeschreibliches
Blau mit keinem anderen Bergsee vergleichbar ist;
selbst die vom Ruder herabfallenden Tropfen zeigen
ein intensives Blau. Klaftertief sieht man die Kiesel
am Grunde glitzern und die grauen, verwitterten
Stämme, die vor Jahrhunderten in den See ge=
stürzt; nur an wenigen Stellen wachsen schlanke
Wasserpflanzen empor, zwischen denen die Fischlein
spielen.

Die Scholastika, das alte angestammte Gast=
haus, erhebt sich am Nordende des Sees und um=
faßt bereits einen stattlichen Komplex von Gebäuden,

dem sich sogar ein schmuckes Kirchlein zugesellt hat.
Überall sind die Zimmer blank und sonnig; man
lebt, wie allenthalben in Tirol, vortrefflich, und
wem es gelüstet, in die blaue Flut zu tauchen oder
im Kahn durch die Wellen zu streifen, der hat in
nächster Nähe Gelegenheit dazu. Unfern vom Gast=
hause stehen die Schiffe und die Badehütten; ein
langgestreckter Steg führt über die Ache, den Aus=
fluß des Sees. Man sieht es dem Lande an, daß
sich der Letztere einst noch viel weiter ins Thal er=
streckt; erst allmählich versumpfte der Grund und
ward begrünt und bebaut. Auf diesem uralten
„Seeboden" liegt jetzt das Dorf mit seinen zer=
streuten Häusern.

Auch am Achensee zeigte sich dieselbe merk=
würdige Erscheinung, die an allen Bergseen beobachtet
und historisch beglaubigt ist, als das furchtbare
Erdbeben von Lissabon (1. November 1755) herein=
brach. Binnen weniger Minuten sank der Wasser=
spiegel um mehr als vier Fuß, sodaß der Abfluß
vierundzwanzig Stunden lang vollkommen versiegt
war; in der Nähe desselben konnte man von einem
Ufer aufs andere gehen, ohne den Fuß zu benetzen.
Weiter hinein dagegen zeigt der See, dessen Wasser=

spiegel neunhundertzweiundbreißig Meter über dem
Meere liegt, eine grauenhafte Tiefe. Schaubach,
der berühmte Alpenforscher, schätzt sie auf zwei=
tausendvierhundert Fuß; aber wenn sie auch nur
die Hälfte betrüge, so würde sie noch immer ge=
waltiger sein, als selbst die Abgründe des Königs=
sees und Walchensees.

Es ist ein schauerlicher Felsenspalt, der hier in
die Bergesklüfte gerissen ward in den stürmischen
Jugendtagen der Erde und wo die Flut dann
stehen blieb, Jahrtausende lang in stiller, ungesehener
Pracht. Noch heute leben geheimnisvolle Sagen
im Munde des Volkes, und die Alten erzählen, daß
ehedem auch da, wo jetzt die Woge flutet, ein grünes
Weideland gewesen sei, mit stattlichen Gehöften und
reichen Herden. Aber das Volk, das darinnen
wohnte, ward in seinem Wohlergehen voll Über=
mut; sie verleugneten den Himmel und wurden
hartherzig gegen die Menschen. Eines Abends kam
ein Mann gegangen in langem Barte, mit wallen=
dem Mantel; er bat um Obdach für die Nacht,
doch allenthalben ward ihm die Rast am Herde
verweigert, und zuletzt hetzten sie ihn mit Hunden
hinaus in die Finsternis. Da stieg er bergan und

schlief hoch droben in den Steinen; ein furchtbarer
Sturm erhob sich, der alles in Wolken und Nebel
hüllte; doch wie der Alte erwachte und in der
Morgensonne hinabsah, da war das Land ver=
schwunden, und ein unergründliches Gewässer be=
deckte das Thal. Noch sieht man an spiegelhellen
Tagen den Widerschein der Türme und hört das
Geläute der Glocken in der Tiefe, — so lautet die
Sage in ihrer christlichen Gestalt, — aber niemand
weiß es, wer der Wanderer gewesen. Ist's noch
ein Nachklang an Woban, den großen Rächer der
Heidenzeit?

Die Gestalt des Sees ist langgestreckt und
schmal, sodaß man fast von einem Ufer zum andern
hinüberrufen kann; nur am südlichen Ende, gegen
das Innthal zu, rundet sich seine Form. Da die
Felsen steil in die Flut stürzen, gestatten nur wenige
Stellen am Strande den Anbau; auf der breitesten
derselben, einem waldreichen Wiesenvorsprung, liegt
der Rainersche Seehof. Hier ist das eigentliche
High=Life des Achensees.

Fast jeder der bekannten Gasthöfe dort hat
seine eigene ausgeprägte Physiognomie; beim
„Bauntzner" (oder Mayer, auch „Schifferhaus"),

der ganz am Nordende des Sees steht, überwiegt
noch das ländliche, volkstümliche Element mit seinem
schlichten Reize; in der „Scholastika" lebt immer
noch ein Rest von der alten angestammten Taverne,
die sich durch Generationen hindurch in derselben
Familie vererbt hat. Es ist das historische Wirts=
haus des Sees, während das „Fürstenhaus" in der
Pertisau noch heute seinen geistlich=wohlhäbigen und
dabei etwas reservierten Zug trägt.

Der Seehof aber vertritt im Gegensatz zu
ihnen allen das moderne, wir möchten sagen, das
internationale Prinzip, doch auf tirolischer Grund=
lage, soweit dies möglich ist. Weithin in aller Welt,
in Berlin und Petersburg, in Paris und London
ist ja der Name der Familie Rainer bekannt; sie
trugen zuerst aus dem Zillerthal, von dem sie
stammen, das tirolische Volkslied hinaus in die
Fremde. Dies keusche Edelweiß sollte Wurzel
schlagen im Boden der Weltstädte!

Überschüttet vom Beifall des Publikums und
beladen mit Geschenken der Höfe, kehrten die Tiroler
Sänger in ihre Heimat zurück, — es war ein selt=
sames Ineinandergreifen von Bergkind und Welt=
mann, das aus diesen Reisen übrig blieb.

Während der Winterszeit mochte wohl die
Wanderschaft ihre Reize haben; aber wenn die
Halde grünte, dann war's doch schöner im Heimat=
thal, und so bauten sie denn an der blauen Welle
ihren „Seehof", der, wie sie selber, Dorf und Stadt
vereinigt. Die Bauart des Hauses, die ganze Idylle
rundum gemahnt an die Bauernwelt; aber wenn
wir nun eintreten und die Bilder an den Wänden
beschauen, wenn wir die Gäste sehen und die Wein=
karte lesen, dann stehen unsere Reisebilder aus der
großen Welt wieder auf, und fast verwundert
schauen die blauen, schweigsamen Berge, von denen
die Gemsen noch heut heruntersteigen bis ans Wasser,
durchs Fenster. Ein ausländisches Menu erscheint
auf unserem Tischlein=deckdich, es fehlt keine Cham=
pagner=Marke, die ein Gourmand nur wünschen
mag, — aber am Abend klingt noch immer die
heimische Zither, und jodelnde Almenlieder hallen
durch das Haus. Wenn dann die Sterne über den
Bergen funkeln und im regungslosen See sich spiegeln,
wenn wir dann hinauflugen in die nachtschwarzen Fich=
ten, — das ist die Stunde, wo der Zauber der Heimat
wach wird, wo die Schönheit des eigenen Herdes
uns holder scheint, als aller Reichtum der Fremde.

Faſt gegenüber vom Rainerſchen Seehof liegt
die „Geißalm". Eine Schutthalde von mächtigem
Steingeröll hat ſich hier aus den Bergen herab=
geſenkt und iſt nun mit weichem Raſen und niederem
Baumwuchs begrünt; ·aus der mäßigen Höhe, wo
die Hütte ſteht, hat man einen wunderbaren Blick
auf den Spiegel des Sees. Überall iſt das Ufer
umſäumt von blühenden Alpenroſen: die Bergprimel
lugt aus den Ritzen hervor, und blaue Schatten
ſchirmen den Wanderer, der ſich hier ins weiche
Gras ſtreckt, — das iſt die rechte Scholle für
deutſche Träume!

Nicht ſo eng und ſtreng geſchloſſen, aber am
großartigſten und farbenreichſten iſt indeſſen un=
ſtreitig die Landſchaft in der Pertiſau: ſie iſt und
bleibt doch die Perle des Achenſees. Eine mächtige
Thalſchlucht durchbricht hier die Felſenmauer der
Berge und dehnt ſich mit grünem Vorland gegen
das Ufer; im Hintergrunde türmen ſich himmelhoch
die Wände und Zacken des Sonnenjochs, des Driſt=
kogl und des Rabenſpitz. Zwei Hochthäler münden
an dieſer Stelle zuſammen, und über den Grat der
Berge führen einſame Steige, von denen nur einer
ſich zum ſorgſamen Reitweg entwickelt hat. Das

ift der bekannte Weg über das Plumferjoch, der
vom Jagdfchloß aus der Hinterriß in die Pertifau
führt, und der jetzt in der ganzen Touriften=Welt
feinen Ruf hat; als ich ihn das erftemal vor
zwanzig Jahren beging, war auch er nur ein ein=
famer Jägerfteig.

Den Eindruck, den diefe üppig grünende, auf=
gefchloffene Landfchaft bietet, von der man weit
hinunter gegen das Innthal fieht, wenn man plötz=
lich aus der Felfenenge des fchmalen Sees landet,
ift überwältigend. Keine Stelle des Sees bot der
Niederlaffung fo günftigen Raum, und hier war
es denn auch, wo, wie erwähnt, die alten Herzoge
ihr „Fürftenhaus" erbauten, und wo noch heute
das Fürftenhaus des Prälaten von Ficht fteht.
Nach Ficht ward nämlich das alte, oben genannte
Klofter Georgenberg verlegt, nachdem es wiederholt
durch Brände und Lawinen Schaden genommen,
und als eine Dependenz des Klofters, dem der ganze
See gehört, wird bis zur Stunde jenes Tusculum
gepflegt. Nur ift ftatt der fchweigfamen Mönche
auch hier ein lebensfrohes Völklein aus deutfchen
Gauen eingerückt, das fich der forglichen Anlagen,
des kühlen Bades und der guten Atzung freut, die

man unter dem Krummstab findet; aber manchmal werden doch auch sie ein wenig an die geistliche Zucht gemahnt. So übermütig, wie im Seehof, wo man wohl einmal die Nacht durchzecht, darf man es hier nicht treiben, und an den Fasttagen muß man sich's an den köstlichen Saiblingen ge= nügen lassen, statt an einem Stücklein gebratenen Rindes.

Sonst sind nur wenige Häuser auf der grünen Lichtung zerstreut, aber alle sind braun und malerisch, vom echten, alten Tiroler Schlage; auch der Karl= wirt und Pfandler bieten treffliche Unterkunft. Und wer hier nimmer Dach und Fach findet, der mag wohl im „Seespitz" um Obdach anklopfen, in dem freundlichen Hause, das sich gleichfalls seit kurzem gastlich aufgethan. Die Häuser am Südrande des Sees gehören der Buchau; noch weiter gegen das Innthal zu liegt Eben, die Wunder= und Ruhestätte der heiligen Nothburga, der stillen Magd, die in Tirol so hoch gehalten wird, wie nur einer der Himmelsfürsten.

Steil und steinig führt von dort die Straße nach Jenbach hinunter, — „am Kasbach" nennen es die Leute, — wir aber wenden uns noch einmal

um zu einem letzten Blick, und dann ist der blaue
See verschwunden.

Ich habe seine Flut gegrüßt in jeder Jahres=
zeit und jedem Wetter; im Frühling, wo die Berg=
amsel über den Wald flog, im Sommer, wenn die
Hochgewitter sich über dem Seekahr ballten, und
zur Winterszeit, wo alles zu schlafen schien, die
Woge im Eis, der Wald im Schnee und die
Menschen in ihren Hütten. Allein am unvergeß=
lichsten von all den vielen Fahrten bleibt mir eine,
die wir von Tegernsee einst unternommen und die
gleichsam allen Wechsel der Jahreszeit in sich schloß.
Ihrer allein möchte ich noch kurz gedenken.

Es war im tiefen Herbst, am Feste von Aller=
heiligen und Allerseelen. Und doch war die Luft
noch wundermild; es war jene blaue, schimmerklare
Herbstluft, in der die Sonnenfäden fliegen; die
Wälder waren golden und senkrecht stieg der Rauch
aus den Hütten im Thale empor.

So fuhren wird dahin im offenen Wagen; ab
und zu flog noch ein Waldvogel über den Weg; man
sah hinauf auf die verlassenen Almenweiden, wo
jetzt das Wild äst. Kaum hörbar atmet diese sonnige
Natur in ihren letzten schönen Lebenstagen.

Nur wenn wir durch die kleinen Dörfer fuhren, zeigte sich ein regeres Treiben; es war um die Morgenstunde, und überall drängten sich die Beter im Sonntagskleid um das kleine Kirchlein, denn an diesem Tage wird ja das Fest der Abgeschiedenen begangen.

Auf allen Gräbern liegen Kränze von Tannen=zweigen, von Almrauschkraut oder Stechpalmen, und in die schwarze Erde ist ein Kreuz von roten Vogelbeeren gedrückt, von jenem mythischen Baume, der einst dem Gotte Thor geweiht war. Ein hölzernes Kreuz mit verwitterter Schrift erhebt sich auf jedem Hügel, und vor demselben stehen das Mütterlein mit gesenkten Armen, der Mann, dem das gelockte Haar in die Stirn wächst, und die Kinder mit ihren offenen, blauen Augen. So ist ein Allerseelentag in einem Tiroler Dörflein; die zerbröckelte Friedhofsmauer und die hohen Berge bilden den Rahmen um dieses ergreifende, ein=same Bild —, — ein Bild, wie nur Riefstahl es malen kann.

Welch seltsamer Gegensatz von Leben und Sterben, und doch welch ruhige Einheit inmitten dieser ewig werdenden und ewig schwindenden Natur!

Da knallte luftig die Peitsche unseres Postillons, und um die scharfe Ecke des Kirchleins ging es in saufendem Galopp.

Wir hatten Achenkirchen hinter uns gelassen, und bald dehnte der See seine blaue Fläche vor uns aus in dem ersten Wirtshause, beim Maier, machten wir Rast. Der Wagen wollte noch den halben Rückweg bis zum „Hagen im Wald“ ge= winnen und wandte unverzüglich um; wir aber ge= dachten am folgenden Morgen zu Fuße nach Jen= bach zu pilgern.

In dem traulichen Unterstüblein, wo der grüne Hut an den Hirschgeweihen hing, saßen wir vor der Mittagsschüssel, und der dunkelrote Terlaner goß uns langsam sein Feuer ins Blut; wir ge= wahrten kaum, wie es draußen dunkelte.

Erst als wir vor die Thür traten, sahen wir es, wie das Gewölk über dem Seekahr und dem Rabenspitz emporzog; der See war blaugrau ge= worden und kräuselte unheimlich seine Wellen; mit Besorgnis fragten wir, ob es nicht noch ein ver= spätetes Gewitter geben werde? Aber der Bauer, der unter der Thür stand, mit den Händen in der Hosentasche, zuckte lakonisch die Achseln und erwiderte

Stieler, K., Natur= und Lebensbilder.　　6

in jenem Lapidar=Stil, den dereinst das Orakel von Delphi sprach: „Schneiden, schneiden."

Und wirklich hatte der Alte besser prophezeit, als jener berüchtigte Dreifuß: ein eisiger Wind prallte mit einemmale aus den Klüften der Berge hervor, jählings in kurzen Stößen; es klang wie ein gellendes Notsignal; die Sparren auf dem Dache knisterten, und im nächsten Augenblick war alles eingehüllt in einen brausenden Flockensturm.

So großartig und gewaltthätig geht die Natur aus ihrer letzten verschwiegenen Schönheit hinüber iu den Wintertod.

„Siehgst es!" brummte der Bauer und ver= schwand in der Hausthür; „jetzt hat der Sommer Feierabend g'macht!"

Wir aber mußten des Rückzuges gedenken, zu= nächst nach Achenkirchen. Das war wenigstens eine verschanzte Position, wo sich der wilde Wetteran= sturm eher bekämpfen ließ. Es war erst drei Uhr Nachmittags, als wir dort anlangten, aber mit einem stoischen Blick ins Finstere frug uns die Kellnerin bereits: „Schaffen die Herren zu Nacht essen?" Und dann kam die ganze kulinarische Ton= leiter, die mit dem „Nierenbraten" beginnt und im

„Schnitzel" elegisch ausklingt; eine Stunde später
stand das „Nachtessen" in der That vor uns auf
dem Tische. Verklärend fiel das Lampenlicht in
unsere Einsamkeit; um fünf Uhr kamen die ersten
Abendgäste zum Tarok oder zum „Preferanzl".
„Hobe die Ehre!" sprachen sie verbindlich und
schüttelten den Schnee von ihren Hüten.

Der eine, engbrüstig und lang gewachsen, stopfte
die Pfeife mit verhängnisvollem Knaster; der zweite
schien in allen Etagen seiner Persönlichkeit wohl=
häbig abgerundet und rauchte „Spezial"; der dritte
trug einen spitzen Schnurrbart und schnappte
mit einer langen „Virginia" nach dem Lichte.
Auch das Waidwerk war durch einen bärtigen
Nimrod vertreten, der freilich weder deutsch noch
lateinisch von seinen Abenteuern erzählte; die
Haute Finance durch ein paar Grenzwächter, die
man ja im österreichischen Curial=Stil „Finanzer"
nennt. Hinter einer vergitterten Ecke aber war
die „Tabaktrafik" und die „Postexpedition". Dort
saß ein bildschönes, braunäugiges Mädchen und
machte die amtliche Monatsrechnung, denn es
war der 1. November; hie und da tickte der
telegraphische Apparat, der auch hinter dem

Gitter stand, und trug fremde, unsichtbare Gedanken
aus dem Norden über den Brenner oder ans blaue
Meer.

Mancher von uns sah hinüber, aber keiner
sprach ein Wort mit dem schönen, fleißigen Kinde,
das da wie ein Vöglein im Käfig saß. Ich trommelte
mit den Fingern auf den Tisch und dachte an das
alte Lied:

> Fischlein fangen, Vögelein stehlen,
> Schadet manchem jungen Gesellen . .

Das Gespräch aber ging seinen ruhigen Schritt
im alten Geleise: vom Schnee, vom Preferanzl,
von den letzten Jagden, vom Grafen N. und von
der Kirchweih in Steinberg. Und als es zu Ende
war, begann es von neuem: vom Schnee, vom
Preferanzl ꝛc. Eintönig schlug die Wanduhr neun,
alles erhob sich, und in Frieden ging es von dannen.
„Hobe die Ehre,“ — „hobe die Ehre!“

Am nächsten Morgen war die Welt in weiter
Runde weiß und der Winter fertig. Wir hörten
die Glocken läuten und sahen die Menschen, die sich
mühsam hindurchstampften zu ihrem Betstuhl. Aber
sie alle waren ja hier daheim; nur wir mußten

noch viele Meilen heimwärts ziehen; wie das ge=
schehen sollte, wußten die Götter.

Nachdenklich zuckte der Wirt die Achseln! „Uber
Tegernsee können S' nit außi, da derfticken S' im
Schnee."

„Und über Jenbach?" fragten wir.

„Ja, wenn's Ihna nit in See 'nein schmeißt,
na' kann's scho' sein, daß S' außi kemma."

So waren denn die Würfel gefallen. Ein
kleiner Wagen ward angeschirrt, ein sogenannter
„Kaiblwagen", denn die Chaisen waren in dieser
saison morte zum Reparieren geschickt; wir wurden
in Decken eingeschnürt und nach Art der Vierfüßler
verladen. „Hüh!" rief unser Kutscher, und dann
ging es von hinnen.

Mit einem unbeschreiblichen Stoizismus sahen
wir auf diese Situation herab. Mühsam trabte
das breite Tirolerpferd durch den frischgefallenen
Schnee hindurch; wie rasend wirbelten die Flocken,
und in eisig=grauen Wogen brandete der See ans
Ufer empor und heulte unter der gewölbten
Straße, die den Felsen abgerungen ist. Senkrecht
am Wasser führte der Weg entlang; keine Spur
eines Berges war sichtbar in dem wilden Gestöber,

und wir selber waren zum lebendigen Eisblock ge=
worden.

Erst als wir in Jenbach die Eisenbahn be=
stiegen, fühlten wir wieder die ersten Atemzüge der
Zivilisation, und langsam begannen wir aufzu=
tauen, bis sich in Kufstein die eleganten Waggons
entleerten. Es war der große italienische Schnell=
zug zwischen Rom und Berlin. Hier stieg der
Graf X. aus dem Coupé und dort ein berühmter
Professor und da die leidende Baronesse. Man er=
kannte sich wieder, man drückte sich die Hand: „Wo
kommen Sie her? Wo reisen Sie hin?"

„Ich komme vom Kongreß in Neapel, — aus
dem vatikanischen Archiv, — von einer Studienreise
nach Florenz, — und Sie?"

„Wir kommen vom Achensee."

Ein schallendes Hohngelächter ergießt sich über
unsere schneeverwehten Gestalten, bis wir uns wieder
ins sichere Coupé verkriechen, und doch, — trotz
Hohn und Gelächter, trotz Regen und Schnee hat
es einen so unsäglichen Reiz, dieses Erinnern an
mißratene Partien. Ist es nach dem alten Satze,
daß man oft die mißratenen Kinder am liebsten hat?

Jahre sind seit jener Herbstfahrt vergangen;

aber wenn wir manchmal in München beisammen=
sitzen, mein gelehrter Freund, der mich damals be=
gleitete, und meine Wenigkeit, dann denken wir noch
immer mit Lachen an den Achensee, an jenen Schnee
und an das „Preferanzl". Und ein schalkhafter
Kobold flüstert uns neckend ins Ohr: „Hobe die
Ehre!"

Der Ammersee.

(1881.)

s ift ein Zauber uralten Lebens, der über den Gauen des bairiſchen Vor= landes liegt. Schon in der Römerzeit erhoben ſich hier gewaltige Kaſtelle, welche die Straße beſchirmten; noch zeigt der Boden die Spur derjenigen, die ihn damals gepflügt, und jene ſtillen Gräberreihen, in denen Luſt und Mühſal ihres Lebens zur Ruhe kam.

Dann wurden ſie verdrängt von der jugend= lichen Kraft der Germanen, und auch deren Spur haftet noch in tauſendjährigen Zeichen an Mauer und Erde; bis in die Merowinger= und Karolinger= zeit reicht die Geſchichte jener Ortſchaften zurück. Das Mittelalter beginnt, und überall begegnen uns die großen Träger ſeiner Kultur: gewaltige Grafen=

geschlechter gründen ihre Burg am See; der Mönch
baut seine stille Zelle, und singend pflügt der Bauer
daneben das alte immergrünende Feld. Doch über
dem Waffenlärm und dem Waidruf der einen, wie
über dem Glockenschall und Allelujah der andern,
schwebt noch tiefe waldgrüne Einsamkeit.

Diese Einsamkeit ist bis in die letzten Jahre
dem Ammersee geblieben. Sein Gebiet ist eines
der herrlichsten im bairischen Vorland; glänzend
spiegelt sich die lange Bergeskette in seiner Flut;
Hochwald umkränzt die Ufer, aber eine seltsame
Fügung hat es gewollt, daß er vergessen blieb von
den Tausenden, die allsommerlich hinausziehen und
sich jeden Winkel schöner Erde erobern. Obwohl
nur etwa sechs Stunden von München entfernt,
lag er doch lange Zeit weitab „vom Wege"; denn
keine Bahn führt an diese stillen Gelände, und kein
Dampfboot durchmaß bisher die blaue Flut. So
blieb denn dieses Fischervolk allein, und die Sonne,
die am Abend hinter den Waldbergen versank, sah
niemals ins Gewühl drängender Menschenmassen.
Erst seit kurzem hat das Dampfboot, das von
Grafrath die Amper hinauffährt und dann den
ganzen See durchschneidet, auch diese Pfade er=

schlossen; der Ammersee ist jetzt erst gleichsam ent=
deckt worden.

Hoch über uns liegt das Blau eines Juni=
morgens; die Buchen zeigen das erste Grün, und
der Vogelsang klingt rings aus dem Gehölze. Hinter
der Bahnstation wartet der kleine Dampfer, der
eigens für den schmalen Lauf des Flusses gebaut
ward. Das Wasser desselben, das durch seine milde
Heilkraft berühmt ist, schimmert uns klar entgegen;
weißer Schaum zischt um die Flanken des Schiffes,
sowie sich das Steuer regt, und die Fahrt beginnt.
Es ist ein wundersamer Wasserpfad — zu beiden
Seiten nickt uns das schlanke hellgrüne Schilf
mannshoch entgegen und neigt sich unter den
drängenden Wogen; ein Wasservogel fliegt kreischend
aus dem Röhricht; ein Weidenbaum senkt seine
Zweige hernieder. Doch bald genug grüßt unser
Auge schon die blaue Fläche und die leuchtenden
Berge.

Das kleine Dorf, wo wir landen, heißt Stegen;
es liegt am nördlichen Ende des Sees und durch
die schattigen Bäume des Ufers hat man den herr=
lichsten Ausblick. Uberall heben sich traute Dörflein
aus dem Grünen, Idyllen voll Sonnenglanz und

Buchenschatten, wir aber lassen den Dampfer von
hinnen ziehen, und dann erst löst unser Fährmann
den leichten Kahn, der uns hinausträgt auf die
schweigsamen Fluten.

So schweigsam und doch so beredt! — Um
unser Schiff kreist die flüchtige Möve; aber alles,
was uns umgiebt, steht so uralt eingewachsen in
diesem Boden, daß Gegenwart und Vergangenheit
fast in einander fließen.

Der Kirchturm, der zur Rechten herüberwinkt,
gehört dem Dorfe Eching; ein altes Edelgeschlecht
im zwölften Jahrhundert trug von ihm den Namen,
und in Römerzeiten war es ein Angelpunkt der
Straßen, die hier das Land durchkreuzten. In den
Gräbern, die man dort aufgedeckt, lagen die Leichen
im Kreise, mit den Füßen gegen einander gewendet,
und mancher Schmuck ward damals unter grünem
Wiesengrunde ans Licht gezogen.

Noch weiter drüben, wo die Fenster eines
Schlosses glänzen, hausten die „Greifen", auch ein
Edelgeschlecht, das bereits um das Jahr 1400 aus=
starb. Damals hieß es wohl jubilierend:

> „Von Greifenberg die Greiffen
> Die kummen mit Singen und Pfeiffen —"

aber der letzte des Stammes ward in der Türken=
schlacht bei Nikopolis gefangen und Sultan Bajazid
ließ ihm das Haupt abschlagen — wie mochte sein
Herz in letzter Stunde sich sehnen nach den grünen
Geländen der Heimat! Jetzt ist der Ort ein be=
kanntes und wohlverdientes Stahlbad geworden,
wo junge Frauen und bleiche Mägdlein ihr Heil
suchen — mir aber klang im Ohre das Singen
und Pfeifen der lustigen Ritterzeit, dieweil der ein=
same Kahn hinaustrieb.

Da schaut mit einmal eine grauverwitterte
Kirche herüber, ganz im romanischen Stil; am Ufer
liegen zerfallene Fischerhütten, und in der Sonne
trocknen ausgespannte Netze.

„Wie heißt das Dorf hier mit seiner merk=
würdigen Kirche?" fragte ich den stillen Fährmann.

„Dös Dorf da?" erwiderte er zögernd; „dös
Dorf heißt eigentlich Unterschondorf, aber wir
heißen's ‚See'. Und die Kirchen? Gelt, da müßt'
man sich schier schamen!"

Und dann erzählte er gelassen weiter, daß die
Gemeinde zu dürftig gewesen, um, wie die übrigen
Orte am See, ihre Kirche zu restaurieren; auf diese
Weise blieb das reizende romanische Bauwerk un=

verſehrt erhalten. Es iſt aus Tuffſtein errichtet
und mag etwa aus dem zwölften Jahrhundert
ſtammen; weitum im ganzen Gau iſt es das einzige
Gebäude, das noch ganz ſeine einſtige Geſtalt be=
wahrte. Selbſt wenn wir inmitten großer hiſtoriſcher
Städte ſtehen, mutet uns ſolch' altes Gemäuer gar
köſtlich an, um wie viel mächtiger wirkt es hier —
mitten, im grünen Laube und in der Einſamkeit
des Dorfes!

Aber auch die Flut, nicht nur das Land er=
zählt von alten Zeiten; denn wenn die Luft und
das Waſſer ſtille ſind, dann zeigen ſich unter dem
Spiegel des Sees noch die Reſte von Bauten, die
aus römiſchen Bädern ſtammen; ja die Sage er=
hielt ſich lange Zeit, die Römer hätten einſt über
den ganzen See eine Brücke geſchlagen. Noch
Weſtenrieder, der große Meiſter bairiſcher Volks=
kunde, huldigte dieſer Anſicht, die allerdings dadurch
einen gewiſſen Halt fand, daß die Felſen des See=
grundes an der vermeinten Stelle beſonders nahe
hervortreten.

Der Hauptort auf dem linken Ufer iſt Dieſſen;
drüben beherrſcht Berg Andechs die Gegend. Aber
auch in hiſtoriſcher Beziehung dominieren dieſe Orte;

denn nach ihnen waren die Grafen von Dieſſen=
Andechs genannt, eines der gewaltigſten Dynaſten=
geſchlechter aus der Zeit der ſaliſchen und ſtaufiſchen
Kaiſer.

Von Franken bis nach Tirol und Iſtrien
reichten ihre Güter; Schloß Amras war ihr Eigen,
und Innsbruck war von ihnen begründet; mit allen
Großen des Reiches und mit allen Thronen Europas
ſtanden ſie in enger Verbindung. Adelheid, die
Schwiegermutter des deutſchen Kaiſers Konrad und
des griechiſchen Kaiſers Manuel, war eine Gräfin
von Dieſſen, die Söhne des Hauſes aber begegnen
uns in allen Landen als mächtige Degen. Wir
finden ſie auf dem Biſchofsſtuhle von Bamberg und
Regensburg und als Patriarchen von Aquileja, und
Berthold der Vierte ward ſogar Herzog von Dal=
matien und Kroatien, allein noch glänzender waren,
wie geſagt, die Wege der Töchter. Die eine ver=
mählte ſich mit dem König von Frankreich, die
andere mit dem König von Ungarn, und wieder
andere nach Burgund und Savoyen, nach Mähren
und Schleſien, nach Öſterreich und in das Haus
der Burggrafen von Nürnberg. So lebt noch heute
in dem Kaiſerſtamm der Habsburger und Hohen=

zollern, und in den Königsfamilien von Baiern,
von Bourbon und von Italien ihr Blut, ihr eigenes
Haus aber brach nur allzu schnell zusammen. Fehde
und Zwist zersplitterte den Besitz, der allenthalben
willige Erben fand, als im Jahre 1248 der Manns=
stamm erlosch.

So war denn mit jähem Verfall eines der
mächtigsten und ältesten Geschlechter Deutschlands
geschwunden, die Güter um den Ammersee aber
fielen an das Wittelsbachische Haus und teilen
nun seit mehr als sechshundert Jahren die Geschicke
Baierns.

Wer jetzt in das grüne seeumspülte Örtlein
kommt, merkt wenig mehr von jener stolzen Ver=
gangenheit; nur das geistige Auge fühlt ihren
stummen Zauber. Wohl aber gemahnt uns noch
so manches in der Anlage und Architektur, ja fast
möchten wir sagen, in der Stimmung des ganzen
Ortes an das stattliche Kloster, das die Grafen von
Diessen hier gegründet. Es stammt aus dem
zwölften Jahrhundert und war anfangs sowohl für
Männer wie für Frauen zugänglich, bis die letzteren
allmählich „ausstarben". Das Herrenstift indessen,
welches die Besitzungen derselben gewann, erfreute

sich allzeit mächtiger Gönner und hatte reichen
Besitz an Land und Leuten, an „Wunn und Weide",
an Fischrecht und Mühlen; vor allem war ihm
Kaiser Ludwig der Baier hold, der den Ort zum
Bannmarkte erhob und dessen Bildnis noch jetzt an
dem ehemaligen Rathaus prangt. Schon die lang=
gestreckten weiträumigen Mauern haben etwas
historisch=klösterliches; grünes Laubwerk umgiebt
uns, und weithin herrscht der Blick über die Fluren
des Landes und über die Hütten der Menschen.

Obwohl die Kirche im Barokstil verunziert ist,
birgt doch ihr Inneres noch manches Wahrzeichen
aus großer Zeit; denn allenthalben sehen wir die
Grabsteine jener gewaltigen Dynasten, die hier
„schlafen in steinernen Särgen", wie das Wort des
Dichters sagt, und im Kuppelgewölbe prangen die
Bilder der Heiligen, die aus ihrem Geschlechte her=
vorgegangen oder mit demselben verwandt sind.
Es ist ein Frescogemälde in fünf Gruppen; Kaiser
Heinrich der Zweite und seine Gemahlin Kunigunde,
König Stephan von Ungarn und die Landgräfin
Elisabeth von Thüringen begegnen uns darunter.

Durch den Garten des Klosters aber rauscht
mit kühlen Wellen der Weinbach und stürzt sich

schäumend über hohes Felswerk; nach der Sage
führte von der Kirche einst ein unterirdischer Gang
nach Andechs und von dort bis an den Untersberg
im Salzburgerlande.

Trotz des Verkehres, den das Dampfboot auf
den See gebracht, ist Diessen übrigens noch heute
ein stiller Ort, dessen Wohlstand durch die zahl=
losen Kriege schwer gelitten hat, in die das ober=
baierische Land jahrhundertelang verwickelt war.
Sein Hauptbetrieb ist die Fischerei, die am Ammer=
see von jeher besonders blühte; denn schon in ur=
alter Zeit lieferten die Fischer von Diessen ihre
Edelware auf den Markt von Augsburg, besonders
wenn dort Reichstag gehalten ward. In frohen
Gelagen versammelte sich ihre Zunft, so oft ein
neuer Genosse darin aufgenommen wurde, oder an
den alten Jahresfesten der Innung, und dann klang
wohl froher Zecherlärm im Gaden unter dem wetter=
braunen Völklein, das sonst so schweigsam scheint.
Da der See vier Stunden lang und mehr als eine
Stunde breit ist, war die „Fischwaid" auf dem=
selben nicht wenig ergiebig, und vor allem gilt das
sogenannte „Amaul" (der Zander norddeutscher Ge=
wässer) als eine Spezialität des Sees.

Stieler, K., Natur= und Lebensbilder.   7

Um das Gebiet der einzelnen Berechtigten ab=
zugrenzen, dienten eichene Säulen mit dem ent=
sprechenden Zeichen, oft aber war auch nur in einen
mächtigen Baum am Ufer die Gestalt eines Fisches
eingeschnitzt und so die Grenze bestimmt; schon im
fünfzehnten Jahrhundert begegnet uns eine strenge
und bis ins einzelnste gehende See=Ordnung.

Wenn wir von Diessen aus zu Lande unsern
Rundgang weiterführen, kommen wir zunächst an
die Martinskirche, die für das älteste Gotteshaus
in Obernbaiern gilt; denn nach der Augsburger
Chronik von Welser soll sie bereits im Jahre 303
erbaut worden sein. Von dort geht es nach Fischen,
dem einstigen gefreiten Herrensitze, und überall sehen
wir Gräberspuren, die auf die früheste Besieblung
weisen; nur ein einsames Schifferhaus begegnet uns,
wo die Fähre über den See führt. „Wartaweil“
heißt der geduldig=sinnvolle Name des Ortes.

Wir ziehen weiter und haben bald die herr=
liche Bucht erreicht, die der See hier bildet, auf
der einen Seite umschlossen von dem Dörflein Mühl=
feld, auf der andern von dem stattlichen Schlosse
Ried. Hinter dem Strande aber liegt, von Nuß=
bäumen umschattet, Herrsching.

Im ganzen Seegebiet ist dieser Winkel vielleicht die vollendetste Idylle. Einsam liegt das Ufer mit seinen weißen Kieseln; kein Haus, kein Menschen= lärm stört diese Ruhe — nur badende Kinder plätschern im Wasser, das weithinein flach und lichtgrün ist. Über den Spiegel zieht eine Möve, die mit dem Fittich das Wasser streift und wieder emporschwebt in die Lüfte; im Westen ballt sich der schwarze Gewitterhimmel und türmt sich hoch über der langen Bergeskette, deren Gipfel schnee= blank herüberschauen. Eine stumme, sommerwürzige Schwüle liegt über Land und See — in solcher Stunde steigen wir empor zu dem alten weitbe= rühmten Kloster Andechs.

Es ist herrlich gelegen, auf der Höhe eines Bergkegels, den hochgewachsener Wald, tiefe Schluchten und rauschendes Gewässer fast dem Hochgebirge gleich machen. Wir wählen den Weg durchs Kienthal; eine einsame Mühle steht beinahe überhängend am Bache; wuchtige Felsentrümmer liegen hier und dort verstreut, und nur bisweilen sehen wir hinab durch gelichtete Zweige auf den Spiegel des Sees. So geht es höher und höher empor, bis wir endlich das Freie gewinnen, und da liegt nun inmitten von Wald und Feld das stolze Kloster, oder „der heilige Berg", wie ihn das Volk kurzweg bezeichnet.

Schon im frühesten Mittelalter erstand dort eine gewaltige Burg, die dann der Hauptsitz der Grafen von Dieſſen wurde, nachdem ſie drüben das Chorſtift gleichen Namens gegründet. Hier wurden dereinſt die Schätze des heiligen Raſſo geborgen, als im zehnten Jahrhundert die Ungarn ins Land fielen, doch als in Folge der Reichsacht (1208) auch dieſe Burge „zerbrochen" ward, da vergruben die Mönche von Seeon, welche den Gottesdienſt daſelbſt verſahen, die Schätze und Reliquien auf dem tiefſten Grunde der Kirche. Erſt zu Ende des vierzehnten Jahrhunderts hat man dieſelben wieder entdeckt, und die Sage will wiſſen, daß ein Mäuslein die Stätte verraten habe, wo ſie ruhten. Eine Reihe von wunderthätigen Heilungen ſoll alsbald geſchehen ſein, und da Hunderttauſende von Pilgern aller Länder herbeikamen, ward eine neue Kirche und ein Stift für ſechs Chorherren errichtet, welches 1455 in ein Benediktinerkloſter verwandelt wurde. Die Schätze, welche dort verwahrt und von den Gläubigen noch heute andächtig verehrt werden, ſind zwar über=

wiegend religiöſer Art — es ſind Reliquien vom
„Leiden unſeres Herrn", von Maria und den
Apoſteln — aber manche der koſtbaren Gefäſſe und
Gewänder haben auch hohen kunſthiſtoriſchen Wert
und reichen zurück in frühe romaniſche Zeit.

Wir ehren die Andacht derer, die ſich daran
erbauen, doch auch wer draußen durch den burg-
artigen Hof und durch die grünen Gelände ſchweift,
fühlt ſein Herz gehoben durch Gottes ſchöne Welt.
Der Ausblick (vor allem vom Turm der Kirche)
iſt bezaubernd: dieſes Hügelland mit ſeinen grünen
Wellen, dieſe tiefſchwarzen Wälder, und zwiſchen
wogenden Saaten die kleinen Dörflein mit ihren
braunen Dächern und ihrem tiefen Frieden! Wer
könnte ſie alle nennen, wie ſie hier den See um-
kränzen, das ſchöne Breitbrunn und das uralte
Inning und Erling — von der Benediktenwand
über Karwendel und Wetterſtein ſchweift unſer Auge
hin bis an den Säuling bei Schwangau.

Allein ſelbſt wenn uns nach minder luftiger
Labung gelüſtet, ſind wir hier an eine gute Stätte
geraten; denn die würdigen Jünger des heiligen
Benedikt, die ſoviel gethan für Kunſt, Wiſſenſchaft
und Landeskultur, ſie gönnen auch dem müden

Wanderer gern ein frohes Stündlein der Raft, und willig öffnet sich das Braustüblein im Erdgeschosse dem wohlerworbenen Durste. Es ist so behaglich und heiter dort; am Fenster stehen die Blumen, und Bilder aller Art schmücken die Wand; lustig singt der Vogel im Bauer und freundlich reicht uns der dienende Bruder den Steinkrug. So wird es uns denn von Herzen wohl an dieser uralten Stätte, und während wir uns auf der Holzbank strecken, geht es uns sinnend durch die Seele, wie reich das Leben ist und wie viele Wege doch zum Ziele alles Lebens führen — zum Glück!

Man muß es nur erst verstehen lernen, was im Lande und im Herzen derer lebt, die man heim= sucht; man muß nur auch erleben können, was man sieht! Das ist die beste Frucht aller Wanderschaft.

Im Pfeldersthal.

(1872.)

Wer die Berge nur aus einem staubigen Wagenfenster betrachtet, der wird ihnen ferne bleiben, auch wenn er mitten darinnen ist. Man muß mit seinen Füßen auf gutem Fuße stehen, wenn man den wahren und vollen Genuß der Landschaft besitzen will, und wenn das irgendwo in der Welt seine Richtigkeit hat, dann ist es in Tirol. Tirol mit seinen schmalen Steigen und seinen himmelhohen Spitzen ist recht eigentlich das Land für den Wanderer; seine Thäler, die sich hundertfach öffnen und schließen, bedürfen den freien Blick. Das Bild, das sie bieten, ist häufig so eng und abgeschlossen, daß wir stets auf die Beachtung des Details, auf jene unwillkürliche Wahrnehmung des Kleinlebens zurück-

geführt werden, welche den Weg so reich und reizend
macht. Die Einzelheiten, die wir wo anders suchen
müssen, werden uns hier wie ein Geschenk entgegen=
gebracht, und dennoch bringen sie uns nie aus dem
Zusammenhang des mächtigen Gesamtbildes. Nie=
mals verdrängt die Großartigkeit der Höhen die
Anmut der Niederungen, niemals wird das Bild
klein, weil es enge, und unbedeutend, weil es ab=
geschlossen ist. Dieser Zug charakterisiert die Wande=
rung durch die Thäler Tirols; er gilt auch von
jenen, welche auf allen Seiten den ungeheuren Ge=
birgsstock umgeben, der unter dem Namen der Ötz=
thalergruppe bekannt ist und eine Gletschermasse
von mehr als hundert Millionen Klaftern darstellt.
Da ist neben dem Oetzthale selbst das Pfoß= und
Fenderthal, Schnalser= und Matscherthal und etwas
weiter entfernt das altberühmte Passeyer. Von dort
zweigt der Weg zur Linken ab nach Pfelders.

Der erste Ort, den wir hier gewahren, ist das
kleine reizende Dörflein Moos; die Passer, die
rauschend vorübereilt, macht hier eine Wendung,
und in der grünen Ecke, die sie bildet, liegt hoch=
aufgeschossen und weit vorgebaut ein Gewinkel nied=
licher Häuser. Das braune Dach ragt weit hinaus,

die weißen Mauern stehen blendend in der Sonne;
fröhlich wucherndes Weinlaub klettert daran empor;
die Schwalbe schießt durch das offene Fenster am
First und wirbelt zwitschernd wieder heraus ins
Freie, um in endlos blauer Luft zu entschwinden.

Wie fast in den meisten wilden Thälern Tirols,
so ist es auch hier — g e h e n kann man nur auf
der schmalen Straße, an allen übrigen Teilen des
Ortes heißt es s t e i g e n! Kaum mehrere Klafter
breit liegt ebener Boden, dann kommen wieder Terrassen
und Abhänge, regellos aneinander gereiht, mit trotzigem
grauen Gestein verwachsen, das allenthalben zwischen
dem kurzen Gras sich hervordrängt.

Die Fernsicht über die nahen Gletschermassen
ist in Moos noch beschränkt, der Charakter der
Landschaft ist hier noch ein stiller und schlichter,
mehr von friedlicher als von gewaltiger Einsamkeit.
Erst wenn man auf dem rechten Ufer der Passer
höher hinansteigt, wird die Landschaft weiter und
mächtiger. Ein kleines Kirchlein mit schlankem Thurm
winkt uns entgegen, und die schmalen Wiesenstreifen,
die die Höhe krönen, sehen aus, als wäre ein grüner
Teppich zu Füßen der heiligen Stätte ausgebreitet.
Dort sieht man weit vor gegen St. Leonhard und

ins Thal nach Pfelders, dort stürzt der Pfeldeser
Bach sich mit lautem Jubel hinab in die Passer,
so stürmisch, daß der Aufschrei der stürzenden Wogen
fast verhallt in dem weißen sausenden Schaume.
Nach dem Namen des Kirchleins trägt auch dieser
Absturz den Namen Platterfall; unter den Berg-
spitzen, die rings emporsteigen, sehen wir den Jauffen
mit dem bekannten Übergang, der bei Sterzing
mündet.

Zwischen schmalen smaragdgrünen Wiesenmatten
zieht sich der Weg ins Pfelderthal hinein; eine steile
Brücke überschneidet die Straße, und schon auf weite
Entfernung gewahrt man das Kirchlein und die
Häuser von Plan. Uber ihnen der weiße riesigbreite
Kranz der Gletscher.

Schon ist die Sonne dahinter verschwunden,
die Augen sehen zwar noch volles Licht, aber um
die Stirne weht uns bereits jene dämmerige Kühle,
die uns anhaucht wie die letzten frischen Atemzüge
des Tages. Wie wohlig ist das Gefühl für den
Wanderer, wenn er um solche heitere Abendstunde
in ein Dörflein einzieht, wenn das Ziel des Tages
erreicht ist und wohlverdiente Rast ihm winkt.
Dieser Gedanke wirkt im Herzen wie ein plötzlicher

rascher Flügelschlag, das Auge mißt mit heiterem
Staunen die Riesen, die vor uns stehen, jeder Laut,
den das Ohr vernimmt, klingt uns an die Seele.
Und die staubigen Schuhe drücken nimmer, das
schwere Bündel wird plötzlich leicht, es ist, als ob
eine gute Fee es uns unmerkbar trüge.

So wandern wir an den ersten Häusern des
Dorfes vorüber, die ersten Grüße dringen uns ent=
gegen, und immer näher kommt die Kirche und ihr
freundlicher Nachbar, der nach der Seele den Leib
erquickt. Wir meinen: den Wirt!

In vielen kleineren Dörfern, die zu weit vom
Wege der Touristen abliegen oder nur spärlich be=
völkert sind, findet sich indessen der Begriff des
Hotels noch absolut nicht selbständig vertreten,
und das Pfarrhaus ist dann die einzige gastliche
Stätte. Es trägt noch den alten deutschrechtlichen
Namen, man wird nach dem „Widum“ geleitet,
wenn man nach der Wohnung des Priesters frägt,
der Bewohner selbst aber wird nach österreichisch=
klerikaler Sitte Kurat genannt. In manchen Thälern
Tirols ist dieser Kurat demnach die einzige Zuflucht
des Fremden, welcher freundlichen Rat und ein
stilles Obdach begehrt. Seine Erscheinung ist so

markant und typisch, er gehört seiner kleinen abge=
schlossenen Welt so ausschließlich und mit solcher
Treue an, daß er von derselben fast untrennbar
scheint, daß er unwillkürlich eine feste Staffage in
der reizend knappen Landschaft geworden ist.

Wer sich am Abend mit leichter Tasche dem
Dörflein nähert, der begegnet außerhalb der Grenz=
mark nicht selten einem Wanderer im langen schwarzen
Kleide, mit dunklem Strohhut, der einsam und be=
schaulich seinen Abendspaziergang macht, und das
ist der Mann, von welchem wir sprechen. Der Wege,
die er zur Auswahl hat, sind nicht viele; entweder
ist es die hergebrachte einzige Landstraße oder der
schmale Wiesensteig, und wer nach dem Dorfe strebt,
der muß ihm fast notwendig in den Weg kommen.
Das kleine lateinische Brevier liegt aufgeschlagen
in der einen Hand, die Kinder, die ihm begegnen,
drängen sich herzu und küssen die andere, der schwarze
Spitzhund aber bleibt verblüfft auf dem Felde stehen
und stellt die Ohren auf, wenn er zuerst des nahenden
Touristen gewahr wird. Freundlich zieht dieser
den Hut und erwidert den Gruß des Herrn Kuraten;
ein paar Worte, die das Wohin und Woher er=
klären, werden gerne darein gegeben.

Wer das Leben dieser Männer ins Auge faßt, der muß zugestehen, daß ein Stück von schlichter aber tiefer Poesie in demselben ruht, und wer ihrem persönlichen Wesen sich nähert, der wird häufig einer Liebenswürdigkeit und Ehrlichkeit begegnen, die bald unser Herz gewinnt. Denn das was dem Klerus in großen Städten schadet, wo er sich an den heißen Kämpfen der Zeit beteiligt und dadurch seinem wahren Berufe so leicht entfremdet, fällt hier weg, hier tritt seiner Pflicht keine Versuchung und seinen Gedanken keine Polemik gegenüber. Sein ganzes Leben hat sich zurückgezogen auf diesen kleinen fast unnahbaren Wirkungskreis; mit sich und den Seinen im Frieden zu leben ist sein einziger Beruf, den der geistliche Waffenlärm ihm niemals streitig macht. Es ist begreiflich, daß unter diesem Einfluß der Priester sich mehr bemüht, seinen Pfarrkindern ein wahrer Freund zu sein; sie sind ja seine ganze Habe und er ist ihr ganzer Hort; die höchste Autorität für alles, was dies einsame Leben begehren mag. Um die Einsamkeit der langen Tage zu kürzen, haben viele dieser Pfarrherren sich irgend einen Zweig des Wissens ausersehen, der ihnen Anregung und weitere Ziele giebt. Manche treiben Mineralogie

ober Botanik, andere haben die Stätte selbst, die
mit ihrem Dasein eins ist, zum Gegenstand ihrer
Studien gemacht und sind als Kenner der Gletscher=
welt berühmt geworden.

Wir erinnern zum Beispiel an den Kuraten
Senn in Vent, der einen in Deutschland bekannten
Namen besitzt und sich um die alpine Erforschung
des Ötzthals die größten Verdienste erwarb.

In der Regel wird der Tourist bei diesen
Herren auf die herzlichste Weise aufgenommen. Denn
wenn auch im allgemeinen die Neigung besteht,
Tirol nicht allzusehr den Fremden zu öffnen, so ist
der Wanderzug in jene Thäler doch so gering und
das Bedürfnis mit Menschen zu verkehren so mächtig,
daß fremde Gäste trotzdem willkommen sind. Jeder
der da kommt, bringt ja ein Stück Welt mit sich,
ein Stück von jener großen, weiten Welt, die draußen
liegt wie ein mächtiges Reich der Sage. Acht Monate
dauert der Winter hier im Thal, bis die Sonne
den letzten Schnee der Matten überwältigt hat, bis
der Weg dem fremden Wanderer wieder geebnet ist,
nnd wen mag es Wunder nehmen, daß nach solcher
Zeit ein Wandrer freundlich empfangen wird? Wen
mag es Wunder nehmen, daß das Licht im Widum

heute länger brennt als sonst, daß der Herr Kurat
bis Mitternacht bei den nordischen Gästen sitzt, die
diese Nacht seine tiefen Federbetten bewohnen und
morgen den Gurgler-Ferner übersteigen? In den
schimmernden Flaschen glänzt der rote Tirolerwein;
auf dem blankgefegten Tische liegen die Karten des
kaiserlichen Generalstabs, und zwischen den frieblichen
Worten hören die Fremblinge schon die rauhen
Lawinen des furchtbaren Gletschers rollen. So ist
es binnen wenigen Stunden, als wäre man seit
Jahren vertraut gewesen.

Auch in dem kleinen Dörfchen Plan, wo das
Amt des Kuraten in den Händen eines Cisterzienfers
liegt, wurden die Fremden anfangs nur von diesem
zu Gast genommen. Seit mehreren Jahren indes
hat sich die Häuserin, die ihm die Wirtschaft führte,
emanzipiert und ein eigenes kleines „Hotel" gegründet,
wenn man dies Wort nicht allzustrenge nimmt.
Denn der Eingang des Fremdenzimmers ist nicht
an der Fassade, sondern der müde Passagier wird
erst um die Ecke geschleift, wo ein schiefes Dach
auf ihn herabzustürzen droht. Über mehrere Stufen
treten wir auf einen hölzernen, gebräunten Gang
und kommen in ein ziemlich bunkles Gemach, das

in dem kleinen Hauſe groß genannt werden darf.
Hier findet ſich das wichtigſte und wohl auch das
wertvollſte Mobiliar des jugendlichen Hotels, ein
paar Federbetten von gletſcherhafter Dimenſion,
ein Tiſchlein (das ſich niemals deckt) und zwei Stühle,
die in des Wortes verwegenſter Bedeutung hinfällig
zu nennen ſind. Der übrige ziemlich breite Raum
iſt leer.

Das alles war nicht eben glänzend, allein man
geht ja nicht nach Plan, um eine elegante Wohnung
zu mieten, und ſo entſchädigt die Außenſeite für das
Innere.

Auch wenn wir müde angekommen ſind, auch
wenn es ſchon dämmert, ſind wir immer noch auf-
geräumt, einen abendlichen Schlendergang durch das
Dorf zu wagen; man fühlt ein Bedürfnis, die
Phyſiognomie des Ortes und den Eindruck richtig
zu ſtellen, den uns die nächſte Umgebung macht.

Plan iſt der Hauptort des Pfelderthals und
liegt nach den Generalſtabskarten 5131 Fuß über
dem Meer. Wirr durcheinander liegen die Gebäude,
die Steine auf dem zerklüfteten Dach ſind verwittert,
der blaue Rauch ſteigt ſenkrecht empor aus dem
zerbröckelten Kamin.

Plan wird nicht mehr als höchstens zehn Häuser
haben, aber diese stehen so unregelmäßig und winkel-
haft, daß sich trotzdem ein wahres Labyrinth von
kurzen kleinen Gäßchen bildet. Zerrissene Zäune
rahmen dieselben ein; das Terrain ist selbst zwischen
den Straßen uneben, und die Schafe klettern darin
umher und nagen das Grün zwischen den Steinen
weg oder drängen sich mit schüchterner Neugier um
den vereinzelten Wanderer. Obwohl man auch den
kleinen schwarzgelben Kühen begegnet, die bei ihrem
vielseitigen Berufe eine tiefe Bescheidenheit zur Schau
tragen, so ist doch die Schafzucht die einzige, die
in diesen hochgelegenen Thälern wirklich gedeiht.
Bis auf die Zinnen der kahlen Felsen, wo das
Gras nur mehr dürftig durch die Ritzen bringt,
klettert die kleine weißbevließte Herde im Sommer
empor, auf Pfaden, die das ungeübte Auge kaum
erkennt, an denen das Murmeltier zwischen den
spitzigen Zinken hervorlauscht mit hellem Pfiff und
ihnen zänkisch die Gräser streitig macht.

Wer aber selber in diese Regionen steigt, der
wird plötzlich weithin umringt von den Wundern
einer unermeßlichen Natur. Wie großartig und
doch so unfruchtbar, wie reich an Macht und doch

so geizig mit jenen Gaben, die uns anmutig zu Herzen gehen! Millionen Klafter vom riesigsten Felsgestein und kaum eine Handvoll Grün!

Am Schluß des Thales erhebt sich die hohe Wildspitze, die 11,000 Fuß überschreitet und vom Volk nur die „hohe Wilde" genannt wird. Uner= meßlich steht sie in der riesigen Kette der Zentral= alpen, wie ein Eckstein in jenem Kamm, der die Wasserscheide trägt und fast nirgends unter 10,000 Fuß herabsinkt. Himmelhohe halsbrecherische Über= gänge leiten hier von einem Thal in das andere, zum Beispiel über das Spronserjoch nach Meran; über das Langthalerjoch nach Gurgl. Im Thale selbst wird jener breite Kamm mit dem Namen „Reiserwände" bezeichnet, die Pyramide, die am südlichen Ende emporragt, heißt der „Wilde Spitz". Blicken wir weiter in die Runde, so begegnet uns eine seltsame Nomenklatur; da sind der Seelen= und der Trinkerkogel und andere rätselhafte Gipfel, so wunderbar gestaltet wie ihre Namen.

Wer näher in die Topographie dieser Gletscher= gruppe eingeht, dem wird die Karte von Anich mancherlei Aufschluß bieten; um die Vermessung und Richtigstellung der einzelnen Gipfel aber hat sich Herr

von Sonklar unschätzbare Verdienste erworben. Der=
selbe ist Oberst in österreichischen Diensten und
seinen Namen trägt einer der herrlichsten Ferner.

Hinter der Felsmauer, die wir eben beschrieben,
aber steht das ungeheure Eisjoch, und wenn es auch
vom Pfeldersthal selber nicht sichtbar ist, so trägt
es doch zur Gestaltung desselben wesentlich bei.
Ebenso entscheidend für die Plastik des ganzen Thals
hat die Tschigotspitze gewirkt, von der sich ein Rücken
ablöst, der nordöstlich zwischen dem untern Passeyer=
und dem Pfeldersthale hinzieht. Ihm verdanken
zahlreiche Seitenthäler dieser beiden ihr Dasein,
wie zum Beispiel Lazins und Farmazon, das Spron=
ser= und Saltauserthal.

Über die Besiedlung der Gegend meldet die
Sage, daß die breiteste Stelle des Catzinserthals
zuerst bebaut worden sei, und zwar soll dort ein
Forsthaus für die Jäger des Landesherrn errichtet
worden sein, der damals auf dem Schloß Tirol
residierte. Was diese Vermutung besonders unter=
stützt, ist der Umstand, daß von hier der gerade
Weg über das Spronserjoch nach dem Schloß Tirol
führt; jetzt steht eine Alpe dort, die von mehreren
Gemeinden der Nachbarschaft bezogen wird.

Hunderte und hunderte von Jahren liegen zwischen jenem Tag, wo zuerst ein menschlicher Schritt in diesen Thälern hallte. Die Geschlechter und die Gedanken haben sich geändert draußen in der großen Welt und selbst hier sind die Gestalten, die vorüber= gehen, anders geworden, wenn auch in diesen Höhen die Zeit so lautlos dahinschreitet, daß sie alle hundert Jahre nur eine Stufe zu erreichen scheint. Eines aber ist gleich geblieben seit jener Stunde, wo die rauhen Jäger des Fürsten die Axt in diese Wild= nis trugen bis heute, und das ist die Natur. Sie lächelt nicht einmal in den hunderten von Jahren, selbst im Frühling nicht; sie ist eine Matrone mit silbernem Scheitel und — steinernem Herzen.

Am Chiemſee.

(1872.)

ſ gab eine Zeit, wo das ganze Land, das jetzt zwiſchen Inn uud Salzach liegt, nur eine unbegrenzte Waſſerwüſte war, und ein Stück aus jener Vergangenheit iſt auch der Chiemſee im bairiſchen Oberland. Weit= hingedehnt, viele Meilen im Umkreis, liegt ſeine Waſſerfläche da; im Süden lehnt ſie ſich an blaue Berge, nach Norden greift ſie weit hinaus in die Ebene. Die Ufer ſind jetzt noch ſtellenweiſe tiefes Moor, kleinere Seen umgeben ihn auf allen Seiten, es iſt das Überbleibſel, der letzte Tropfen, der ſtehen blieb aus jener neptuniſchen Periode.

Gottlob, daß ſie vorüber iſt, daß wir „aufs Trockene" gekommen ſind. Nicht in die Vergangen= heit, ſondern in die volle blühende Gegenwart wollen

wir deshalb den Leser geleiten; es wär' eine Sünde
gegen den Frühling, dessen Pulsschlag draußen
pocht, der uns die Wonne lehrt, die in dem Augen=
blicke liegt!

Ja wahrhaftig, das war ein Maientag, als ich
mit leichtem Schritt an das Gestade hinabstieg!
Der Schnellzug, der von München nach Salzburg
geht, führt am Ufer des Chiemsees entlang, bald
ist er hinter den Bäumen verborgen, nur der blaue
Rauch wirbelt noch in der Luft, nur das dumpfe
Dröhnen der Schienen hallt in der Ferne, und
dann Gottlob ist er verschwunden. Nun ist es ganz
der Frühlingsmorgen nnd ganz die Sonntagsruhe,
die da waltet. Das Dörflein, wo wir ausgestiegen,
heißt Prien, mit wenigen Schritten ist man an der
Kirche, wo das Volk im Feierkleide herumsteht und
von den großen Fragen seines kleinen Lebens
plaudert. Wir werfen einen raschen Blick in das
heitere buntbewegte Bild, ehe wir hinab zum See=
strand eilen.

Die Dörfer des Chiemsee nämlich liegen nicht
dicht am Ufer, zum Teil weil der flache Strand an
vielen Stellen moosig ist und dann weil der See
im Lauf der Zeiten um mehrere hundert Fuß zu=

rückwich. Ein schlichtes Sträßlein, das munter bergauf und bergab zieht, führt von Prien hinab an das Gestade, wo einzelne Häuser stehen, die man mit dem Gesamtnamen „Stock" bezeichnet.

Der Weg beträgt kaum eine Viertelstunde. Zu beiden Seiten steht das junge Gehölz, hie und da ein Lichtung im Walde, wo sich zwischen dem braunen Laub schon die blauen Anemonen hervordrängen. Über den kühlen Waldgrund aber, in dem die Sonnenlichter spielen, huscht der Fink, auf dem obersten Ast der Tanne wiegt sich die Drossel leise schlagend und dann wieder regungslos, als lausche sie der Antwort. O Frühling, du Wunder der Natur, du Wunder der Menschenseele!

Begleitet vom Vogelsang, geleitet von den klugen Blumen, die hart am Wege blühen, zog ich entlang; ich konnte dem Bächlein nicht böse sein, das mir mutwillig in den Weg lief, da endlich kam das offene Gestade. Unbewegt lag der blaue Spiegel vor meinen Blicken, drüben die Berge mit ihren wunderbaren Formen und die Matten mit ihrem ersten Grün; in allen Farben war eine Zartheit, wie sie nur der Morgen, wie sie nur die Jugend kennt! Ach wie schnell kommt der Mittag!

Weit hinein in den See ragen die Pfähle des
Steges, den das Eis alljährlich zertrümmert und
der sich erst mit der Sommersaison einer Erneuerung
erfreut; blondlockige Kinder plätscherten im Sande
und müßig, weit herausgezogen lag ein gewaltiger
Einbaum am Strande. Der Einbaum ist die älteste
und primitivste Form der Schiffe auf unseren Ge=
birgsseen, er ist aus einem einzigen Eichstamm ge=
zimmert und erreicht ein Alter von 60—70 Jahren.
Fast allenthalben ist derselbe jetzt durch die modernen
koketten Kähnchen verdrängt worden, nur auf dem
Chiemsee hat sich das alte Fahrzeug fast ausschließ=
lich erhalten.

Mit mächtigem Ruck schoben wir das würdige
Fuhrwerk hinaus in die Wellen; der Fischer, der
mich übersetzen sollte, griff zum Ruder, und weithin
ging es über die lautlose Flut.

Ich horchte, wie sie unter jedem Einschlag
rauschte, ich sah hinaus über die tiefblaue Berges=
kette, die sich vom Stauffen bis zum Wendelstein
vor unseren Augen erstreckte. Der Duft der Tannen=
wälder strömte uns entgegen, die Libelle glitt vor=
über, nur selten unterbrach ein Wort die schweig=
same Schönheit oder den einsamen Ruderklang.

Dennoch waren wir nicht allein. Mir gegen=
über saß ein blonder, hochgewachsener Knabe, kaum
14 Jahre alt, mit grünem Hut, von dem die Spiel=
hahnfeder nickte. Er hatte mich in Stock gebeten,
ob er „aufsitzen" dürfe, und wie er mir nun er=
zählte, war er vom Königssee daheim mitten in
der himmelhohen riesigen Bergeswelt. Zwei Jahre
lang hatte er in der „Fischunkel", auf einer der
höchsten Almen, „gehütet", jetzt war der Vater ge=
storben, und so mußte er auswärts sein Brot suchen.
Ein Bauer in der „Grassau" hatte ihn gedungen,
dorthin gingen nunmehr seine Wege.

Lange sah ich dem schönen Knaben zu, er
hatte die Füße gekreuzt und die Hände im Schoß
gefaltet, das lockige Haar hing ihm tief herab in
die Stirne. Wie ein verstohlenes Heimweh zog es
über sein Gesicht.

Es ist doch wunderbar, je weniger der Natur=
mensch die Worte besitzt, um sich auszusprechen,
desto schlagender spricht seine ganze stumme Er=
scheinung. Er war die höchsten Felsengipfel ge=
wohnt, ihm kam die Landschaft hier so weit, so auf=
geschlossen vor, und seine tiefen Augen ruhten sehn=
süchtig auf dem Watzmann. Am Watzmann liegt

ja der Königsfee, und hoch emporgetürmt über dem Königsfee liegt die Fischunkel!

Das Ruder rauschte, die Libelle glitt vorüber, bald lag die Insel Herrenchiemfee, an der ich landen sollte, dicht vor meinen Augen. Sie und die „Frauen= insel" sind es, die dem Chiemfee sein charakteristisches Gepräge geben, beide trugen dereinst eine Kloster= stätte, deren Gründung bis in die Frankenzeit zu= rückreicht.

Langsam landet das Schiff am Strande, wo riesige Buchen stehen, wir fahren tief hinein unter ihr verschlungenes Gezweig und steigen mühelos die walbigen Stufen empor, die uns den Weg weisen.

Die Insel selber ist mächtig groß, sie umfaßt mehr als 600 Morgen und wer' sie umgehen will, hat fast eine Meile vor sich. Auf den freien Gründen steht das alte Kloster, der größte Teil indessen ist mit dunklem Tannenforst bedeckt.

Es ist ein Stück Waldeinsamkeit, das hier in= mitten der blauen Flut liegt, und wenn man so durch das finstere Dickicht schweift, wo die mäch= tigsten Hirsche äsen, dann könnte man es fast ver= gessen, daß wir auf einem Eiland wandeln. Plötzlich aber lichtet sich der Wald, zwischen den Ästen schauen die Berge und die blaue Flut herein, heimliches Wogenspiel rauscht in der Ferne.

Schon wenn man der Insel entgegenfährt, noch weit vom Landen, zeigt sie dies eigentümliche Gepräge, das sich nicht ändert, sondern nur verstärkt, sobald wir in ihrem Bannkreis weilen. Dies mächtige, emporgetragene Stück Land mit seinen satten Wiesen, der schwere finstergrüne Wald und die grauen gewaltigen Klostermauern, das alles ist so fest in sich geschlossen, das alles ist ein Bild von so entschiedenen Zügen und so voll eigener Kraft, daß die Hand des Künstlers keinen Strich hinzuzufügen hat. Und wenn die Glocken dann herübertönen aus dem alten Gemäuer, dann klingt es in ihnen nach wie die Erinnerung einer tausendjährigen Geschichte.

Es giebt Menschen, die zu einem bestimmten Berufe gleichsam geboren sind, und es giebt Gegenden, die zu einer bestimmten kulturgeschichtlichen Mission fast notwendig bestimmt erscheinen. So geht es mit Herrenchiemsee, es mußte nach dem Geiste jener Zeit, in die seine Jugend fiel, ein Kloster werden und eines

der herrlichsten, das die deutsche Geschichte
kennt.

Heute sind jene Tage längst vergangen, das
Gemäuer ist halb zerbrochen, und nur der Name
des Besitzers mahnt noch an das Mittelalter. Er
heißt Graf Hunolstein, Grafen und Fürstensöhne
waren einst die Äbte des Stifts.

In wenigen Minuten führt uns der leicht be=
kieste Pfad zum Schloß empor. Das ist ein riesiger
Bau im Gevierte, mit langen Fensterreihen, und
man vermißt es kaum, daß die Türme der Kloster=
kirche seit Jahrzehnten abgebrochen sind. Sie wurden
zwar nicht dem Boden aber doch dem Dache gleich=
gemacht, in der geräumigen Halle aber, wo einst
die Mönche im Chor saßen, zischen jetzt die ge=
waltigen Pfannen, deren Rauch die Wände schwärzt
und deren malziger Duft durch die offene Thüre
dringt. Schon mit der Aufhebung des Klosters
ward die Kirche ihres geistlichen Charakters ent=
kleidet, und sähen wir nicht noch das hohe Gewölb
und die einsame Marmortafel, die in der verkalkten
Wand vergessen ward, wir fänden es selbst kaum
wieder, daß sie es jemals war.

Über der einsamen Pforte und über dem Mauer=

bogen, der in den Schloßhof führt, rankt sich der
Pfirsichbaum empor mit blaßroten Blüten, auf
sonnigem Boden wuchern die Veilchen, und unter
dem Gesims hat die Schwalbe ihr Nest gebaut, in
dem schon die Jungen verstohlen zwitschern. Wir
blicken empor — sorglos und jauchzend wirft sie
sich in die blaue Luft und ist verschwunden, bevor
der Blick ihr nachgeeilt!

Ehemals war sie allein hier frei, und mancher
der stillen Mönche hat ihr in Schmerzen nachge=
schaut, wie sie über die Mauer flog und über die
Wellen; jetzt stehen Thüre und Angel offen. Der
Hammer der Zeit hat sie gesprengt, und der steinerne
Apostel, der dort an der Wand lehnt, ist noch der
einzige Gefangene! Zerfallen wie der Hof, scheint
auch das Innere des Hauses, die Treppe knarrt,
wenn wir emporsteigen, ein Bibelspruch steht über
der Thüre, wo einst die Bibliothek des Klosters
lag: kostbare Handschriften, die bis in die Zeiten
der Karolinger emporreichten, Bücher mit Malereien
und Edelstein, die die Arbeit eines Lebens in sich
schlossen. Auf den öden Gängen hallt unser Schritt,
Zelle steht an Zelle, aber alles geschlossen. Aus
jedem Fenster, das sich aufthut, schauen wir hinab

in ein Paradies, und doch ist jedes nur ein Gitter=
stab von jener großen Gefangenschaft, in der das
Leben hier gelegen.

Selbst der Fürstensaal ist vor dem Verfalle
nicht verschont geblieben; nur die prächtig geschnitzten
Eichenthüren widerstanden der Zeit, aber die Decke
mit ihren Bildern aus der biblischen Geschichte ist
schon zerbröckelt, und in dem Parquet, das den
Boden deckt, tickt ungestört der Wurm. An den
Wänden sehen wir die Standbilder der römischen
Kaiser dargestellt; Nero und Caligula, Claudius
und Hadrian, alle in goldener Rüstung, mit den
schwulstigen Zügen der Zopfzeit. Wie sonderbar
schauen sie auf uns herab, diese Cäsaren vom Chiem=
see; das sind schlimme Heilige für deutsche Kloster=
brüder! Hoffentlich hat sie der Prälat, der ja auch
Fürst des hl. römischen Reiches war, nicht als
Kollegen, sondern nur zum warnenden Exempel
hierhergepflanzt! Sie fühlen sich hier in dem ein=
samen Saale so überflüssig, und wenn man ihnen
lange in die bausbackigen, goldenen Gesichter schaut,
dann ist es fast, als müßten sie selber lachen, wie
sie eigentlich hierher kommen.

Der Herr, der ihnen jetzt gebietet, ist laut

Vermerk der Graf von Hunolstein; er ist Pair
von Frankreich und ein gestrenger Herr, wie schon
der scharfe Name kündet. Seit zwanzig Jahren
verwitwet und vereinsamt, liebt er die einsame
Insel nicht und bringt in Paris seine Tage hin.
Recht warm waren ihm die Deutschen niemals ans
Herz gewachsen, aber seit nun gar die preußischen
Soldaten seine Güter zertreten, die rings um Metz
liegen, blickt er noch weniger hold als sonst, und
ein Bauernjunge, der mich ins Vertrauen zog, meinte
gar: „Jetzt traut er sich sobald nit heim."

Die Bestellung des Gutes, das zu den größten
und schönsten im bairischen Gebirge gehört, steht
einem Verwalter zu, der im Erdgeschosse wohnt und
dort zum allgemeinen Heil eine kleine Wirtschaft
errichtet hat. Hier ist ein traulicher Winkel. Das
große Gelaß, wo die Gäste weilen, ist nach echter
Bauernweise zugerüstet, seines Inneres vereinigt
alles, was zum Charakter einer „Wirtsstuben" im
Oberlande gehört. Blanke Dielen und breite Tische
lachen uns entgegen, von der Decke hängt der Fuhr=
mannswagen und das kleine Boot mit den hölzernen
Figuren, die in die Luft hineinrudern. In der
Ecke aber hängt das Christusbild und in der Fenster=

nische der Käfig mit dem zwitschernden Vogel; Geier und Hirschgeweihe schmücken die getünchte Wand. Und wo sie eine Lücke lassen, schaut ein verblichenes Bild uns an und erzählt uns eine alte Geschichte. Auch die schwarze Tafel fehlt nicht, die das Schuld= buch der Zecher ist; sie hängt hart an der Küchen= thür. Wenn die Kellnerin vorübergeht mit braunen Augen und braunem Glase, dann versieht sie es selten, dort ihre Gedanken zu fixieren, und immer wieder bekömmt derjenige einen Strich, der ohne= dem schon die meisten hat.

Indes nur wenige Gäste sind heute beisammen, ein paar Schiffer von Übersee, ein Bauer von Bernau und der Postbote mit seiner blauen Mütze. Es ist ja kaum Mittagszeit, die volle Frühlings= sonne fällt durch die Scheiben; in dem weißen Glase, das auf dem Tische steht, prangen Schlüsselblumen und Anemonen.

Über die hochgebaute Terrasse, die von alten Bäumen umschattet ist, treten wir jetzt hinaus ins Freie, auf einen Wiesenhang, der steil ans blaue Ufer hinabführt. Oben auf seiner Fläche stehen riesige Linden. Jahrhundert alt der Stamm, und die grünen Knospen noch halb geschlossen, kaum

wenige Tage alt, kaum aufgeweckt vom erften Früh=
lingshauche!

Hoch fteht das Gras gewachſen, die Blumen
drängen fich hervor, alles hat den Schmelz, den
jedes Jahr nur einmal ſchafft, ehe die Menſchen=
hand ihn antaſtet, ehe die Senſe den Fluren die
erſte Wunde ſchlägt. Auch dann noch iſt ſie ſchön,
aber jene volle ungetrübte Seligkeit des Seins, die
haben nur die erſten Blumen und nur das erſte
Laub. Denn auch die Blätter (nicht nur die Men=
ſchen) fühlen es, wenn neben ihnen andere fallen;
jetzt lebt noch alles, was ins Leben gerufen ward.

Wie tauſendſtimmig ſummt es da in den alten
Linden, wie winzig ſah der mächtige Mann ſich
an, der in ihrem Schatten ſaß, behaglich hingeſtreckt,
die Bruſt faſt in dem vollen Bart verborgen.
Neben ihm lag ein mächtiger, ſchwarzer Fanghund,
den Kopf auf die Tatzen geſtützt, und lauſchte. Der
Alte hielt ſeine Sonntagsraſt, er hatte ein Buch
vor ſich auf der hölzernen Bank, aber er mochte
nicht leſen, auch er ſah hinaus ins Blaue. In der
kleinen Kapelle, die dicht neben dem ſtolzen Kloſter
ſteht, ſangen ſie die Veſper, wie wunderbar lag
die Landſchaft da in regungsloſem Schweigen!

Kein Lufthauch, keine Woge, nur die Fluten
des Sonnenlichtes, nur der Spiegel des weiten
Sees. Dicht vor der Herreninsel reicht ein Stück
Land in den See hinein, mit dichtem Tannenwald
bedeckt; es war, als wäre er hinabgewachsen bis
auf den Grund der Flut, so tief war die Farbe
des Wassers.

Ich ließ mich nieder am Strand und horchte,
bis der letzte Glockenton verhallt war, die Glocke
selber klang wie eine Kinderstimme. Die kleine
Kapelle, die sich hinter den Bäumen versteckt, ist
aus rohem Sandstein und umfaßt kaum 20 Men=
schen. Wie merkwürdig ist der Gegensatz; hier
wo die Kirche sich einst Paläste gebaut, wo sie
allmächtig war weitum im Lande, ist nun nichts
mehr ihr eigen, als diese kleinen Mauern; statt der
silbernen Ampel nur mehr das Sonnenlicht, das
durch die Fenster fällt; statt des brausenden Orgel=
schalls nur mehr die Kinderstimmen, die ihr ganz
gehören.

Das Kloster ward etwa um die Mitte des
achten Jahrhunderts gegründet, als sein Stifter
wird Thassilo, der trotzige Agilolfingerherzog ver=
ehrt. Schon in frühester Zeit war es eine Stätte

der Kultur, die Schule, die „der Grieche" Dobba
hier errichtet, ward weit und breit von den Söhnen
des fränkischen Abels besucht, aber die Schüler
trugen Lanze und Schwert statt der Büchertasche
und des Federstifts. Sie waren streitbare Männer,
wie die Mönche selber, zu deren Füßen sie saßen.
Der Hunnenkrieg, der zu Beginn des zehnten Jahr=
hunderts über Deutschland dahinzog nnd fast sämt=
liche Klöster im bairischen Südland in Asche warf,
hat auch die stille Zelle von Herrenchiemsee (oder
Herrenwörth, wie man es damals aussprach) der
Erde gleich gemacht; zweihundert Jahre lag sie
unbebaut und öde.

Erst 1131 erstand das Kloster wieder aus dem
Schutt, und noch in der Zeit der Hohenstaufen ge=
langte es zur höchsten Blüte. Bald erhob es der Erz=
bischof von Salzburg, der die geistliche Oberhoheit
führte, zum Bistum und vermehrte seinen irdischen
Besitz; aber mit der Macht kam auch der Streit,
der sich durch Generationen hinzog und sich erneuerte,
so oft ein neuer Probst gewählt werden sollte.

Dann kamen die langen, schweren Kriege der
letzten zwei Jahrhunderte; oft war das Kloster ein
Asyl für die Flüchtigen, oft mußten sie selber flüchten

ober ihre Mannschaft zum kaiserlichen Heere stellen. Erst 1803 ward die Abtei und Bistum aufgehoben, weltliche Hände ergriffen das schöne Erbe und der Kirche blieb nichts als das kleine steinerne Gottes= haus.

So ging es mir durch den Sinn, während ich unter den Linden lag und über die Fluten schaute, wo der Himmel noch heute lacht wie einst vor tausend Jahren. Er fühlt es nicht, daß wir die Zeit in Krieg und Frieden teilen, ihm währt der Friede ewig.

Hohenschwangau und der Fernpaß.

(1881.)

aft in jedem Sinne ist Hohenschwangau klassischer Boden. Alle großen Ent=wickelungsstufen deutscher Geschichte und deutschen Lebens, von der Völkerwanderung bis in die Tage der Reformation, sind mit dem Namen dieser Burg verknüpft, — mag man von der Kultur=Mission der ersten Christenboten sprechen oder von den Kaisergeschlechtern des Mittelalters, von kriege=rischen Thaten oder vom stilleren Zauber des Liedes. Immer wieder begegnet uns Schwangau, und so ist die schöne Landschaft gleichsam erfüllt von schönen Gestalten, von jenem Reichtum der Begebenheiten, der sie in vollem Maße zur historischen Landschaft macht. Den feinen und nachhaltigen Reiz, den dieser Umstand verleiht, wird kein Gebildeter verkennen;

daburd allein gewinnt die Betrachtung immer wieder neue Seiten; die geiftige Beleuchtung, in der wir eine Örtlichfeit erbliden, ist ja nicht minder wirf= fam, als die Beleuchtung, die vom Himmel auf sie fällt.

Wer zum erstenmal in jene Gebiete fommt, wird überrascht durch die mächtigsten Gegensätze. Es ist die Grenze, wo bairisches und schwäbisches Volkstum seit uralter Zeit ineinander greifen; ale= mannische Art, die bedächtiger, fühler, berechnender ist, hat schon das rauhere, fühne Wesen des bairischen Gebirgscharakters gedämpft. Und wie die Völfer= stämme, — grundverschieden, — hier ineinander= greifen, so stößt ebenda die breite, volle Ebene an die gewaltige Bergeswildnis. Wer den Blick hinaus= sendet, sieht weit in niederes, fruchtschweres Land; wer ihn bergwärts wendet, sieht hart vor sich die himmelragenden Wände, grüne Tannenwälder und, zu ihren Füßen eingeschlossen, zwei blaue Seen, die den Burgfelsen bespülen.

Den eigentlichen Schlüssel der Landschaft aber, den mächtigen Angelpunkt derselben bildet der Durch= bruch des Lech bei Füssen (Fauces Alpium), der einen der ältesten Wege und Engpässe zwischen Deutschland und Welschland bezeichnet. Seine Be=

deutung war schon dem großen Gotenkönige Theo=
dorich bewußt, der die strengste Bewachung desselben
befahl; an den Namen Füssen knüpfen sich auch
die Thaten des Mannes, der als geistiger Held dieses
Land dem Christentume gewann. Es war der
heilige Magnus, dessen Kelch und Stab noch heute
daselbst verwahrt werden.

Wie eine holde Idylle lag waldversteckt und
abseits von dem mächtigen Heerwege die Burg
Hohenschwangau. Es war nicht blos Eine, es waren
mehrere Burgen, die übereinander standen, und es
scheint kaum zweifelhaft, daß ehedem ein römischer
und ein gotischer Wartturm daselbst gewesen. Aber
mehr und mehr streift bald die Weltgeschichte das
waldumsäumte Idyll; seine Schönheit mag der Pinsel
des Malers schildern; wir aber wollen erzählen von
den Thaten, die sich unvergeßlich mit dieser Scholle
verbinden.

Aus ihrer dämmernden Einsamkeit treten uns
bereits im zehnten Jahrhunderte die ersten Urkunden
entgegen. Als Kaiser Otto III. im Jahre 997 nach
Italien zog, hielt er hier seine Rast; auf Hohen=
schwangau empfing Anno 1004 Kaiser Heinrich II.,
der Heilige, die Gesandten des Ungarnkönigs Stephan.

Als gebietender Name tritt uns in den vergilbten Pergamenten jener Zeit das uralte Welfenhaus entgegen, das in diesen Gauen vor allem begütert war, und als Urkundszeugen finden wir die Schwangauer unterzeichnet, die den berühmten Bischof Wicterp von Augsburg (750) unter ihre Ahnherren zählten.

Am berühmtesten unter ihnen aber ist wohl Hiltebold von Schwangau geworden, der gefeierte Minnesänger, dessen Siegel mit dem Schwane uns nicht selten begegnet, und dessen Liebeslieder an die schöne Elsbeth in der Manessischen Handschrift stehen. Er war um 1200 Burgherr zu Schwangau, also zur eigentlich klassischen Zeit des deutschen Minnegesanges (obwohl die nähere Bestimmung durch das mehrfache Auftreten des Namens Hiltebold in seinem Geschlechte erschwert wird).

Reich bewegt ging sein Leben dahin; er verkehrte mit den bedeutendsten Männern seiner Zeit; und auch Walther von der Vogelweide, der eben um jene Zeit durch die bairischen Alpen zog, hat aller Vermutung nach auf Hohenschwangau Einkehr gehalten. Den Höhepunkt seiner Fahrten aber, seiner Thaten und Leiden bildete der Kreuzzug nach Syrien, wo er aus dem tiefsten aller Liederbronnen schöpfte, aus dem Heimweh.

Da Hiltebolds Lieder soviel wie gar nicht be=
kannt sind, obwohl sie der Münchener Kanonikus
Dr. Johannes Schrott in vorzüglicher Weise neu=
deutsch bearbeitet hat, so werden wenigstens einige
Proben derselben unseren Leserinnen willkommen
sein. Dem Lobe der Frauen gilt ja sein Gesang,
wenn auch sein Herz in treuer Beschränkung an
der einzigen Erwählten hängt.

„Und wissen soll sie's: andre Frauen keine
Lieb' ich; die Minne wär auch eine kleine!
Wohl dien' ich allen, — aber durch die Eine.“

Freilich ist sie so schön und von solchen „Huld=
geberden“,

„Daß andre Minne ruhig ich entbehre;
Mit ihrem Leib schuf Gott sich selber Ehre.“

Ein Ton tiefwarmen Glückes klingt dann durch
seine ersten Weisen, die er an sie richtet:

„Selig sei die Süße, Reine,
Selig sei ihr roter Mund,
Selig sei, die ich da meine,
Selig ist so süßer Fund.“

In einem anderen Liede fährt er weiter fort:

„Es hat die Ohnegleiche
Ganz über mich Gewalt;
Ich bin der Arm' und Reiche,
Bin jugendlich und alt,
Betrübt und froh, — je wie sie spricht, —
Doch daß ich von ihr weiche,
Dies Einzige vermag sie nicht."

Und später heißt es:

„Dem König folgt, wohin er will, mein Leib,
Doch ohne Herz, das muß ich ausbedingen;
Denn dies besitzt zu aller Zeit ein Weib,
Von ihr weg könnt' es Unser Herr nicht bringen."

Allein wenn er sich auch dessen freut, daß
allenthalben ihre Tugend laut gerühmt wird, so
schmerzt ihn doch bisweilen das ewige „Versagen",
das er auf seine Bitten und Liebesschwüre erfährt:

„Doch leider, — ich bedachte nicht
(Weil ihre Schönheit mich gemacht zum Thoren):
Zu meinem Flehn sagt sie aus Pflicht
Dann Nein, und meine Freuden sind verloren."

Diese wenigen Proben, mit welchen wir zugleich das Verdienst des Übersetzers ehren möchten,
zeigen die poetische Begabung Hiltebolds gewiß in

hellem Lichte; zu ihrer vollen Wirkung aber müssen wir uns freilich die Zauberlandschaft dieser Berge denken, die blauen Seen, zu denen der Ritter aus braunem Gaden herniedersah, und die Herzensfroh= heit der Zeit, in der er sang.

Bald wandelt sich auch für Schwangau das Bild; die sonnigen Töne verschwinden, und an ihre Stelle tritt die tiefste Tragödie, welche die deutsche Geschichte jemals gesehen.

Es ist der Abschied Konradins.

Der unglückliche letzte Sproffe des Stauffenge= schlechts war am 25. März 1252 auf der Herzog= burg zu Trausnitz bei Landshut geboren; sein Vater, Kaiser Konrad IV., hatte ihn nicht mehr gesehen. Seine Mutter aber war Elisabeth, die Tochter des bairischen Herzogs Otto des Erlauchten, die mit fünfzehn Jahren vermählt und mit zwei= undzwanzig verwitwet war; dann lebte sie am Hofe ihres Bruders Ludwig des Strengen und längere Zeit auf der Burg zu Schwangau, bis sie nach fünfjährigem Witwenstande dem mächtigen Grafen Meinhard von Tirol die Hand reichte. Der kleine Konradin war über diese zweite Ehe so ungehalten, daß er es verweigerte, sich zu erheben, wenn seine

Mutter in den Saal trat; e r war das Königskind, sie aber hatte sich zur Gräfin erniedrigt.

Oft genug freilich weich diese Härte, die bei dem leidenschaftlichen und stolzen Sinne des Knaben keineswegs unglaublich scheint, weicheren Herzens= tönen, und dann sehen wir nur die schöne, junge Mutter, die das Verhängnis ihres Hauses ahnend in der Seele trägt und bekümmert niederschaut auf den blonden Sohn, der ahnungslos diesem Ver= hängnis entgegenreift.

Die alte Streitfrage, ob Konradin wirklich in Hohenschwangau von seiner Mutter und von der Heimat Abschied nahm, bevor er nach Italien ins Verderben zog, „erwächst beinahe zur urkundlichen Gewißheit" durch einen Stiftsbrief, den Elisabeth mit Bezug auf die Abreise ihres Sohnes den Nonnen von Voldepp ausgestellt. Derselbe ist datiert von „Schloß Schwangau," den 22. August 1267, und als Zeugen dienen die sämtlichen Edlen und Ritter, denen wir nun auf dem ganzen Zuge als ständigen Begleitern Konradins begegnen. Sie hatten sich offenbar auf der Burg Schwangau zur Heeresfolge versammelt; hier war demnach der Ort ihres Aus= zuges und Abschiedes.

Das Ende dieses Weges freilich ward mit Blut in die Tafeln der Geschichte geschrieben, als der letzte Stauffe auf dem Marktplatze zu Neapel enthauptet ward.

Noch mancher Held aus den folgenden Kaisergeschlechtern hielt auf Hohenschwangau Rast: Ludwig der Baier, der am Plansee sein Jagdgebiet hatte, wo noch heute der Kaiserbrunnen nach ihm genannt ist; Maximilian, der letzte Ritter und der kühnste Jäger seiner Zeit, der von hier bis Zirl und Innsbruck sein Waidwerk hegte.

Unter Karl V. endlich kam die Veste an ein Augsburger Patrizier-Geschlecht (von Paumgarten), und der internationale Charakter dieses Kaisers, in dessen Reich die Sonne nicht unterging, mag schon daraus hervorgehen, daß die Bestätigungsbriefe über das einsame Bergschloß von Neapel und Madrid datieren. Damals soll auch Martin Luther als Flüchtlingsgast die Veste bewohnt haben, die nun bald mehr und mehr zerfiel. Die Boten des Erzherzogs Ferdinand, die sie besichtigen sollten, geben bereits eine klägliche Schilderung; dann kam der dreißigjährige, der spanische und österreichische Krieg und zuletzt die Zeit Napoleons, — Hohenschwangau

wäre auf Abbruch versteigert worden, wenn nicht
Fürst Öttingen es gerettet hätte. So ward die
Burg für den feinsinnigen König Max II. erhalten,
der sie als Kronprinz (1832) gleichsam neu ent=
deckte und durch Künstlerhand zu dem gemacht hat,
was sie heute bedeutet. Noch zur Stunde ist sie
der Lieblingssitz des regierenden Königs.

Zwei Namen, die wir oben erwähnt, als wir
von den Jagden Kaiser Ludwigs des Baiern und
Kaiser Max des Ersten sprachen, weisen uns den
Weg ins Innthal; denn einer der herrlichsten Berg=
pfade, die das deutsche Hochland besitzt, führt über
Reute nach Lermoos und von dort über den Fernpaß
und Nassereit nach Telfs. Der ganze Weg ist von
wunderbarer Schönheit und Kraft; die Natur selber
hat ihn aufs stärkste befestigt, und so mancher
große Name der Kriegskunst hat sich an diesen Be=
festigungen versucht. Karl V. ward hier von den
Truppen des schmalkaldischen Bundes verfolgt, die
unter Führung des Kurfürsten Moritz von Sachsen
standen, nachdem ihm die abtrünnigen Fürsten zu=
vor einen Brief gesandt: „An den durchlauchtigen
Fürsten Carl von Gent (dort war er geboren), der
sich einen römischen Kaiser nennt." Philipp II.

und Alba zogen dieses Weges, und selbst Ehrenberg,
die gewaltige Bergveste, hatte sich schon früher an
Schärtlin von Burtenbach ergeben müssen.

Manche Heldenthat aus jenen Tagen belebt
noch heute die einsamen Pfade, die uns über den
Fernpaß führen, und vor allem waren es die Frauen,
die, als Männer vermummt, die Truppen des
schwäbischen Bundes schreckten. Wie Hormayr in
seiner „Goldenen Chronik von Hohenschwangau"
berichtet, sollen deshalb in der Kirche zu Elmen
die Weiber noch heute das Vorrecht haben, daß sie
während der Messe vor den Männern zum Opfer
gehen; ein Wildschütz, Namens Peter Mock, ver=
trieb ein ganzes Streifkommando, indem seine
Kugel den vorstürmenden Offizier zu Boden streckte
und die Feinde glauben machte, daß ein starker
Hinterhalt ihrer warte. Der Stein, hinter welchem
er kauerte, als er jenen Meisterschuß gethan, und
die Stelle, wo der Führer der schmalkaldischen
Truppen zusammenbrach (unfern Weißensee), werden
gleichfalls noch heute gezeigt.

Neben dieser reichen Geschichte, die übrigens
bis in die Zeit der Römer und Goten hinaufreicht,
zeichnet sich aber, wie gesagt, der ganze Weg auch

durch seinen seltenen landschaftlichen Reiz aus, der
unabläffig wechfelt und befonders auf der Strecke
zwifchen Reute und Naffereit durch zahlreiche kleine
Seen belebt wird. Ihre zauberhafte Farbe, ihr
kühlender Anblick erfrifcht ftets von neuem das Auge
des Wanderers, wenn deffen Fuß ermüden will,
— denn nur zu Fuße follte man eigentlich diefe
herrliche Tour unternehmen.

Auf der Alm.

(1875.)

lle Volksstämme, die sich selbst in einer Art von Naturleben erhalten haben, stehen auch der Tierwelt mit einer gewissen Vertraulichkeit gegenüber. Ganz besonders aber tritt uns dieser beschauliche Zug im Charakter des oberbairischen Bergvolks entgegen, in einem Lande, wo der Ackerbau nur wenig Boden hat, und wo Viehzucht und Hirtenleben seit einem Jahrtausend blüht. Unwillkürlich ist dort das Tier aus dem Kreise des Sachlichen herausgetreten und gewann vor den Augen des Menschen eine Art von Persönlichkeit, von Individualität; mit jener feinen Beobachtungsgabe, die das Erbgut unseres Hochlandes ist, sah der Bauer auch in das Tierleben hinein und lauschte ihm seine feinsten Züge ab.

Für die gemütvolle Beziehung, worin der Bergbewohner zur Tierwelt steht, spricht schon die Bauart des oberbairischen Hauses. Denn da Stall und Wohnraum unter einem Dache liegen, so sind auch die Insassen des Stalles Hausgenossen im wörtlichsten Sinne, und nach diesem Sinne werden sie denn auch behandelt. Zum Stalle geht morgens der erste Gang, und den Stall zu versorgen ist am Abend die wichtigste Arbeit; jedes „freubige Er= eignis", das sich dort vollzieht, wird in der That als Familienereignis begrüßt. An der Pforte des Stalles prangt in der Regel das Bildnis des heiligen Leonhard, und am Dreikönigstage werden die Buchstaben der Weisen aus Morgenland dort angekreidet (C + M + B), dann ist man sicher vor Hexen und Druden und allerlei Ungemach. „Fehlt was beim Viech", d. h. wird eines der Tiere krank, so macht sich alsbald der Bauer auf den Weg und läuft fünf bis sechs Stunden weit, um einen Sachverständigen zu holen (der aber selten der legale Thierarzt ist); da ist kein Pfad zu weit, und mitten in der Nacht steht er auf und horcht, wie es dem braunen Patienten geht. Bei Sohn und Tochter hätte es wohl eher Zeit bis zum anderen Morgen.

So sehen wir, wie die Tierwelt nach allen
Seiten hineinragt in das Leben der Berge, in seine
Freuden und Sorgen, in seine Sitten und Bräuche;
an ihr übt der Bauer den feinen, beobachtenden
Sinn, aus ihr nimmt er Bild und Sage, Vergleich
und Scherz. Kurzum, nicht bloß sein äußeres Leben
und sein Interesse, auch sein Gemütsleben steht mit
der Tierwelt, die ihn umgiebt, in inniger Beziehung.

Man könnte erwidern, daß dies keine Besonder=
heit der oberbairischen Berge sei, sondern daß die=
selbe Erscheinung allenthalben zu Tage tritt, wo
die Natur überwiegend zur Viehzucht drängt. Wir
räumen dies ein, aber wir fügen hinzu, daß eben
die besondere originelle Frische, die gerade der
Bauer im Hochlande zeigt, auch diese Beziehungen
unendlich origineller und anmutiger gestaltet hat,
als wir sie irgendwo und vor allem in dem ein=
tönigen Flachlande finden. Dazu aber kommt noch
ein anderes Moment, das dem Tierleben in den
Bergen ein ganz eigenes Gepräge giebt: das sind
die Almen.

Wie die Bewohner selbst den kühnen, freien
Zug, der durch ihr Wesen geht, nur dadurch er=
halten, daß ihr tägliches Thun sie aus der Enge

des Hauses hinauf in Felsen und Berge führt, so wird auch das Tierleben dadurch kühner und fesselnder, daß es aus seiner Eingeschlossenheit hinaustritt in diese meilenweite, waldumrauschte Freiheit.

Der Gebirgsländer fühlt diesen Unterschied gar wohl, und wie das „Almdirndl", das im Sommer Sennerin wird, viel mehr gilt, als das „Heimdirndl", das langweilig zu Hause bleibt, so hat auch die „Almkuh" ganz andere Würde, als die stille, vierfüßige Matrone, die jahraus, jahrein im Stalle steht. Ihr wird niemals die Stirn mit grünen Kränzen umschlungen, und niemals kommt die große, dröhnende Glocke um ihren Hals, wie sie die Leitkuh droben auf den Bergen trägt.

Also droben auf den Bergen, nicht daheim am engen Barren müssen wir das rechte, lustige Tierleben suchen, dort erst hat so eine Herde, wenn sie weit verstreut über die Matten zieht, ihren rechten Zauber, und wundersam klingt uns ihr fernes Geläut ans Ohr, wenn wir den steinigen Grat erklimmen und herunterschauen auf die grüne Halde, wo die Hütten traulich bei einander liegen.

Die Herden und ihr Geläut, — das ist die uralte und unvergängliche Staffage der Alpen, in

hundert Liedern ist dies Bild gefeiert, es ist so
innig mit der Landschaft verwachsen, daß wir es
kaum hinwegzudenken vermögen, daß jede Alm ver=
waist und traurig scheint, sobald die Sennerinnen
im Herbste weggezogen.

Geht man allein vom Vorteil aus, so läßt sich
freilich manches gegen die Alpenwirtschaft sagen;
die Nutzung ist eine geringere, als sie daheim er=
zielt werden könnte, das junge Gehölz wird viel=
fach durch die übermütigen Wiederkäuer bedroht,
der Dünger geht verloren und manches Stück er=
stürzt sich in den Gehängen, aber all' diese Er=
wägungen haben bisher noch nichts vermocht gegen
die tausendjährige Sitte. Und in der That, ein
Stück der tiefsten Poesie ginge damit der Land=
schaft verloren, einer der bedeutungsvollsten Faktoren
fiele damit aus der Kultur=Entwickelung unseres
Hochgebirges hinweg; denn gerade die Almen sind
es, die den Bergbewohner in lebendigem Zusammen=
hange mit der Kraft und Freiheit der Berge er=
halten.

Aber wie gesagt, bis jetzt hat es damit noch
gute Wege, denn alljährlich um St. Veit oder
Johannis steigt der fröhliche Zug unter dem

Jauchzen der Hausgenossen bergan auf die alte, seit vielen hundert Jahren zugehörige Alm. Und seit vielen hundert Jahren ist auch schon durch Alpenordnungen die Zeit der Auffahrt und die Zahl der „Gräser", d. h. der Stücke, bestimmt, die jeder Bauer hinauftreiben darf.

Eine seltsame Unruhe, eine freudige Hast geht durch die vierfüßige Schar, sobald man sie zum Aufzuge schmückt; sie sind wie Kinder, die man zur Abreise anzieht. Das drängt und wimmelt durch= einander, jede will vorn hin, die Braune und der Scheck, das „Blümel" und das „Glöckel", und wie sie nur alle heißen. Oft fährt der Ordnungsruf der Sennerin kategorisch dazwischen, und wenn er etwa im Lärm des Streites wirkungslos verhallt, ist sie bereit, ihn mit dem Haselstock erfolgreich zu unterstützen.

Oft viele Stunden weit ist der Weg von da= heim auf die Alm, aber kaum hat die Herde die Lichtung, wo die Hütten liegen, erreicht, so dünkt ihnen schon jeder Stein und Baum bekannt und mit freudigem Gebrüll eilt jede auf ihren alten Platz im Stall. Nun ist die neue Welt, die neue Freiheit wieder gewonnen, — der Sommer beginnt.

Der Sommer aber führt nicht nur die vier=
füßigen Gäste, sondern auch zahllos zweibeiniges
Volk auf die Alm, und da giebt es nicht selten
bedenkliche Kollision der Interessen. Denn mit zager
Furcht umkreisen die Fremden die Hütte, unter
deren schattiges Dach sich das Jungvieh zusammen=
drängt, halbgewachsene Rinder, die eben in den
Flegeljahren stehen und deshalb am übermütigsten
mit den Fremden sind. Dreimal ermahnt der Herr
Geheimrat, der eben mit einer Kolonne von Damen
auf dem Plane erscheint, das schnöde Getier zum
frieblichen Auseinandergehen, allein umsonst, denn
diesen Rothäuten fehlt der gesetzliche Sinn. Des=
halb ist es nach Völkerrecht erlaubt, auf sie zu
feuern, und mit einer Hand voll Tannenzapfen er=
öffnet der Herr Geheimrat die Salve. Da erhebt
sich langsam und trotzig ein junger Bulle und trollt
dem Attentäter entgegen. „Vater, Vater, wir sind
des Todes!" rufen entsetzt die Damen und ergreifen
zitternd die Flucht. „O Gott, hier oben zu sterben,
mußten wir deshalb von Berlin — — O Gott,
o Gott, er kommt!"

„Seids nur nit so balket, deswegen braucht
man noch lang nit zu sterben," klingt eine helle

Somme durch's Fenster, und im innern Stalle
mit die Sennerin unter die Tür und rief die
Fütterer gerufen. „Und jetzt machts, daß ihr die
vernehmts, ihr Sapperment," rief die dem gegenüber
der Kühe zu. „Damit die Herrschaften von Einer
— zur andern da, weiter, weiter!"

„Ach Fräulein, wie Sie kennen und wie Ihnen
die Kühe gehören sind," rühmt die Frau Geheim-
rätin mit dem Gefühle der Erlösung, und zögernd
strömt die ganze Gesellschaft über die Stufen empor
in die Hütte, die Sennerin aber erwidern mit Lachen:
„Ja ja, scharf muß man schon sein: wenn man
nit manchmal recht aufbegehrt, na haben s' kein
Respekt vor ei'm, dös wissen die Viecher grad so
gut als wie die Leut'."

Um den Herd der kleinen Hütte gelagert,
kehrten die erschrockenen Gäste gar bald zur alten
Lebenslust zurück und musterten mit liebenswürdiger
Neugier die rauchige Wand, wo lauter Gegenstände
hingen, deren Zweck und Name ihnen ewiges Ge=
heimnis blieb. Allein auch das hat seinen Reiz,
man muß nicht alles verstehen.

Nicht immer geht es indes bei solchen Aben=
teuern scherzhaft ab, und manchmal weiß man von

schweren Unglücksfällen zu berichten, die durch die zügellose Wildheit der Tiere auf den Almen begegneten. Ich selber kannte eine Sennerin, die wegen ihrer Schönheit und ihres Gesanges beliebt war, und die am selben Tage, wo ich noch fröhlich mit ihr zusammensaß, von dem Stier ihrer Herde getötet ward. Ja, auf einem der Berge, welche den Walchensee umgeben, hausten vor etwa zehn Jahren drei solcher Ungetüme, die derart gefürchtet waren, daß niemand ohne Not den Berg beging, und auch in der Nähe des Spitzingsees gab es einen solchen kohlschwarzen Gesellen, der die Geißel aller Holzknechte war, die dort in den Wäldern fällten.

Schon mehrmals hatte er einzelne von ihnen angegriffen, und um sich nun für seine Verfolgung zu rächen, lauerten sie ihm den Weg ab, auf dem hochgeschichteten Scheitholz kauernd, das in langen Reihen auf der Lichtung stand. Wenn er dann des Weges kam, wollten sie Scheit um Scheit auf das rasende Tier herunterwerfen. Es war ein grausiges Bild, als er zuerst ihrer ansichtig wurde; mit funkelnden Augen ließ er sich auf die Kniee und schleuderte die Erde weit hinweg; wie zur Probe

seiner Kraft riß er die Rinde von den Bäumen
und dann ging es mit ausgestrecktem Schweife und
glühenden Nüstern den Feinden entgegen.

Anfangs lachten die wilden Burschen da droben
in ihrem hohen Versteck und warfen ihre Geschosse
herab, aber wie Schneeflocken schüttelte sie das Un=
getüm vom Nacken und bald begann der riesige
Holzstoß unter seinen furchtbaren Stößen zu wanken.
Schon brachen einzelne Schichten zusammen; jeden
Augenblick wuchs die Gefahr, daß die vielen hundert
Klafter stürzend ins Rollen kämen.

Es waren Momente der Todesangst, und an
dieser Angst schien das ergrimmte Tier sich zu
weiden, denn nach jedem Anprall trat es drei, vier
Schritte zurück und blickte höhnend empor auf die
bleichen Gesellen. Wohl eine Stunde ließ er sie
in dieser Qual, dann trollte er brüllend von dannen.
Jene kletterten herab, aber jeden Augenblick konnte
der Schwarze ihnen wieder gegenüber stehen.

Auch solche Abenteuer kann man erleben, aber,
Gott Lob, sie gehören zu den seltenen Ausnahmen,
dem im ganzen trägt auch das Tierleben der Berge
jenes Gepräge froher Gutmütigkeit und Lebenslust,
das dem Volksstamme selber eigen ist, und der

Verkehr mit der Tierwelt, weit entfernt von jeder
Grausamkeit, hat den Charakter einer entschiedenen
Familiarität. Jedes einzelne Stück der Herde ist
dem Hirten genau bekannt, und als ich einmal einen
Hüterjungen frug, woran er denn jedes dieser achtzig
Schafe kenne, — da gab er erstaunt zur Antwort:
„An was? An die Gesichter." Für die Beobach=
tungskraft eines Bauernjungen also hat jedes Schaf
sein eigenes Gesicht, während für den Scharfsinn
des Gebildeten doch alle nur eines haben. Stunden=
lang plaudert die Sennerin mit ihren Kühen; es
ist kein Monolog, es ist eine förmliche Konversation;
und manche hat mir versichert, daß sie sich dabei
zehnmal besser unterhält, als mit — unsereinem.

Aus der Wurzelhütte.

(1870.)

Bis in die letzten Jahre hauste am Spitz=
ingsee ein altes Paar, das mündlich
durch sein Kauderwelsch und schriftlich
durch Herrn Steub berühmt geworden ist. Da der
Staat ihrer Verheiratung Hindernisse in den Weg
legte, so lebten sie in dem einsamen Bergesthal
ungetraut zusammen. Das ging Jahre und Jahr=
zehnte so fort, und wenn sie überhaupt Hochzeit
gehalten hätten, so hätten sie schon längst die silberne
gefeiert. Der Mensch muß sich indessen auch nütz=
lich machen auf Erden. Dies empfanden die Alten,
und in dieser Erwägung ward es ihr Lebensberuf,
Wurzeln zu suchen und sich dem Branntwein zu
ergeben. In geheimnisvoller Kammer ward das
mysteriöse Getränk gebraut; Herren und Knechte

verlangten barnach, unb wenn ihre Köpfe babon
glühten, bann faß die verjährte Frau vor ihrer
Hütte unb freute fich der böfen That. Wenigftens
hatte der Enzianfchnaps diefelbe Wirfung, baß
nämlich ftets ein Glas fich aus dem anderen gebar.

Wie ein Kohlenbrenner fortwährend rußig ift,
fo darf ein Schnapsbrenner fortwährend betrunfen
fein. Das gehört zum Handwerf, unb der Pfeudo=
gatte legte Gewicht barauf, baß er der befte Gaft
feiner Schenfe war. Man follte fehen, baß er fich
um die Sache annahm, feine Figur machte für die
Güte des Stoffes Reflame. Was er übrig ließ,
das warb an die wilden Holzarbeiter verfauft, oder
an die neugierigen Herrfchaften, die in großer Zahl
zu der wildromantifchen Stätte famen. So gefchah
es, baß die Spefulation in das ftille Ißyll hinein=
fuhr unb baß die fleine Hütte bald „einen Namen"
befam.

Die perfönlichen Verhältniffe haben fich unter=
deffen · allerdings geändert, feit der alte „Girgl"
das Zeitliche gefegnet hat. Er war faft 80 Jahre
alt, unb wenn die Welt nicht fo unbanfbar wäre,
bann würde fie eine Enzianblume auf fein Grab
pflanzen. Die greife Gattin aber hat fich ins

Zillerthal und in den „wohlverbienten Ruheſtand"
zurückgezogen.

Gleichwohl blüht die Firma, welche dieſe bei=
den mitten in der Wildnis begründet haben, noch
in ungeſtörtem Glanze fort. Statt der alten „Burgl"
ſind zwei junge ſtattliche Mädchen erſchienen, die
gleichfalls aus dem Zillerthale kamen und unter der
Ägide einer wirklichen oder nominellen Mutter das
Branntweingeſchäft betreiben. Es ſind echte Tiroler=
mädchen von jener Schmiegſamkeit, die mit dem=
ſelben Worte zu zuthunlich und doch ſo ſcheu ſein
kann, die ſo viel Begehrlichkeit hat und doch ſo
ſittſam erſcheint. Wenn man ſie fragt, was ſie den
ganzen Tag über treiben, dann ſagen ſie: „Wurzzen
graben thän mer." Für die ganze Umgegend haben
die Bewohner der Spitzinghütte das Recht gepach=
tet, Wurzeln und wertvolle Kräuter zu ſammeln,
die ſie zu den erwähnten geiſtigen Zwecken verwenden.

Daß die Verfolgung dieſer Zwecke körperlich
ſehr ermüdend iſt, liegt auf der Hand. Wenn der
erſte Morgen graut, brechen die beiden Mädchen auf;
allein, um größere Strecken auszubeuten, geht jede
ihre eigenen Wege, die oft ſtundenweit auseinander=
liegen. Faſt alle Beſchäftigung in den Bergen

fordert einen gewissen Mut und so auch diese.
Nicht nur, daß man beim Wurzelsuchen an die steil=
sten Stellen kommt, wo der Fuß mit doppelter
Kraft sich an den Boden klammern muß, auch die
Einsamkeit hat ihre Bedenken. Denn wo auf Stun=
den weit in der Runde n i e m a n d ist, da ist es
eher bedenklich, als erfreulich, wenn plötzlich j e =
m a n d des Weges kommt. Auch in dieser Beziehung
müssen die Mädchen entschlossen und mutig sein.

Das Geräte, das sie von Hause mitnehmen,
ist nicht sehr weitläufig. Es besteht in einem brei=
ten Korb, in einer scharfen Hacke, die als Werkzeug
und Waffe dient, und in einem bescheidenen Mittags=
mahl, wo sich die Hacke nach Belieben auch zum
Tranchieren verwenden läßt.

So durchstreifen die beiden die weiten dunklen
Staatsforste, in denen viele tausend Morgen noch
niemals von der Art berührt wurden. So ziehen
sie hin über die steile Wiesenhalde, wo die Alm=
hütten wie kleine Nester am Felsen hängen und die
schönsten Blumen nur von den Wiederkäuern ge=
pflückt werden. Hier und dort finden sich auf den
Höhen kleine Wasserbecken, „Tümpl“ oder „Gümpl“
genannt. Sie liegen in einem schmalen Kessel und

erscheinen als Krater, die von früheren vulkanischen
Evolutionen herrühren und sich im Laufe der Zeit
mit Wasser gefüllt haben. Deshalb sind sie oft
von schauerlicher Tiefe. Dichte Schlingpflanzen
bekränzen die steilen Ufer, über den Spiegel ragt
der Felsblock hervor, auf dem der Bergvogel zwit=
schert; auf dem Grunde liegen morsche, riesige
Tannenstämme. Große Fische steigen heraus aus
der Tiefe und spielen in der Sonne; hierher kommt
der Hirsch in der Sommernacht und trinkt die kühle
Labung.

Auch die Flora der Alpenwelt wuchert am
üppigsten an solcher Stätte. Manch köstliches
Kraut blüht an jenem Rande, aber nur mit Lebens=
gefahr neigt sich die Hand über das trügerische stille
Wasser. Um das Ufer solch kleiner Seen hat sich
oft ein Kranz von Geheimnissen gewunden, und
manche herrliche Sage liegt in dem Kelche dieser
Blumen.

Weil in der Wurzel eine natürliche Kraft ver=
borgen ist, so hat das die Menschen verlockt, eine
wunderthätige Kraft in sie zu verlegen. Manches
Kraut, das aus der Wurzel sprießt, ward als ein
Zauberkraut betrachtet. Ganze Bücher hat der Aber=

glaube vergangener Zeiten mit solchen Rezepten
angefüllt, die nicht bloß von Krankheiten, sondern
auch von allerlei stillen Wünschen erlösen sollten.
Wer darüber näheres lesen will, dem empfehlen
wir das „Kräuterbuch von 1687".

Es ist freilich ein einsames, fast versunkenes
Leben, wenn man so Tag für Tag durch die Wäl=
der streift, wie die beiden Mädchen thun, und die
Blätter am Boden betrachtet. Kein Laut ertönt,
nur die Eidechse raschelt auf der sonnigen Erde,
nur das Eichhorn schaukelt sich in den Zweigen.
Und doch hat auch dies Treiben seinen Reiz, denn
man kommt dem Kleinleben der Natur so nahe. Der
Verkehr mit einer schönen großartigen Umgebung
wirkt auf den Charakter. Viele Züge, die zum
Wesen des Hochländers gehören, finden darin ihren
Grund, treffende Feinheiten des Dialekts sind da=
her entnommen.

Früher, als noch das alte Paar in der „Wurzel=
hütte" regierte, blieb dieselbe auch zur Winterszeit
bewohnt. Jetzt ist eine Art von Saison eingeführt,
denn Ende November ziehen die beiden Mädchen
mit ihrer Gardedame und einem Maskulinum, das
sie „den Wirt" nennen, von dannen. Den Winter

verbringen sie im Zillerthal. Hunderte von Be=
wohnern dieses engen, reizenden Thales befolgen
dieselbe Gewohnheit, indem sie über Sommer die
Heimat verlassen, um Arbeit zu suchen. Ganze
Familien lösen sich in solcher Weise auf. Die einen
finden als Handwerker oder Holzarbeiter ihr Brot,
die anderen beim Wegbau oder bei den Eisenbahnen;
warum sollte nicht auch die Spezialität gestattet sein,
auf fremder Erde Schnaps zu brauen?

Manchen Sommer ist das bairische Hochland
förmlich überschwemmt von Tirolern, meistenteils
aus dem Zillerthal.

Wenn ein ländliches Fest gefeiert wird, dann
haben sie im Wirtshaus ihren eigenen Tisch, sie
haben ihre eigenen „Madeln" (denn es kommen fast
mehr Weiber als Männer) und singen auf eigene
Faust ihre Schnaderhüpfeln.

Die Tiroler verkehren fast nur unter sich, denn
im bairischen Blute ist seit dem Jahre 1809 eine
gewisse Abneigung gegen dieselben stecken geblieben,
und wenn sie auch als Arbeiter geschätzt sind, so
werden sie doch als Freunde nicht gesucht. Kein
oberbairisches Mädchen hat einen Tiroler zum Schatz.
Wird irgendwo gerauft, so ist es am gefährlichsten

dann, wenn die Tiroler und Baiern hintereinander kommen, wenn der Kampf eine nationale Färbung erhält. Denn daran nährt sich die Erbitterung. Sobald der Schneefall beginnt und die Arbeit ein= gestellt wird, geht der größte Teil dieser Zugvögel wieder nach Hause. Da sie sparsamer sind als die Baiern, so nehmen sie gefüllte Taschen mit und entschädigen sich durch eine Winterfrische mit Familien= leben für die Mühen und die Trennung des Sommers. Vielschreiberei ist nicht in der Ordnung, und die meisten überzeugen sich erst bei der persönlichen Be= gegnung, daß sie noch leben. Manche, die bei der Holzarbeit „verunglückt wurden", kehren niemals wieder.

Wenn es Mai wird, beginnt die Wanderschaft aufs neue; dann wird auch die Wurzelhütte am Spitzingsee wieder bevölkert. Freilich ist es dort im Mai noch nicht Frühling, sondern der See trägt eine fußdicke Eisrinde, selbst während im Thal schon die Schlüsselblumen grünen.

Welche Massen von Schnee der Winter dort anhäuft, das weiß nur der, der sie gesehen hat. Zwischen Schliersee und der Spitzinghütte wird wenigstens ein Weg ausgegraben durch die tausende

von Klaftern, die hier hinabgefrachtet werden: zwi=
schen Vallep und Spitzing dagegen liegt der Schnee
wie eine unburchdringliche Mauer, 10—20 Fuß
hoch und eine Stunde dick.

Nur in aller Frühe, wenn er noch hart ge=
froren ist, kann man es wagen, mit Schneereifen
darüber hinzugehen; die Straße liegt zwei Mann
tief unter dem Wanderer. Wer hier versinkt, der
ist verloren; über die Spitzen der Bäume, über
die Dächer der Almhütten, die neben dem Wege
liegen, schreitet er dahin. Vor zwei Jahren ward
auf diesem Wege im Frühjahr der Kadaver eines
prächtigen Hirsches gefunden, der im Schnee ver=
sunken war.

Einen der merkwürdigsten Gegensätze erlebt
man, wenn man von Schliersee im Mai hinaufsteigt
nach Spitzing. Unten im warmen Thalkessel sind
schon die Bäume grün, die Luft hat jenen warmen
Ton, ohne den wir den Frühling nicht empfinden
können. Und dann die Höhe. Hier starren uns
die nackten grauen Felsklippen entgegen, hier liegt
das glatte Schneefeld und die eisgewordene Fläche
des Sees.

Kein Vogel singt, keine Knospe regt sich noch

hier. Da erst weiß man es, was die Sehnsucht nach dem Frühling bedeutet, wenn Winter und Frühling so hart an einander gerückt sind. Niemand jobelt im Winter. Man sehnt sich nach einem hellen Menschenlaut, und wenn der erste Juchschrei hier oben tönt, dann ist es nicht nur ein Zeichen der Freude, es ist ein Zeichen der Befreiung. .

Die Bittgänge im bairischen Hochland.

(1868.)

er katholische Kultus, wenn man ihn von der menschlichen Seite betrachtet, hat ein sehr großes Verdienst. Dies liegt darin, daß er zu einer Zeit der Barbarei mit wahrem Genie die Bedürfnisse des Gemüts erkannt und auf ihnen die Entwickelung seiner gottesdienst= lichen Formen begründet hat. Darauf, auf ihrem Sinn, beruht die Macht der Form, ob wir derselben im Tempel oder auf freiem Feld begegnen. Wirkt im ersteren die Macht auf uns ein, welche die Ge= schichte auf jedes Menschenherz ihm unbewußt aus= übt, so auf letzterem die Macht der Natur, die jener andern völlig ebenbürtig ist. Das haben die geistlichen Führer des Volkes wohl begriffen, und die Ein= richtung der sogenannten Bittgänge, der Pro= zessionen, ist aus diesen Grundgedanken erwachsen. Unwillkürlich öffnet sich das Herz, wenn Berg und

Thal vor unserem Blick sich öffnen, unwillkürlich
wachen Hoffnung und Glaube in unserm Herzen
auf, wenn so die Wunder der Natur vor unseren
Augen liegen. Die Psychologie der Religionen ist
ihre Stärke, und darum finden wir auch diese Bitt=
gänge nirgends so sehr verbreitet wie gerade in
schönen Gegenden und in der schönsten Jahreszeit.

Einen weiteren Anteil daran hat ein anderer
Zug, der nun einmal aus der Menschennatur nicht
herauszubringen ist.

Wir sind geborene „Malcontents" und haben
die fixe Idee, daß draußen alles besser zu erhalten
ist, als daheim — auch der Segen, auch die Gnade.
In den höchsten Schichten und in den niedersten
begegnen wir diesem Hang; er schuf die Sehnsucht
der Kaiserin Eugenie nach Rom, er beseelt die kleine
Landgemeinde, die aus ihrem Bauerndörflein fort
und zur Kirche des nächsten Bauerndörfleins hinzieht.

Am weitesten verbreitet und gewöhnlich auch
die erste von allen Prozessionen des Jahres ist jene
am Fronleichnamstag, der im Gebirge aus=
schließlich als Antlaß bezeichnet wird. Wenn auch schon
Pfingsten vorüberging, ist's doch noch Frühling in den
Bergen. Zwischen hohen, schwankenden Halmen wan=

bert der bunte Zug hindurch; wie die roten Wimpel
der Fähnlein wehen, wie das goldene Kreuz im Sonnen=
lichte glitzert! Und dazwischen der Kindergesang und
die feinen Glöcklein, die den Baldachin begleiten, wo
die blauen Weihrauchwölkchen gen Himmel fliegen.

Drüben vom spitzen Kirchturm schallt das Läuten
herüber, so klar, so melodisch, jeder Ton ein Friedens=
gedanke.

Und über dem allen glänzt die Morgensonne,
glänzt dies Himmelsblau, das so siegreich in unsere
Seele dringt. Da sinkt das Mütterlein ins Knie,
das auf dem Wege wartet, und segnet das Leben,
ihr müdes Leben. Ja, eine solche Stunde ist all=
mächtig; da muß man an die Zukunft glauben und
von allen Worten, die den Frühling preisen, ist
keines tiefer gedacht, als das Wort Frühlingsglaube.

Auch ich stand am Wege, an einer alten Linde,
wo das Sonnenlicht mit den Blättern spielte. Ein
Lebensdrang lag in den Zweigen und in der Erde,
es war, als tönte durch alle Lüfte das selige Lied:

„Nun muß sich alles, alles wenden!"

Hinter dem Himmel, wo das Sanctissimum getragen
wird, schreiten die Würdenträger des Dorfes. Kein
Hofmarschall mit goldenen Tressen, kein Zeremonien=

meister ordnet ihre Reihe, denn manchmal treffen Alpha und Omega derselben in einer Person zu= sammen. Auch die landesüblichen Heiligen und die Standbilder der Ortskirche begleiten den Zug, vor allem das Marienbild, das von Mädchen getragen wird. Doppelt so schön, wie sonst, glänzt heute das silberne Geschnür am Mieder und die goldene Schnur am spitzen Hut — aber schöner als alles wär' wohl der Jungfernkranz!

An vier Stellen des Weges sind Altäre auf= gerichtet für die Evangelien, einer steht auch am Feldkreuz, wo die dichten Buchenzweige den Wald= rand bekränzen. Dort wird der Segen gegeben mit der leuchtenden Monstranz; die Gebirgsschützen aber mit blankem Stutzen und grünem Federhut bilden die Ehrenwache und von den Bergeswänden hallt das Echo der Freudenschüsse hinein ins Alleluja.

Wenn die Fronleichnamszeit vorüber ist, be= ginnen die sogenannten Kreuzgänge zu allen möglichen Zwecken. In Tirol werden sie insbesondere zu Ehren des heiligen Isidor und der heiligen Nothburga gehalten, welche die Schutzpatrone der Dienstboten sind; bei uns in Baiern sind die Ernteprozessionen geläufig, um den Schutz der Früchte gegen Hagel=

schlag zu erflehen. Darauf halten die Bauern auch heutzutage noch immer viel und die Hauptfrage, wenn ein neuer Pfarrer kommt, ist, ob er auch „wettergerecht" sei. Das heißt etwa so viel: ob er ein drohendes Gewitter von der Gemeinde weg= beten und der Nachbargemeinde auf den Hals laden kann. Auch das „Schaueramt" (ein Hochamt zur Abwendung des Hagelschauers) wird in den meisten Gemeinden alljährlich gehalten. Die geistlichen Herren hüten selber diesen Rest ihrer Propheten= würde sehr eifersüchtig, und man hat es einem alten Heißsporn nicht wenig verübelt, als er einst in der Gemeindeversammlung mit der Faust auf den Tisch schlug und ausrief: „Mein Herrgott, für dös Fach ist der Hagelverein."

Ganz besonders verbreitet in den Bergen ist auch der Marienkultus; sechzig Prozent aller Mädchen heißen Midei (Maria), wenn sie schon in der Regel nichts als den Namen (und hie und da das Kind) mit der Jungfrau gemein haben. Der Maria sind auch die meisten wunderthätigen Stätten geweiht, und unter diese zählt in erster Reihe Birkenstein. Weit und breit bekannt ist die kleine Kapelle am Fuße des Wendelstein, und man könnte einen ganzen

Menschen zusammensetzen aus all' den Gliedmaßen, die dort in Wachs gegossen aufbewahrt werden zum Andenken an wunderbare Errettungen. Decken und Wände sind mit Votivtafeln tapeziert, welche in ge= heimnisvoller Bilderschrift und in verwegenen Hiero= glyphen „viel wundersame Mähr" berichten. Man kommt in wahren Schrecken, wenn man da erst sieht, was einem alles passieren kann! Damit dies nicht geschehe, gehen alljährlich zahlreiche Bittgänge aus den Gemeinden des Oberlands zwischen Isar und Inn nach Birkenstein, und wenn der geneigte Leser etwas auf dem Herzen hat, dann braucht er sich nur anzuschließen. Er braucht nicht zu befürchten, daß allzuviel gebetet wird, denn der bunte Tumult eines solchen Kreuzgangs stellt kein Bild der Andacht dar. Der Weg über die Berge ist viel zu weit und mühsam, und eine gewisse Feierlichkeit hält der Mensch nicht lange aus.

Wenn es dämmert, zwischen zwei und drei Uhr morgens, versammeln sich die frommen Pilgrime in der Mitte des Dorfes. Das alte Mütterlein trippelt herbei mit dem Rosenkranz zwischen den dürren Fingern, die schmucken Mädchen drehen und wenden sich, um zu sehen, ob sie (Gott) wohlge=

fällig seien. Wie ein Wespenschwarm schwirren die
Buben, welche überall sind, wo „etwas los" ist,
durch die versammelte Menge. Der echte Bauer
hat seinen roten Regenschirm unterm Arm, so oft
er auf die Reise geht, und wenn's auch nicht regnet,
so sieht man wenigstens, daß er einen hat. Das
Regendach gehört nun einmal zur vollständigen
Ausstaffierung und wird mit seinem deutschen Namen
Parapluie oder Parasol genannt. Auch der griechisch=
germanische Bastard „Parabachl" hat im ober=
bairischen Dialekte das Bürgerrecht. Wer den Bitt=
gang ganz besonders feierlich nimmt, der erscheint
im Mantel, denn dieser ist das wahre Festtagskleid
der Männer. Daß es Juli ist, thut nichts zur
Sache, in der Physik des Bauern heißt es: was
gegen die Kälte gut ist, ist auch gut wider die Hitze.

Endlich kommt der Herr Benefiziat im Chor=
rock, das Brevier in den Händen. Mit dem ganzen
Gewicht seiner Erscheinung (einhundertundsiebenzig
Pfund) tritt er unter die Menge und ordnet seine
frommen Schäflein. Auch die Knaben, die ihm
ministrieren, machen sich wichtig, denn sie hüten
gewöhnlich die Ziegen und heute sind sie Adjutanten
des Himmels! Fahnen und Bilder bleiben bei

diesem Gang zu Hause, nur ein schlichtes Kreuz
wird vorangetragen; ein Vorbeter ist ernannt und
beginnt die Litanei zu Ehren der allerseligsten Jungfrau. Im Anfang ist wohl noch innere Sammlung
da, und wer dem Zuge begegnet, der bleibt mit
entblößtem Haupte stehen. An jedem Hause drängen
sich die kleinen goldköpfigen Kinder im Hemblein
ans Fenster, und die Mutter zeigt ihnen mit der
Hand hinauf zum „Himmelvater". Das sind Augenblicke der Weihe, aber es sind nur Augenblicke. —
Wie der Zug bergan von der Straße abgeht, lockert
sich die Disziplin; das Beten wird nun programm-
mäßig eingestellt und beginnt erst, wo die Häuser
wieder beginnen. Unwillkürlich erinnert dies an
die Truppenmärsche, auf denen auch die Musik nur
spielt, wenn sie durch Dörfer zieht.

Je höher der Zug auf den walbigen Bergrücken
emporsteigt, die von drei Seiten das Leizachtal ab-
schließen, desto mehr steigt jetzt die allgemeine Heiterkeit.

Die Buben machen athletische Übungen und
fangen an, sich durchzuprügeln, denn das ist von
alters her die Form, in welcher Buben ihrer Begeisterung Luft machen. Burschen und Mädchen,
welche anfangs so prüde thaten, werden galant, weil

die Hindernisse des Weges sie herausfordern. Mancher
Seufzer quillt aus der Brust der alten Mantelträger,
auf deren Glatze der neckische Sonnenstrahl herum=
gaukelt.

Wenn der Zug über den „Kühzagelberg“ thal=
abwärts geht, dann bietet sich auf halber Höhe
ein reizender Ruhepunkt. Dort öffnet sich unver=
merkt der Wald, und durchs schimmernde Buchen=
gehäng schauen Wendelstein und Breitenstein her=
über. An ihrem Fuße aber leuchtet ein weißes
Türmlein, das gehört der kleinen Marienkirche,
dem gebenedeiten Ziel unseres Weges.

Hier dacht' ich oft, wenn ich als Knabe den
Zug begleitete, an die Pilger vor Jerusalem, von
denen der Lehrer in den Geschichtsstunden erzählt
hatte, wie sie aufs gelobte Land hinunterschauten.
Ich sah es nicht im Eifer der Begeisterung, daß
die unsrigen Nagelschuhe statt der Sandalen trugen
und Haselstöcke statt der Ritterschwerter; ich glaubte
nicht, daß die Kuppel des heiligen Grabes schöner
glänzen könne, als das stille Kirchlein in Birkenstein.

Was doch die Phantasie nicht thut, wenn sie
einen besessen hat! „Paris en Amérique“ — Jeru=
salem in Birkenstein!

An dem Sträßchen, das ins Fischbachauer Thal führt, steht eine einsame Wirtschaft, „zum Neuhaus" geheißen. Dort führte lange Zeit der „Bocksteffel" das Regiment, der seinen Namen von dem Tiere trug, welches er so gern mit dem Wild= pret verwechselte, wenn seine Gäste solches bestellten.

Dort hielten die Kreuzfahrer zum erstenmale Einkehr. Wie die Heuschrecken über Ägypten, fielen sie über die Küche her; umsonst waren Schürhaken und Feuerzange, mit welchen die resolute Köchin das Hausrecht verteidigte; jeder nahm, was er er= wischen konnte.

Auch des „Springquells flüssige Säule" stieg aus den braunen Fässern auf, und da war bald die Mühe vergessen, die man erlebt hatte und noch erleben sollte. Der gewichtige Benefiziat ging mit gutem Beispiel voran und bewährte eine unermeßliche Langmut, ehe er die erfrischten Himmelsbürger zum Weitermarsche in die Höhe trieb.

Nun mußte wieder gebetet werden, und auf dem kleinen Sträßchen, daß sich von Neuhaus nach Birkenstein schlängelt, schlängelten sich die frommen Wünsche der Wallfahrer empor. Ob es wirklich lauter fromme waren? Nach der Ankunft, die noch

zeitig genug statt hat, wird das Amt in der kleinen
Kirche gehalten, und diesem folgt, was man in
höheren Sphären ein „Festdiner" zu nennen pflegt.

Es fehlt zwar manches an der vollen Feinheit
des Begriffs, zum Beispiel Messer und Gabeln,
Tische und Bänke, Toaste auf die deutsche Einheit
und Ähnliches. Aber die Hauptsache ist doch da
und das ist — die Begeisterung. Wer sie bezweifeln
wollte, der müßte sie auf dem Heimweg gewahren,
welcher von Sachverständigen als die Krone des
Tages bezeichnet wird.

Die volkswirtschaftliche Agitation, welche gegen
die vielen Feiertage eifert, richtet sich auch gegen
diese Buß= und Kreuzgänge, und zwar mit vollem
Rechte. Ein eigentliches Interesse daran hat ja nur
der Klerus.

Es ist zwar die gemeine Meinung, daß unser
Volk mit diesem unbedingt sympathisiere; allein ge=
rade für das bairische Gebirg läßt sich dies keines=
wegs so allgemein behaupten. Den Schild der
Pietät, hinter dem sich so viel Wust und Wüstlinge
verbargen, haben die letzten Dezennien zertrümmert.
Der scharfe Luftzug der Kritik, der durch unsere
Zeit geht, ist auch in die Thäler gedrungen, von

denen wir sprechen, und hat den Leuten Mut zum
„Schimpfen" eingeblasen. Eine angeborene Dialektik
kommt zur Gelegenheit hinzu und richtet sich in
erster Reihe gegen den Klerus. Der Pfarrer ist
nicht mehr exlex, wie er war, seine Predigt wird
nicht mehr nacherzählt, sondern kritisiert und ist vor
dem Volkswitz keineswegs sicher.

Mit dem Respekt vor den Personen ist selbst der
Respekt vor der Sache ein wenig geschwunden, und
auch der Boden der Berge spürt, wenn freilich in
kleinerem Maße, die Prozente der Frivolität, welche
im Boden der Städte wuchert. Die junge Gene=
ration ist besonders gelehrig für solche Traditionen,
die reiferen Männer aber merken, daß hinter der
religiösen Stellung der Priester die politische allzu
dreist sich breit macht. Unbedingten fanatischen
Respekt vor der körperlichen Erscheinung des Klerikers
haben fast nur noch die alten Weiber. Da kann
es wohl passieren, daß der begeisterte Regenschirm
einer solchen bäuerlichen Matrone mit dem inter=
konfessionellen Cylinder des harmlosen Fremdlings
zusammentrifft, der am Wege steht und meint, man
schaue einen Bittgang etwa gerade so an wie ein
Regiment Soldaten.

Die St. Leonhardsfahrt in Tölz.

(1879.)

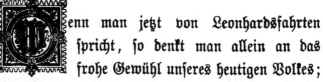enn man jetzt von Leonhardsfahrten spricht, so denkt man allein an das frohe Gewühl unseres heutigen Volkes; man hört Hufgedröhn und sieht die Gestalten unserer Bergeswelt im spitzen Hut und blanken Mieder; es ist ein Vollbild süddeutscher katholischer Sitte.

Und doch ist es zugleich ein Stoff, der uns unmerkbar hineinführt in uraltes, germanisches Heidentum; die Wurzeln des jetzigen Brauches liegen in der Tiefe von zwei Jahrtausenden, in jenem Waldesdunkel, das zu Tacitus' Zeit unsere Heimat bedeckte. Er ist verwachsen mit der ganzen mythologischen Poesie unseres altdeutschen Lebens; und leise, kaum fühlbar für das Bewußtsein des Volkes, ging die eine Welt in die andere über; es

wandelten sich die Namen und an die Stelle der
heidnischen Götter traten die Heiligen. St. Leon=
hard ist der Erbe des Kultes, den Woban, Freir
und Baldr einst in deutschen Gauen gefunden; auch
an ihre Opferstätten kam man hoch zu Roß zur
Zeit der Sonnenwende, wenn der Himmelswagen
sich kehrte. Und schon im uralten deutschen Völker=
leben war das Hufeisen an der Thür das sym=
bolische Zeichen des Schutzes wider böse Dämonen,
wie man es heute noch in die Kapellen Sankt
Leonhards hängt; die eisernen Ringe, welche nach
Tacitus die Chatten trugen und die sie erst ab=
legen durften, wenn sie den ersten Feind getötet
und sich dadurch gleichsam zur vollen Würde des
freien Mannes emporgeschwungen — sie kehren
wieder in jenen Ringen, welche man dem heiligen
Leonhard zu tragen gelobte, jahrelang und oft lebens=
lang, zum Danke, daß er den Gelobenden aus feind=
licher Gefangenschaft befreit.

So finden wir noch überall die Spuren des
Heidentums und den Zusammenhang mit dem alten
Sonnenkult; oder wäre es nur ein blinder Zufall,
wenn noch in der vorigen Generation die Wall=
fahrer von Tölz ihren Umritt auf dem Kalvarien=

berg zu Sonnenaufgang hielten, wenn man ihn in
Aigen am Inn, einem der wichtigsten Wallfahrts=
orte, gerade zu der Stunde abhielt, wo die Sonne
am höchsten stand, wenn man z. B. in Lothringen
den Sonnenring noch jetzt „Leonhardskrone" nennt?
Und noch schwerer wiegt wohl der Umstand, daß
die Hauptzeit der Umritte in den Juli fällt, also
unmittelbar in die Zeit nach der Sonnenwende;
nicht auf den Festtag des Heiligen, sondern — un=
bewußt — auf die Festzeit des alten Gottes! Ohne
Zweifel sieht ja auch der erstere Tag (der 6. November)
so manche glänzende Fahrt; vor allem die präch=
tigste in Tölz, von der wir diesesmal erzählen
wollen, aber wie sehr die Julitage überwiegen, das
zeigt in unumstößlicher Weise die Chronologie des
Dialektes, welche gerade jene Tage kurzweg als „die
Lenhardstäg'" bezeichnet. So ist St. Leonhard
denn der uralte „Berggott und Bauerngott" ge=
blieben, wie Professor Sepp in seinem „Altbairischen
Sagenschatz" ihn nennt.

Schon im frühen Mittelalter bildeten sich be=
vorzugte Stätten seiner Verehrung, die sich bald
mit reichen Wundersagen umrankten und Tausende
von Gaben aufzuweisen hatten, welche dankbare

Pilger dort zurückließen. Denn nicht nur als
Schutzpatron der Herden, vor allem der Pferde,
hatte sich St. Leonhard berühmt gemacht, er war
auch der Helfer in allen anderen Nöten und wird
in den Stiftbriefen und Urkunden des XIV. Jahr=
hunderts geradezu der „liebe, heilige Nothelfer"
genannt.

Eine der wichtigsten Wallfahrtskirchen in Alt=
baiern war Inchenhofen (im Gerichte Aichach) und
ein Kodex, den die königliche Hof= und Staats=
bibliothek in München verwahrt, verzeichnet uns in
sorgsamer Reihenfolge die Wunder des Ortes. Er
stammt von einer Hand des XV. Jahrhunderts,
wohl von einem der Fürstenfelder Mönche, denen
die Obhut des Wallfahrtsortes übertragen war, und
dessen Berichte werden uns hier im schlichten Chro=
nikenstil gegeben. Es giebt kein Leiden in der Welt,
für das nicht St. Leonhard der Spezialist gewesen
wäre; Taube und Stumme, Blinde und Lahme
ziehen fröhlich von dannen, in Geistes= und Kindes=
nöten giebt es rasche Hilfe, und selbst Prozesse
gehen unweigerlich zu Gunsten der Verlobten aus.
Die Opfergaben bestanden fast ausschließlich in
Wachs und Eisen, und die Bedingung ist, daß die

Koften hierfür „im Almosen gesammelt" d. h. er=
bettelt worden seien; ja es durfte dem Spender
dafür nicht einmal gedankt werden, denn das Ge=
schenk sollte allein „um Gottes willen" geboten
werden. Sehr merkwürdig aber ist bei diesen
Wundern auch (und hier lugt etwas die geistliche
Taktik durch), daß alle diejenigen sofort rückfällig
wurden, die sich weigerten, die geschehene Heilung
— „einschreiben" zu lassen. Bei den meisten war
gewiß nur die biskrete Natur ihrer Gebrechen der
löbliche Grund dieser Weigerung — aber darum
kümmert unser Mirakelbuch sich wenig nnd mit der
naivsten Unverfrorenheit erzählt es von dem „Leon=
hart Pader von Ginzenhausen" und von der „Anna
Zallingerin":

„hat aber das Zeichen (Wunder) nit lassen ein=
schreiben und verkünden; ist wieder krank worden,
wie vor; da hat sie gelubbt, das Zeichen einzu=
schreiben und zu verkünden: ist ihr gnädiglich
geholfen und ihr Krankheit geleuchtert worden."
Es ist ein volles Lebensbild vergangener Zeit, das
uns hier entgegentritt; bis von Straßburg und
Hagenau kamen die Wallfahrer gezogen, und zwischen
dem Menschenleib des einzelnen spüren wir die

Fäden der Zeitgeschichte, wenn der und jener uns
berichtet, in welchem Kampf sein Mißgeschick ihn
„angestoßen".

Man war übrigens auch nicht wählerisch in
der Aufzeichnung geschehener Wunder, wie wohl der
folgende Eintrag zeigt:

„Item Schilling von Pergen ist geschwollen an
allem seynem Leyb, gleych wie ein Wassersuchtiger
9 Wochen lang; hat sein Hausfraw angeruefft
den heil. Sankt Leonhard, ihn beten, daß er ihn
bald erledig' aus solicher Krankheit; ist der Mann
in derselben Nacht — gestorben."
So war es wohl kaum gemeint von der guten
Hausfrau und das „bald" hat gewiß nur der fromme
Schreiber eingefügt — denn wer an Wunderstätten
geht, der bittet doch lieber gleich ums Leben, als
ums Sterben! Von den übrigen altbairischen
Wallfahrtsorten war Aigen am Inn berühmt, wo
Sankt Leonhard „rastet;" ein Ort, der besonders
aus dem Innviertel und Rotthal noch jetzt massen=
haft besucht wird. Gar oft war der Andrang der
Gäste so groß, daß der Umritt nicht um die Kirche,
sondern außen um die Friedhofmauer erfolgte; dann
warfen die Gäste ihre Gaben über die Mauer

hinweg in den Kirchhof, und Jahrzehnde lang grub
man dort kein Grab, ohne alle möglichen Opfer=
stücke herauszuholen. In einer benachbarten Hütte,
die noch auf geweihtem Boden stand, waren der=
einst die eisernen Bildsäulen des „Würdigen"
(d. h. des Heiligen) untergebracht, so daß davon
die ganze Stätte „Würdingerhütte" hieß; doch stellen
die Bildnisse lediglich einen Rumpf ohne Kopf und
Füße dar, und die Bajuvaren konnten es sich dabei
nicht versagen, auch ihre Kraftproben anzustellen;
sie gehörten mit zum frommen Kult. Es handelte
sich darum, vor der versammelten Menge das größte
jener Bilder, welches 220 Pfund wiegt, zu fassen
und kopfüber hinauszuschleudern, wie es die alten
Germanen mit ihrem Feldstein gethan — der weiteste
Wurf gewährte den Sieg. Manchen ist das Wage=
stück wohl fünfzehn bis zwanzigmal gelungen; aber
den glänzendsten Sieg gewann ein — Weib (eine
Bauersfrau aus dem Rotthal), die den „Würdigen"
auf den Kirchturm trug und ihn mit solcher Wucht
herunterschleuderte, daß der Kopf, den das Stand=
bild damals noch besaß, in Stücke ging. Das war
zur Zeit des dreißigjährigen Krieges.

In anderen Wallfahrtskirchen, wie z. B. in

Ganacker, wurde das Standbild des Heiligen zur Feier „vertragen", d. h. ins Wasser geworfen, oder in den Sumpf gesteckt und dann von den Wall= fahrern gesucht; es geschah zur Erinnerung an die Sage, daß dasselbe einst im Wasserwirbel geschwom= men kam und daß alle Versuche, es hinabzustoßen, mißlangen. So hat sich an den verschiedenen Orten die mannigfaltigste Tradition gebildet und wir könnten Seiten füllen mit drastischen Einzelheiten, mit Sagen und Mythen, mit den Scherzen, die der frohe Volkssinn auch an das Erhabene knüpft.

Aber wenden wir uns lieber zur farbigen Gegenwart.

Die schönste Leonhardsfahrt, die jetzt im weiten Umkreis der bairischen Berge gehalten wird, ist jene zu Tölz am 6. November.

Schon die Lage des Ortes kommt ihr zu statten, denn der uralte Markt, dessen Spuren tief in die graue Vorzeit reichen, ist wunderbar schön ins Land hineingebaut, wo die Zacken der Benedikten= wand gegen die Isar zu Thale stürzen. Lichtgrün sind die Wogen des Stromes, die ungestüm zwischen den weißen Sandbänken dahinschnellen, der Land= schaft und dem Verkehr frohe Belebung spendend,

aber auch das Hinterland, das sich dann tiefer hinein
in die Berge zieht, gehört kulturgeschichtlich zu den
urwüchsigsten Gebieten des Hochlands. Von hier
aus führt ja der Weg zur Jachenau, in das ein=
same Bergthal, das noch heute tausendjährige Tra=
ditionen wahrt, zum mächtigen Walchensee und in
das wilde Karwendelgebirg.

Dieser landschaftlichen Bedeutung der Gegend
entspricht die geschichtliche. Denn von hier aus
zogen einst auch jene Scharen mit Sense und
Morgenstern gen München, die als der letzte Hort
des armen Baierlandes erschienen, und die in der
„Mordweihnacht" von 1705 vor Sendling grausigen
Tod fanden; einer ihrer Führer, der gefangen und
geviertеilt ward, war der Jägerwirt von Tölz.
Noch heute steht sein Haus in der stattlichen Markt=
gasse mit ihren braunen vorspringenden Dächern,
und noch heute lebt in dem knorrigen Menschen=
schlag das Bewußtsein ihrer kräftigen Faust, und
ein tiefgewurzeltes, bajuvarisches Stammgefühl.
Weniger als irgendwo im Gebirge finden hier im
„Isarwinkel" die Gedanken der modernen Zeit Ge=
hör, unentwegt gilt hier das bairische Volkstum
und — der alte katholische Glaube! Diesem Zuge

verdankt wohl auch Sankt Leonhard das glanzvolle
Fest, das ihm hier alljährlich gefeiert wird.

Schon eine Woche lang vorher wird in den
Gehöften oder Gemeinden, die einen Wagen zur
Feier senden, daran geschmückt und gerüstet; das
nötige Grün (Epheu, Wachholder, Fichten und
Eiben) holt man aus eigenem Wald und bis zu
später Stunde sitzen Bursche und Mädchen beim
Kränzewinden, schäkernd und plaudernd, nicht ohne
fröhlichen Zutrunk, daß es fast mahnt an die alten
Kunkelstuben. So reicht auch hier der fromme Kult,
wie fast bei jeder Gelegenheit, tief ins häusliche
Leben hinein; nicht finster und beengend, sondern
frohgemut; man „spürt“ den heiligen „Leonhard“
schon geraume Zeit, bevor er kommt.

Endlich bricht der Festtag selber an, der 6.
November. Es ist Spätherbstluft und der Boden
in der Frühe hart gefroren — aber gerade diese
Zeit bringt in den Bergen nicht selten noch wunder-
volle Tage und wenn erst die Sonne durch die
grauen Schleier sich durchgerungen, umweht uns
ein Anhauch letzter zauberhafter Pracht. Es sind
ja die letzten Tage vor dem Wintertod, goldene
Fäden ziehen durch die Luft, aus dem kurzen Grase

lugen noch an knappen Stielen die Genzianen;
was die Natur noch übrig hat an schönem Leben,
an Himmelsblau und Sonnenduft, — sie bringt es
mit zu diesem Tage.

Auf allen Wegen aber ringsum im Gau ist
schon seit früher Morgenzeit ein reges Leben; überall
her, zu Fuß und zu Wagen kommen die Gäste,
deren Gesamtzahl sich wohl auf mehrere Tausend
beläuft.

Auch wir sind schon bei Tagesgrauen aufge=
brochen, im offenen, einspännigen Gefährt, wacker
umhüllt, und mächtigen Schrittes trabt unser
Schimmel dahin auf dem alten, wohlbekannten
Sträßlein, das von Tegernsee nach Tölz führt. Die
Räder knarren in den harten Geleisen, der Wagen
stößt und der Frühwind schneidet, aber er kann die
freudige Lebendigkeit nicht verwehen, in der wir
selber sind und alle, die uns begegnen. Immer
wieder fliegen wir an bunten Gruppen vorbei, die
eiligen Fußes zum gleichen Ziele wandern, hier
und dort rollt vor uns ein Wagen — lauter Zu=
ruf und Peitschenknall, bis der Bauer auf demselben
sich greinend umsieht und zur Linken ausweicht,
daß wir sausend vorüberfahren. Und wie ihm er=

geht es uns; auch wir werden ohne Unterlaß über=
holt, immer mehr werden die Gefährte, immer
schneller wird das Tempo — es ist zuletzt die reine
Wettfahrt geworden.

Und doch hat es noch lange keine Eile; denn
vor dem Pfarrhof von Waakirchen steht noch ge=
duldig der Wagen des Herrn Amtmanns und wartet,
bis die Herren mit dem Frühstück zu Ende sind;
auch der Großbauer, der mit Weib und Kind
hinüberfährt, feierlich aufgebauscht wie ein altes
Votivbild, hält noch am Wirtshaus an, um frühen
Durst zu stillen. Wir aber fliegen weiter, Gruß
um Gruß ergeht und wenn ein schönes Mädchen
kommt, das uns unter dem Spitzhut schelmisch ent=
gegenlacht, dann heißt es flugs: „Dirndl, magst
aufsitzen?" Aber der Wind verweht die Antwort.
Da klingt mit einmal helles Schellengeläut, und vor
uns auf der Straße, die sich durchs Gehölz hin=
zieht, rollt bedachtsam ein riesiger Wagen mit vier
prächtigen Rappen, um deren Halfter die roten
Tücher wehen; über die bemalte Leonhardstruhe
ragen die grünen Reisigbogen, wohl an zwanzig
Bursche sitzen drinnen und grüßen uns mit jauchzen=
dem Übermut, während wir vorüberfahren. Es

war der Wagen, den das Pfarrdorf Reichersbeuern
sendet; bald haben wir auch den von Greiling
und Waakirchen überholt — kurzum, es hat noch
keine Eile.

Und so kommen wir denn, im Gewirr von
Menschen und Wagen, an das schmale Bogenthor,
das uns nach Tölz, ins alte „Tolenz," hineinführt;
der Kutscher greift in die Tasche um den obligaten
„Pflasterzoll"; dann legt er den Radschuh ein und
ächzend geht es den steilen Berg hinab. Der Markt,
der tief gelegen ist, bildet hier eine breite Gasse,
und in stolzer Behäbigkeit stehen da die zahllosen
Gast= und Bräuhäuser, die den Hauptindustriezweig
bilden, Bürger= und Kolberbräu, oder wie sie sonst
noch heißen und — last, not least — die „Post."
Uberall, auf Straße und Hausflur stehen die aus=
gespannten Wagen der zahllosen Gäste und auf der
Gasse selber wogt ein endloses Gewühl. Jede neu=
ankommende „Truhe", die in den Markt hereinfährt,
wird mit Sensation begrüßt, breitschulterig stehen
die Lenggrießer Flößer dort, die Hände in den
Taschen, mit dem spitzen Hut und der dunkelblauen
Joppe, auch die Jachenauer erkennt man von weitem
an ihrer Tracht. Und wenn ein Witzwort ums

andere zündend dahingeht, wer will es verargen
— es ist zwar ein heiliger Tag, aber Sankt Leon=
hard liebt „die luftigen Leute".

Gegen neun Uhr morgens beginnt das eigent=
liche Fest, und zwar zunächst die Auffahrt zum
„Kalvarienberge", auf dessen Gipfel die Leonhards=
kirche steht. Es ist dies ein Höhenrücken, der auf
der einen Seite steil aus der Isar emporsteigt, mit
Kiefern und Laubholz bewaldet, oben aber dehnt
sich ein freies Plateau, das sich in weiten mulden=
förmigen Wiesen gegen die Ebene abdacht. Durch
das Gehölz führen nur einige schmale Fußsteige,
aus dem Markte aber zieht eine breite, mäßig
steigende Straße empor und diese ist es, welche
die Wagen des Festzuges wählen. Auf allen Wegen
drängt sich schon kletternd und pilgernd das Volk,
Tausende im Sonntagsstaat, die Glocken läuten,
schmetternde Musik erklingt — sie kommen!

Wie dröhnen die Räder, wie schnauben die
Hengste, daß die Funken unter den Hufen sprühen
— es ist ein Bild urwüchsiger Kraft und Lebens=
lust, das keine Beschreibung erreicht. Allen voran
zieht ein Trupp von Reitern, dann kommt der
Wagen mit der Musik, tannenbekränzt, es schmettern

die Trompeten in schallendem Übermut, und vor
dem Wagen geht ein Viergespann, wie man es
nicht alle Tage sieht. Denn weit und breit ist
dieser Gau durch seine prächtigen Pferde berühmt;
spiegelblank glänzen die Braunen, wenn sie so nervig
in den Boden greifen und bergaufwärts ziehen,
Mähne und Schweif sind mit bunten Bändern
durchflochten, und das Messingbeschläg der Geschirre
glitzert blank in der Sonne. Im hohen Sattel
aber sitzt triumphierend ein kecker Bursch — nicht
im Reiterkleid, sondern im Bauergewand — mit
der Joppe und dem Federhut, aber er sitzt so sattel-
fest und lenkt so sicher, wie er einst mit seiner
Batterie die Höhen von Wörth gestürmt. Lustig
läßt er die Peitsche knallen und jauchzend feuert er
die Pferde an, während die Musikanten blasen;
auch sie sind alle in der festlichen Volkstracht, auch
sie sind im Feld Trompeter gewesen und nichts
kann sie aus Takt und Fassung bringen, wenn auch
der Leiterwagen noch so gewaltig stößt.

Im zweiten Wagen sitzen die geistlichen Herren,
aus dem Orte selbst und aus der Umgegend, wohl
zwölf bis fünfzehn an der Zahl, alle im Chorrock,
das Barett auf den lebensfrohen Häuptern. (Früher

mußte der Pfarrer mit dem Kreuz an der Spitze
des Zuges reiten.) Ihr Wagen ist natürlich ganz
besonders geschmückt; auch er ist eine sogenannte
„Leonhardstruhe", die man nur an diesem Tage
aus der Scheune hervorholt und die mit den bunten
Emblemen des Heiligen geziert ist. Die meisten
dieser „Truhen" sind blau bemalt und tragen in
der Mitte das Bild des Patrons; Roß und Rind
ruhen daneben, auf den übrigen Feldern sieht man
votivartige Wallfahrtsscenen. Aber das alles ist
im Stile jener bäuerlichen Kunst gehalten, wie sie
von Anfang des Jahrhunderts bis auf den heutigen
Tag sich gleich blieb, ungestört durch die Kom=
positionen von Cornelius und den Farbenzauber
Makarts und gleichwohl ihres höchsten Erfolges
sicher. Denn nach den Begriffen des Bauers reicht
zur Kunst vollkommen — der gute Wille.

Nach dem Wagen, der die Geistlichen trägt,
folgen die weiteren Gespanne, und dabei hat nun
die Rivalität der einzelnen Gemeinden und Nach=
barn den weitesten Spielraum. Fast jedes der um=
liegenden Dörfer sendet sein Gefährt, und es ist
ein Stolz für lange Wochen, welches von allen
am schönsten geschmückt war. Wohl an dreißig bis

vierzig Wagen kommen auf diese Weise zusammen,
jeder vierfach bespannt und von mehreren Reitern
begleitet — in dem einen sitzen die Alten, grau=
bärtige Gesellen, in dem anderen rotwangige Mäd=
chen, mit blonden Zöpfen unter dem spitzen Hut
— es lacht und leuchtet aus allen Blicken. Wohl
die meisten der Mägdlein waren droben auf ein=
samer Alm und schauen nun erst wieder in die
Fülle bunten Lebens — lustig glänzt das rosafarbene
Tuch am Mieder und durch die Menge gleitend
sucht ihr Blick den Liebsten, der einst in stiller Nacht
ans mondhelle Fenster kam. Bildschöne Gestalten
sind darunter; aber nur ein kurzer Blick und dann
fliegt der Wagen vorbei, neue Bilder ziehen vorüber.
Hier betende Frauen und Mütterlein, die gebückten
Hauptes sitzen, dort jubilierende Knaben, wohl
fünfzig in einem Wagen, die wie rotbackige Äpfel
übereinander kollern, dann kommt ein schweres Ge=
fährt, das eine Almhütte trägt, vor welcher hölzerne
Kühe weiden. Alle erdenklichen Staffagen sind in
diesem Tableau zusammengetragen, es ist ein wunder=
sames Gemisch von biblischen Reminiscenzen und
eigener Welt, aber der Bauer pflegt nicht lange
kritische Gedanken, sondern die Freude, die er an

jeder finnenfälligen Darstellung hat, findet auch
hier ihren jubelnden Ausdruck.

Allmählich sind sämtliche Wagen heraufgezogen,
wohl zwei= bis breihundert Pferde, die lustig in
den Morgen wiehern, wohl zwei= bis breitausend
Menschen, die sich in buntem Gewühl durcheinander
drängen. Es ist ein förmliches Lager geworden
da droben, die Insassen der Gefährte springen herab
und mischen sich ungebulbig unter die Menge —
dann aber wird es plötzlich still, von der kleinen
Kapelle tönt das Glöcklein, der Gottesdienst be=
ginnt.

Die Leonhardskirche steht gesondert von der
großen Hauptkirche des Kalvarienberges, auch sie
ist außen mit der bekannten eisernen Kette umgeben,
und ihr Inneres birgt jene uralten Abzeichen: Huf=
eisen und wächserne Tiere, verblichene Votivgemälde
und manch anderen vergilbten Schmuck, den ein
bedrängtes Herz in eigener und fremder Not hier
barg. Nur wer es weiß, wie tief im bairischen
Hochland noch der urgermanische Zug zur Tier=
welt besteht, wie dies Hirtenvolk noch heute das
Tierleben mit dem eigenen Leben unter einem Dache
vereinigt, der kann die psychologische und kultur=

geschichtliche Bedeutung dieses Festes verstehen und
die Popularität begreifen, die gerade dieser Heilige
im baierischen Gebirge genießt. Nicht nur der
Wohlstand beruht ja hier, wo der Getreidebau nur
spärlich ist, fast ganz auf der Viehzucht, es ist auch
der Stolz jedes Bauers, daß er die prächtigsten
Tiere in seinem Stalle hegt, und es ist ihm Herzens-
sache, daß sie gedeihen. Ohne Übertreibung kann
man es sagen, daß von dem schönsten Füllen eines
Dorfes vielleicht gerade so viel gesprochen wird,
wie von dem schönsten Mädchen.

Schon lange vor Beginn der Feier ist heute
das kleine Kirchlein mit Andächtigen besetzt, die sich
nicht stören lassen, auch wenn der Meßner geräusch-
voll das Altargerät rüstet und wenn der kleine
Ministrant im roten Chorrock noch so ungeberdig
umherspringt. Gar mancher Achtziger mit müden
Knieen, gar manches alte Mütterlein steht hier und
murmelt halblaut vor sich hin; sie denkt noch zurück
an die harten Tage Napoleonischer Kriegszeit und
an jene Jahre, da sie als Mägdlein selber hier
auf dem Wagen saß — ihr ist die Gegenwart nur
der matte Rahmen für die Bilder eines seligen Er-
innerns.

Aber auch draußen in all dem Jubel heller
Lebensluft giebt es weihevolle Augenblicke. Denn
wenn die Glocken zur Wandlung rufen, da neigen
sich alle Kniee, da entblößt sich jedes Haupt, und
ein Gefühl der Andacht zieht hin über diese Tausende
von schweigenden Gestalten. Über ihnen das wunder=
same Himmelsblau, rund umher die majestätischen
Berge, deren Gipfel schon verschneit sind, während
die tieferen Wälder und Felsenmassen all jene
scharfe Klarheit zeigen, die nur im ersten Frühling
und im letzten Herbste wiederkehrt. Bis weit hinein
in die zerklüfteten Spitzen der „hinteren Riß" reicht
unser Blick, vor uns das Isarthal mit dem rauschen=
den Strom — es ist eine der herrlichsten Rund=
sichten im ganzen Oberland.

Wenn die Messe zu Ende ist, deren Orgelklang
feierlich herausklingt auf das weite Feld — dann
aber hebt mit einemmale erneutes Leben an, es
ist wie ein Lager, das plötzlich abgebrochen wird,
wie ein Heer, das auf ein Losungswort zu Pferde
steigt. Denn nun erst beginnt der Umritt. Bis=
her war alles in buntem Gemenge, jetzt ordnet der
Zug sich wieder, selbst die Rosse gewahren es und
wiehern, unter dem Klange der Musik setzt sich der

erste Bogen in Bewegung. Es ist herzerhebend,
mit welcher Sicherheit die schweren Viergäuler
so dicht an Abgründe dahinfahren — wenn die
Räder auch nur einen Schuh ihrer zur Seite gingen,
so stürzte das ganze Gefährt in die breite Tiefe.
Aber daran denkt kein Mensch, und den Menschen-
gedanken ist auch kein Unglück begegnet, wie könnte
am Feittag des heiligen Leonhard ein Mißgeschick
mit Bagen und Pferd geschehen? In scharfer
Bendung, daß die Achse kracht und die Reße in
den Zügel knirschen, geht es um das kleine Kirchlein herum, unter der Thür desselben steht der
Priester und gibt mit dem Kreuze jedem einzelnen
Bagen den Segen, während dessen Zeichen andächtig den Hut ziehen. Einer um den anderen
fliegt vorbei, und dann fahren sie die breite grüne
Mulde hinab, daß man den Zug im langen Bogen
sich entfalten sieht. Das ist der lebendigste und
farbenprächtigste Teil des Festes, niemals klingt
die Musik so rauschend und das Knallen der Peitschen
so hell und das Jauchzen der Menge so fröhlich.

Das ist vielleicht auch die Stunde, wo man
die Zauberkraft verstehen lernt, die der katholische
Kult auf das Gemüt des Volkes übt, vor allem,

wenn dies Volk so lebensfrisch und sinnenfreudig
ist, wie der bairische Stamm. Der süddeutsche
Bauer bedarf der Anschauung, des Kolorits, der
Klangfülle nach seiner ganzen Natur unendlich
mehr, als seine ernsteren nordischen Brüder, und
all das hat der katholische Kult mit wunderbarer
Menschenkenntnis in seinen Bereich gezogen. „Leben
lassen" ist in dieser Beziehung (so oft sich sonst
auch Härten zeigen) sein Losungswort. Überall
weiß er anzuknüpfen an den Pulsschlag der Wirk=
lichkeit, jedem Feste fügt er seinen Schmuck, seine
kleine Gabe bei, die den Menschen erfreut, selbst
das Übersinnlichste ist umkleidet mit schönen Formen,
die den Sinn gefangen nehmen. Daher die Macht,
die er über den Menschen als solchen hat, die er
nicht bloß auf den Glauben, sondern auf das Leben
der Gesamtheit ausübt von der ersten Stunde des
Bewußtseins bis zur Stunde, wo dies Leben in
seinen Armen verhaucht.

Nun aber ist das Läuten verhallt, der Umritt
beendet, und die Wagen sammeln sich im Markte,
wo nun erst recht das bunte Treiben beginnt. Nun
springen die Burschen herab und bringen den Mäd=
chen den schäumenden Krug, die anderen knallen, daß

das Echo von den Wänden gellt, die meisten aber
spannen aus, und auf kleinen Leitern, die man an=
legt, steigen die schmucken Dirnlein herunter. Bald
ist kein Platz mehr in den großen Stuben, atemlos
eilen Wirt und Schenkmaid hin und wieder, maß=
krugumgürtet, es ist ein Grüßen und Rufen, ein
Treiben und Leben, daß man das eigene Wort
verliert.

Und doch werden es draußen der Menschen
nicht weniger; auf der einen Seite der Gasse sind
Bretterbuden aufgeschlagen, in denen allerhand Ware
sich breit macht, Genäsch für die Kinder, Gewand
und Hut für die Großen, Eisengerät und Werk=
zeug und vor allem — Pelzwerk, denn der Winter
ist nahe. Prüfend steht die schöne Bauerstochter
aus der Jachenau davor, aber nichts will ihr recht
taugen; denn sie trägt ein goldgesticktes Mieder,
und ihres Vaters Wald gilt mehr, als manches
Grafen Schloß. Der Bursch aber, der mit seinem
Schatz daneben steht, lacht lustig in den Tag hinein,
ihnen beiden fiele die Wahl nicht schwer, wäre nur
der Beutel nicht so leicht. Und abseits wieder
zwei — zwei alte, verkniffene Gesichter, die, auf
den Stock gestützt, mit aufgezogenem Fuß zueinander

wispern, als müßten sie heute noch die Welt ver=
kaufen. Es ist in der That eine kleine „Handel=
schaft", um die es sich handelt (jeder Bauer treibt
ja heutzutage dergleichen), und nur das ist noch
fraglich, wer von beiden den anderen überlistet;
aber der Streich muß heute noch zu Ende gehen,
denn St. Leonhard ist das letzte große Rendezvous
der Bauernwelt vor dem Winter.

Wir sehen herab auf alle die Straßenscenen
aus dem kleinen, traulichen Erkerfenster der Wein=
wirtschaft „zum Höck", wo sich an diesem Tage die
verschiedensten Honoratioren, vor allem die geist=
lichen Herren der gesamten Umgebung, zu Mittag
versammeln. Hier, wie auf der „Post", beim
„Bürgerbräu" ꝛc. sind heute die „schönen Zimmer"
im ersten Stockwerk aufgeschlossen und mit Ehren=
gästen überfüllt; alle Wände der Stube, wo wir
sitzen, sind mit Bildern bedeckt, Heilige in stolzer
Zahl, aber fast ebensoviele sind Familienporträts
von 100 und 200 Jahren her, die im Sonntags=
staate mit schwerem Geschmeide und Seidenwamms
auf uns herniederschauen.

Denn man täuscht sich gewaltig, wenn man
sich das ländliche Leben jener Zeit nur im grauen

Bauernkittel vorstellt. In dem Inventar, welches am 12. April 1662 über die Erbschaft des Kalten= brunnerbauers am Tegernsee aufgenommen ward und das noch heute in den Münchener Archiven ruht, findet sich „ein ganz silberner und vergoldter Weibergürtl", dann kommen „drei Gürtel mit silbernen Spangen" und wohl acht bis zehn silberne Becher, zum Teil mit „guldenin Reiflen." Auch mehrere „vergoldte Petschaftringe" sind erwähnt — es giebt ein völlig neues Bild vom bäuerlichen Leben jener Zeit. Im Markte Tölz aber überwog von Anfang an ein gewisses Bürgertum; der Luxus mag dort noch größer gewesen sein; so sprechen die stummen Bilder uns an aus vergangenen Zeiten.

An unserer Tafel saßen die Honoratioren aus weiter Umgegend, vom Landgericht, Forstamt, Rent= amt und Bezirksamt, alles in friedlichem Verein, und man ist heute höflich miteinander weit über den gebräuchlichen Bedarf. Es ist ein guter, milder Tag, der Tag von St. Leonhard. Die Tochter des Hauses trägt selber die Speisen auf, schwere Platten, wo gleich drei Braten aufeinander folgen, aber die Garde, die hier versammelt ist, hat auch festtäglichen Appetit mitgebracht — und sie ergiebt sich nicht.

Das gilt noch mehr von unserem Nachbar=
tische, an dem ausschließlich geistliche Herren sitzen
— rote, lebensfrohe Gesichter. Wie sprudelnd
lebhaft geht heute das Gespräch, es ist eine Welt
für sich, dies Erinnern an gemeinsame Studenten=
jahre und dann an gemeinsame Einsamkeit, dieser
Ton, in dem sich elegische Stimmung und realistische
Lebenskraft so nahe berühren — allein wie wenige
verstehen diese Welt und werden ihr gerecht! Man
denkt, wenn man vom katholischen Priester spricht,
nur immer an den Fanatiker, der doch so wenig
im bairischen Blute liegt, und man vergißt darüber
ganz den Menschen, der doch so tief und gerne
mitspricht, wo er sich verstanden glaubt. Hier
spricht er mit, wenn der milde Herr Dechant von E.
in wahrer Begeisterung von seiner Bergfahrt er=
zählt; wenn der graue Beichtvater des nahen Frauen=
klosters aus jenen Tagen berichtet, da er als Hüter=
junge in die Algäuer Alpen stieg, wenn der Pfarrer
von W. so jugendfroh nach einem Schulgenossen
fragt, der längst verdorben und gestorben. Hier
spricht der Mensch mit überwältigender Kraft —
St. Leonhard ist ein milder Tag.

Jedes Leben hat ja seine Poesie und seine Er=

innerungen, hat seinen Reichtum bei aller schein=
baren Armut und Beschränktheit, und wenn man
denselben oft nicht merkt, so liegt der Grund nur
darin, daß so wenig Menschen es verstehen, auf
diese Seiten eines Lebens einzugehen und ihnen
Gelegenheit zum Ausdruck zu geben. Sie messen
jedes fremde Dasein nach den Bedingungen und
Normen ihres eigenen und sind damit einseitiger,
als sie es wissen und — wollen.

Allmählich verläuft sich in den Straßen die
Menge — auch das schwerste Mahl geht zuletzt zu
Ende, und erhitzten Hauptes stehen in der Fenster=
nische die befreundeten Würdenträger. Der Rest
des Nachmittags ist zu einem Besuch im Franzis=
kanerkloster bestimmt, der auch zu den festen Tra=
ditionen des Tages gehört, aber man muß in guter
Begleitung sein, um Einlaß zu finden. Das Kloster
ist hoch gelegen, jenseits der Brücke, und wenn der
dienende Bruder uns das Pförtlein neben der Kirche
geöffnet, an dem wir klingeln, ziehen wir durch
lange, kühle Gänge ins Refektorium, wo uns der
Pater Guardian willkommen heißt. Es ist ein Bild
in tiefen, stimmungsvollen Farben, die Wände sind
zum Teil mit Holz vertäfelt und in der Langwand

steht die Kanzel, wo des Vorlesers Platz ist; breite
Bänke laufen rings um die Mauer und um den
gewaltigen Ofen, den Lieblingssitz der Winterstunden.
Eine wundersame Stabilität herrscht hier, es ist
noch heute alles so, wie es in den Tagen Ekkehards
gewesen; nur der Stil der Geräte hat sich gewandelt,
aber die Gestalten, die Luft, das Leben — das
alles mutet uns an, wie ehedem, und mag man
über die Sache denken, wie man will, für den fein-
fühligen Menschen bleibt es stets ein Genuß, an
einem Ort zu weilen, wo eine so ausgeprägt einheitliche Stimmung herrscht.

Die Vesperzeit hat geschlagen und von allen
Seiten her kommen nun die Mönche in den braunen,
härenen Kutten; der eine setzt sich abseits und liest
sinnend weiter in seinem Buche, das Haupt in die
Hand gestützt, zwei andere spielen ein harmlos
Brettsteinspiel, zu dem die Formen in den blanken
Tisch geschnitten, und wieder andere nahen mit
halber Neugier heran und gesellen sich zu den
fremden Gästen, die St. Leonhard ihnen gebracht.
Vor jeden hat ein Laienbruder den steinernen Krug
gesetzt und der Trunk, den er birgt, erfreut sich
alten Rufes — denn die Brüder des heiligen

Franziskus brauen ihn nur für sich selbst, nicht für andere Leute.

Bald ist auch ein lebendiges Gespräch in Fluß gekommen und wer die einzelnen Gestalten mustert, wie sie halb vorgebeugt der Rede lauschen, halb zurückgelehnt die Rede führen, daß nur das scharfe Profil mit den glänzenden Augen spricht, der möchte zeichnen, statt erzählen!

Auch sie hatten ihre Zeit, da sie gewaltig waren in der Weltgeschichte, und manches mächtige Gewissen handelte nach ihrem Rat, ihr Orden war es, der den gebannten Kaiser Ludwig den Baier am tapfersten verteidigte gegen päpstliche Übermacht. Aber das ist vergangene Zeit und zagend fast erzählen jetzt die Enkel von den Thaten der Ahnen. Auch von ihnen selber hat mancher viel Welt gesehen; der stille Mann zu unserer Seite, mit dem feingeschnittenen Gesicht, kam von Jerusalem nach — Tölz, der andere schreibt die Lebensgeschichte des großen Bonaventura und träumt auch in freien Stunden von den pergamenten Bänden, die er aus Welschland und Wien in die Bergeinsamkeit gebracht. Aber die Mehrzahl sind stille Leute und muß sich genügen lassen an stiller Beschaulichkeit statt kräftiger That.

Dazwischen mag wohl auch ein Rundgang
durch das Gärtlein frommen. Da ist alles so wohl
gepflegt, die bekiesten Wege und die niederen Beete
mit gläsernem Dach; in den Zweigen der Bäume
hängt noch ab und zu ein roter Apfel, den die Ernte
vergessen, aber das Laub ist schon welk und verstreut,
sorglich häuft es ein Laienbruder auf den Karren,
den er dann mühsam von dannen schiebt. „Das ist
mein Eilwagen, auf dem ich ins Himmelreich fahre,"
flüstert er uns entgegen.

Wie wundermild ist die Luft, wie wunderstille
ist es hier; über die hohen Mauern, die den Garten
umzäunen, schauen die Berge herein, die sich fast
schwarzblau abheben von gelben Wolkenstreifen, wie
sie der Südwind bringt, wenn das Wetter sich
wendet. Der begleitende Mönch hat uns verlassen,
er ist in die Kirche gerufen worden, um eine Beichte
zu hören, und so stand ich denn allein im Garten,
in dieser stummen, beschaulichen Welt, die sich ab=
schließt mit tausendjährigen Riegeln gegen all das
sturmvolle Wissen der Zeit, gegen die Kämpfe des
Geistes, gegen den Strom der Leidenschaft, in dem
wir anderen erst fühlen, daß wir leben! Spielend
brach ich die letzte der blühenden Rosen, es ward

mir so seltsam und fremd zu Mut, während es
leise dämmerte! Wohlan — es giebt ja Naturen,
die am glücklichsten sind in beschaulicher Dämmerung
— und auch das läßt sich begreifen, auch diese
Welt hat ihre Macht und Poesie; ihr Zauber ist
der Friede.

Drinnen im Refektorium erhoben sich die Ge=
fährten, ich kehrte zurück, und sorglich bargen wir
den Obolus, jeder unter seinem Kruge, denn keine
„Bezahlung“ darf von den Ordensbrüdern ge=
nommen werden. Ein warmer Händedruck dankt
für die Gastfreundschaft, die wir gefunden — ich
gab ihn aus vollem, frohen Herzen!

Fast war es finster geworden, als wir im
Gasthofe wieder eintrafen, mancher der Gefährten
strauchelte mit Fuß und Zunge, und der Kutscher
hatte schon den Schimmel eingeschirrt, denn graues
Gewölk war über der Benediktenwand heraufge=
stiegen.

„I moan, sie schneibt no’ heut,“ spricht der
Kutscher stoisch, während der Wagen knarrend durch
das Thor rollt, und der Hausknecht nickt bejahend
— „No’ am Sankt Lenharttag schmeißt koaner
um!“ „B’hüt Gott“ — „Guat Nacht!“

Es ging dahin, daß die Funken stoben; der
Schimmel war übermütig geworden von der langen
Rast und im Fluge streiften wir vorbei an so
manchem stillen Gefährt, das gemächlich trabte,
während sein Herr den Schlaf des Gerechten schlief.
Da erhob sich mit einemmal ein kurzer, stoßartiger
Wind; in den Lüften begann es zu wirbeln, schneeige
Flocken fielen hernieder, nach wenigen Minuten war
Feld und Pfad in weißer Decke begraben. Es
schneite, wie es nur in den Bergen schneien kann,
alles ist eins — Himmel, Luft und Erde — wenn
jetzt der Schimmel den Weg nicht besser weiß, wir
finden ihn nimmer!

Er stampft sich wacker durch, und als wir nun
endlich hinauskamen auf das weite, offene „Waa-
kirchner Feld,“ da pfiff der schneidende Wind uns
so scharf um die Wangen, als müßte er alles ver-
nichten. Ich hatte mich tief zurückgelehnt in den engen,
kleinen Wagen und träumte vom Zauber alter Zeiten
und vom Sonnenschein dieses Morgens. Es giebt ja
manch' verrostetes Gerät im bajuvarischen Leben —
aber ich wüßte keinen Tag, der so versöhnen müßte
mit den Menschen, mit dem Thun und Glauben des
alten Baierlandes, als dies Fest von St. Leonhard!

Eisig brauste der Wind — soll er ein Symbol sein, daß der scharfe Wind der neuen Zeit mit seinen eisig scharfen Gedanken auch den letzten Rest vergangener Tage und den letzten Zauber volks= tümlichen Lebens dahinnimmt?

Nimmermehr! — Die neue Zeit braucht jetzt die alte nicht mehr zu fürchten — im Gegenteil, die Kraft der Gegenwart liegt wieder im Bewußt= sein der Vergangenheit.

Die Kirchweih in der Kaiserklause.

(1875.)

oni, wo aus? Gehst zum Kirba in b'
Klausen, weil'st gar a so auf'n Glanz
bist?" — „Kunt'st leicht berraten
haben," erwidert der andere lachend und rückt den
grünen Hut aus der Stirn, „Hergott, heut wird
aber tanzt, daß die Federn davonflieg'n!"

Dann geht's mit flinkem Schritt wieder dahin
auf dem langen eintönigen Sträßlein, denn der Weg
ist noch weit, und die Morgenluft weht scharf von
den Bergen. Zweimal im Jahr, zu Jakobi und
Barthelmä, ist Tanz in der Kaiserklause, und schon
Wochen vorher freuen sich Bursche und Dirnen;
so schneidig und froh wie der Tanz in der Klausen
ist ja kein anderer weit und breit. Von allen Seiten
kommen sie dann herbei, der Holzknecht aus seinem
Tannenforst und die Sennerinnen von den Almen,

da klingt die Fibel, und die Diele kracht, und
jauchzender Lärm erfüllt das alte Haus, das sonst
so still und tief verborgen liegt im unermeßlichen
Wald. Heut aber ist Barthelmä, blauer Himmel
lacht über den Bergen, und auf den Zinnen des
Sonnwendjochs funkelt das Morgenlicht, allenthalben
beginnt sich's zu regen. Ein Wagen, mit grünem
Reisig geschmückt, fliegt in vollem Trab dahin, und
drinnen sitzen die Musikanten; jetzt, da sie dem Forst=
haus nahe sind, gilt's, ihren schönsten Ländler zu
blasen. Vor der Brücke, unter welcher der rauschende
Bergbach dahinströmt, treffen die beiden Sträßlein
von Schliersee und Tegernsee zusammen, auch dort
klingen dröhnende Räder, „Juchu!" schallt's um die
scharfe Ecke, und der Bursch', der vorn auf dem
Spritzleder sitzt, hält mit mächtigem Ruck den schnau=
benden Rappen.

„Oho, bald wär'n wir auf b' Tegernsee'r auffi
g'fahrn," heißt's bei den einen. „Juchu!" rufen die
andern, und mit Jauchzen und Musik geht's nun
in langer Wagenreihe dem Forsthaus entgegen.
Dort aber unter der Thür steht breit und behäbig
der Förster und mustert die Gäste, drinnen in der
Küche brodeln die Kessel, und neugierig wirft das

blonde Töchterlein einen Blick durchs Fenster. Balb
nach dem Gottesdienst, der droben in der kleinen
Kapelle gehalten wird, beginnt der Tanz, es ist ein
Bretterboden im Freien gelegt, und nebendran hinter
einem Wall von steinernen Krügen sitzt die Musik.

„Sakerament, spielts auf oder net?" ruft der
erste der Frommen, die aus dem Kirchlein hernieder=
steigen, und wirft ein Guldenstück auf den Tisch,
indes er das zögernde Mädchen nach sich zieht.
Die nestelt noch eine Weile an der goldenen Schnur
und an den Alpenrosen im Mieder, dann kann auch
sie den kecken Weisen nimmer widerstehn, und im
wilden Takt drehen sich die beiden. „Hab' i's nit
g'sagt, Du mußt die erste sein," raunt er der schmucken
Sennerin ins Ohr, und ehe sie noch die Antwort fand,
schlägt er vor ihr ein Rad, daß die Dielen krachen.

„Und a wilder Bua bin i
Bei'n Leuten veracht,
Und jetzt bin i's schon g'wohnt,
Daß 's mir gar nix mehr macht."

Balb wird der Tanzplatz mehr und mehr ge=
füllt, eine Schar Tiroler ist aus Brandenberg her=
beigekommen, und gegen Mittag kommt auch die
elegante Welt aus Schliersee, Miesbach und Tegern=

see, „die Herrischen," wie sie der Bauer nennt.
Droben auf der Altane, die rings um das Haus
läuft, nehmen sie ihre Mahlzeit ein und blicken von
diesem höhern Standpunkt aus auf das Gewühl des
Volks. „C'est charmant," flüstert die Excellenz zur
Frau Gräfin. Allein die Holzknechte kümmern sich
wenig um dies vornehme Publikum, sie wissen nur
allzugut, daß ihnen der Tag gehört, und daß die
„Geduldeten" diesmal die Herren sind. Wenn sie
sich leutselig zeigen, desto besser für sie, aber wehe
denen, die kritisieren. „Den schaugts an," sprach
einer der Bauern auf die vorlaute Frage eines
Fremden, „der is schon so g'scheid, als hätt' er
'n heiligen Geist mitsammt die Federn g'fressen."

Unter den grünen Buchen, die das Haus um=
geben, ist die Schänke errichtet; dort liegt auf dem
Schragen das riesige Eimerfaß, allein ehe man sich's
versieht, ist's immer wieder geleert. „Steffel, a Maß,
Steffel, a Maß," heißt es von allen Seiten, und mit
knurriger Reflexion murmelt der Steffel: „No, dös
wird schöne Räusch geben bis heut auf d'Nacht!"
Aber mancher scheint nicht bis zur Nacht damit
warten zu wollen; gar mancher tritt jetzt schon
wankend an die Schänke, und nur zögernd gewährt

der Hüter der braunen Schätze die Bitte. „Dir thät'
ich beffer nir mehr geben, Du haft a fo fchon z'viel,"
erwidert er dem Durftigen; der aber fpricht geängftigt
in feinem Gewiffen: „Ja bös is ebbes Schlechts um
fo an Raufch, heut freut er Dich und morgen grauft
Dir!" Und wie im Monolog fährt er fort: „Daß i
jetzt fo an Raufch krieg, und hat mir's doch niemand
g'fchafft . . . . Aber i fag, es giebt zweierlei Räufch,
an luftigen und an traurigen, und i mein' alleweil,
heut krieg i den luftigen. . . . Steffel, a Maß!"

Auch auf dem Tanzplatz geht's immer wilder
zu, je tiefer es in den Nachmittag hineingeht. „Guftei,
jetzt tanzen wir zwoa," ruft der fchmuckfte unter
den Burfchen und faßt des Förfters Töchterlein
ums Mieder. Zwei blonde Zöpfe und drüber der
grüne Hut mit dem Adlerflaum, zwei blaue Augen
und eine Geftalt wie die jungen Tannen draußen
im Wald. O, wie ihre Augen glänzen und wie
die rofigen Lippen lachen, wenn fie fich wirbelnd
im Kreis dreht; immer wilder ftampft der Jäger=
burfch, der fie zum Reigen geführt, immer wilder
klingen die Geigen. „A faubers Dirndl," raunt
der alte Forftwart dem Vater ins Ohr, der mit
verfchränkten Armen daneben fteht und dem Lärmen

zusieht, er will nicht ja sagen und sein eigen Kind loben, aber nein kann er auch nicht sagen.

Doch der Förster von der Kaiserklause hat noch mehr, er hat auch drei Buben daheim, „die fangen den Teufel auf freier Weid," wie der Bauer sagt, wenn er 'was Schneidiges bezeichnen will. Die Woche über heißt's freilich lernen, Grammatik und Religion, Arithmetik und Geographie, denn der professor ordinarius an dieser kaiserlichen Hochschule ist ein gestrenger Magister, aber an Barthelmä ist dies academicus, da wird nichts gelernt als der Schuhplattltanz. Mitten im tollen Getriebe der tanzenden Paare schlägt der kleine zehnjährige Bub sein Rad und thut es allen andern zuvor an Wildheit und Sicherheit. Der ältere Bruder aber, der kaum zwölf Jahre zählt, hing seinen kleinen Stutzen um und zog mit den Jagdgehülfen hinaus, um im Revier auf der Wacht zu sein, denn an solchen Tagen, wo daheim Fest und Tanz ist, sind die Wildschützen am rührigsten.

Wunderbar ist die Stimmung der Farben und die Weichheit der Luft, wenn allmählich der Abend ins Thal sinkt; dann glüht über den Spitzen der Berge jenes rosenfarbene Licht, und ein leises Rauschen zieht durch den Wald — droben aber in

der kleinen Kapelle ertönt die Glocke, und alsbald
verstummt Musik und Tanz. Gemeinsam beten sie
drunten den englischen Gruß, doch wie der letzte
Glockenklang erschallt, sowie gesprochen ist „In Ewig=
keit Amen," schließt an das Amen schon ein heller
Juhschrei an, und rauschend fällt die Musik da=
zwischen; vom Platz weg, wo sie plötzlich stillge=
standen, tanzen die Paare weiter.

Bis tief nach Mitternacht dauert in der Regel
der Tanz, die „Herrischen" freilich gehen schon
früher weg, aber „um die is ja nit schad!" Da=
gegen bleiben die Holzknechte und Sennerinnen ge=
wöhnlich, bis sie der grauende Morgen zur Arbeit
ruft. Dann, wenn's mit dem Tanzen „a bissel
müssig" geht, rücken die einzelnen Tische zusammen,
die gemeinsame Zeche haben, und bald beginnt jenes
Singen und Johlen, in dem sich der wilde Über=
mut des bairischen Bergvolks am vollsten ausprägt.
„Tragt mich die Bank noch, wo ihr schon droben
hockts mit euern Todsünden?" ruft einer den Burschen
zu, in deren Mitte er sich setzen will. „Oh mei',
an Kerl, der nix wert is, tragt s' noch alleweil,"
erwidern die andern. Und dann erklingen Trutz=
lieder hüben und drüben, die einzelnen aber rücken

enger zuſammen und raunen ſich flüſternd ins Ohr,
denn auch der Bauer hat ſeine Myſterien. „Zwölfe
hat's g'ſchlogn, jetzt gehn ma hoam," ſo ſprach ein
alter knorriger Geſelle, und da mir ſein Rat all=
mählich zeitgemäß ſchien, ſo giengen wir gemeinſam
von dannen. Noch etwa vier Stunden betrug der
Weg nach Hauſe. „No, hat's Enk taugt auf'n
Kirda?" frug ich den Alten, der raſchen Schritts
an meiner Seite dahinzog. „Ja, taugt hat's mir
ſchon, aber ſo ſchön is halt doch nimmer jetzt wie
dazumal, wo i bös erſtemal da drin in der Klauſen
am Kirda tanzt hab." „Und wie lang is dös her,
daß Du's noch ſo gern denkſt?" „Ja es is nit
lang her, es wird ſo a 70, a 72 Jahrl ſein; jetzt
bin i 89 und dazumal bin ich ſo a ſechzehn, a ſieb=
zehni g'wen. Mit'n Marſchirn geht's halt ſchlecht.
Heut auf d'Nacht bin i eini, und jetzt geh i hoam;
ſind lumpige acht Stündl, und doch g'ſpür i's, daß
i g'maſchiert bin. Tanzt hab i grad zwei= oder
dreimal, aber mein Gott, jetzt können ſ' ja nimmer
tanzen, 's hat ja koaner koa Schneid mehr." So
ſprach der Alte, als wir um 4 Uhr morgens nach
Hauſe kamen — das ſind die Geſtalten vom „Kirda
in der Kaiſerklauſen".

Zu den Ammergauer Paſſionsſpielen.

(1880.)

s giebt manch holden Winkel auf Erden, der ſelbſt den flüchtigſten Wanderer feſſelt und deſſen Sonnenzauber uns noch lange labt, wenn wir wieder daheim im Bann= kreis harter Pflicht und harter Mauern weilen. Denn die Schönheit braucht ja nichts, um zu wirken, als ſich ſelber. Derjenige aber, der tiefer in das Weſen und in die Bedeutung einer Landſchaft blickt, wird noch ein weiteres verlangen, wenn er einen nachhaltigen und vollendeten Eindruck gewinnen will: das iſt eine inhaltsvolle Vergangenheit und ein ge= ſundes ergiebiges Volkstum. Dieſe Momente ſind es, die in ihrer Vereinigung eine Landſchaft erſt zur vollen Bedeutung erheben, und darum erſcheinen uns die gefeiertſten Stätten unſeres Hochlandes,

wie Tegernsee, Chiemsee, Berchtesgaden u. dergl.,
so reizvoll, weil überall in der schönen Landschaft
die schönen Staffagen stehen, weil man allenthalben
das Bewußtsein uralter Geschehnisse und tausend=
jähriger That hat. Unvermerkt wirkt dies auf unsere
ganze Stimmung und auf das geistige Kolorit der
Gegend ein; es erscheint uns nicht gleichgiltig, wenn
wir z. B. in Frauenchiemsee die Abendglocken klingen
hören, daß vor tausend Jahren dort die Tochter
König Ludwigs des Deutschen als Äbtissin stand,
daß in Hohenschwangau Hiltebold, der berühmte
Minnesinger wohnte, daß Konradin dort von der
Heimat schied.

Wir leben ja in einer Zeit der That; deshalb
ist das Interesse an der deutschen Vergangenheit
lebendiger geworden, als es seit Menschenaltern
war; deshalb lockt uns die Scholle mehr, die nicht
nur der Pflug, sondern der Geist bebaut hat.

Ammergau aber, dieses stille Wort, das jetzt
so laut.in aller Munde klingt, kann in jedem Sinne
jene Bedeutung in Anspruch nehmen, von der wir
eben gesprochen. Es ist nicht bloß eine der herr=
lichsten Gegenden unseres Gebirges, sondern seine
Geschichte ist aufs engste verkettet mit den großen

Dynastengeschlechtern der Welfen, Staufen und Schyren, und seine Bewohner zeigen durch die That, daß sie zu den begabtesten und originellsten Stämmen unseres Hochlandes zählen.

Der Name des Ortes liegt, wie gesagt, auf allen Lippen, aber nur wenige kennen von demselben mehr, als die berühmten Spiele, die dort gefeiert werden, und von der Gegend vielleicht nur, was man durchs Wagenfenster sieht. So möchten wir denn versuchen, ehe wir das Mysterium selber schil= dern und das Bild jener Völkerwanderung, die all= wöchentlich den Ettalerberg hinaufzieht, unsere Leser mit dem Gaue und dem Volksstamme vertraut zu machen, der ihnen eben jetzt sein Gastrecht bietet.

Schon in Römerzeiten war der Ammergau nicht nur ein wohlgekanntes, sondern ein bedeutsames Gebiet, denn die gewaltige Heerstraße, die von Augs= burg nach Italien führte, ging durch seine Markung. Zwischen dem Kofel und der Kapellenwand, zwei Felswänden, die hart aneinander treten, führt der Durchgang aus der Niederung ins Hochgebirge; es war der nächste und naturgemäße Weg, und wenn die römischen Itinerarien diese Station „ad Cove= liacas" benannten, so weist der Name schon auf den heutigen Kofel. Alle Kunst ihres Straßenbaues war hier aufgeboten, denn fast zweitausend Schritt lang war die hohe Pfahlbrücke, die unfern von Ammergau über die Sümpfe und Bäche des Mur= nauermooses zog.

Freilich war sie längst zerbrochen und verwüstet, als die Stürme der Völkerwanderung durch dieses Land hinbrausten, und lange, lange war es nunmehr still, bis aus der Einsamkeit dieser Bergeswelt uns die erste Spur germanischen Lebens entgegentritt.

Es war um die Zeit der Karolinger und das mächtige Geschlecht der Welfen beherrschte damals den Gau. Da ließ sich Ethiko, einer der Angesehensten jenes Stammes, aus welchem Kaiser Ludwig der Fromme seine Gattin Jutta nahm, hier nieder, um in der Einsamkeit den Rest des Lebens zu verbringen. Unmut über den Sohn, der sich aus Ländergier zum kaiserlichen Vasallen „erniedrigt" hatte, vertrieb ihn aus dem Geräusch von Welt und Waffen, und nur zwölf Getreue folgten, um eine klösterliche Ge= meinschaft mit ihm zu teilen. Sie alle fanden hier ihre letzte Ruhestatt; Ethiko selbst starb um das Jahr 910, als eben das Karolingerreich zu Ende ging, und nach seinem Namen soll Ettal (Ethikos Thal) genannt sein.

Unbeugsamer Stolz, der keinen Herrn über sich
erdulbet, der den betagten Vater in die Öde treibt,
der den Löwenherzog unerbittlich machte, als ein
Barbarossa bat, erscheint demnach als tausendjähriges
Erbgut dieses Stammes; er ist so alt, wie die dunkle
Sage seines Ursprungs. Wenn man heute freilich
von den Welfen spricht, kehrt unser Gedanke sich
unwillkürlich nach Norden; man hat es fast ver=
gessen, wie lange dies gewaltige Geschlecht einst
über Baiern herrschte, daß die blauen Berge unse=
res Hochlands und die satten Fluren Schwabens
ehedem sein Erbe und seine Heimat waren.

Damals als Ethiko im Ammergau sich nieder=
ließ, stand nach den zeitgenössischen Quellen nur
eine „villa" dort, „etwa ein Herrenhof, um welchen
die zugehörigen Güter (curiae) herumlagen", bis
das Klösterlein der zwölf Gefährten eine regere
Ansiedlung anzog. Grundholden und Werkleute
kamen herbei, und um 1180, als die Welfen ihren
alten Familienbesitz vergabten, waren es bereits an
sechzig Höfe, die der Gau umfaßte.

Sie fielen durch Kauf an das Geschlecht der
Stauffen; Friedrich der Rotbart war es, der sie
für sein Haus gewann, und Konradin, der sie mit

Thron und Leben für sein Haus verlor. So um=
schließen der siegreichste und der schmerzenreichste
Name, welche diese gewaltige Dynastie hervorge=
bracht, jene Ära, da die Hohenstaufen Ammergau
ihr Eigen nannten.

Bevor er den verhängnisvollen Zug nach Italien
unternahm, hatte Konradin (oder König Konrad der
Junge, wie ihn die Klagelieder nennen) sein Erb=
und Lehensgut den bairischen Herzögen Ludwig und
Heinrich vermacht, falls er kinderlos von hinnen
ginge. Beide waren ihm als Oheime zugethan und
Rudolf von Habsburg bestätigte 1273 den Besitz,
den sie dadurch gewonnen.

So kam der Ammergau zum Hause Baiern,
das ihn nun seit sechs Jahrhunderten als eine Perle
seines Berglandes wahrt; Welfen, Staufen und
Wittelsbacher, drei Geschlechter, die durch die engsten
Bande des Blutes verknüpft sind, weisen seiner Ge=
schichte den Weg. Es wäre wohl viel zu melden
aus jenen langen sechshundert Jahren bairischer
Herrschaft, aber wir wollen uns auch hier beschränken
auf die Marksteine und Wendepunkte, auf die großen
überragenden Gestalten.

Die bedeutendste dieser historischen Gestalten

aber, die nun auf dem Hintergrunde jener herrlichen
Landschaft hervortreten, ist Kaiser Ludwig der Baier.
Sein Leben war ein Kampf wider die Macht Roms
und die Ohnmacht des Reiches, ein Kampf wider
das Herzeleid, das ihm daraus entstand; er starb
im Banne; alle Versuche, denselben zu lösen, scheiter=
ten an der Härte des Papstes, so daß ein Zug tragi=
schen Kummers seine fesselnde Erscheinung umgiebt.

Trotz der furchtbaren Verwünschungen, womit
der Gebieter der Christenheit sein Haupt beladen,
war er doch im Volke und besonders im bairischen
Volke äußerst populär; ein Kranz von schönen
Sagen bildete sich um seine Gestalt und tritt uns
aus den Chroniken entgegen, die seine Geschichte
erzählen. Er selbst aber trug am liebsten den Schmerz
seines unerfüllten Lebens hinaus in die Berge; denn
er war ein Weidmann vom alten kühnen Schlage
und unter Gottes freiem Himmel vergaß er am
leichtesten für kurze Frist die Bedrängnis seines
Hauses und den Fluch, der ihn vom Himmel schied.
Seine Lieblingsstätte indessen war der alte Ammer=
gau; dort streifte er mit einem schlichten Jägers=
mann (Kuntz Bendt) durch die Wälder und wies
ihm von steilem Gipfel die Marken des Landes;

manch Wort ward da gesprochen, das ihm auf dem
Herzen lag und das der niedere Mann oft besser
würdigt, als die Großen.

Was Ludwig den Baier aber so tief an jenes
Bergland fesselte, das eigentliche seelische Moment
in dieser Neigung war ein Gelübde, welches er der=
einst bedrängt im fernen Italien gethan. Schon
seine Königswahl war ja durch die Kämpfe mit
Friedrich dem Schönen verbittert, bis er diesen in
der blutigen Schlacht bei Mühldorf besiegte, aber
auch sein Römerzug im Jahre 1327 war von Ge=
fahren aller Art bedroht; spottete man doch in
Avignon, wo der Papst damals residierte, er sei
nur wie zu einer Jagdfahrt ausgerüstet.

Nach den ersten glänzendsten Erfolgen, die er
in Italien gewann, nachdem ihn das Volk mit Jubel
empfangen und in Rom zum Kaiser gekrönt, wandte
sich bald sein Glück; es folgten jene Straßenkämpfe,
an denen so manches deutsche Leben in Welschland
verblutete, Krankheit und Geldnot trat ein, und jene,
die zuerst Hosianna gerufen, riefen nunmehr Ver=
derben über die Deutschen. Schrittweise wich der
Kaiser zurück; er weilte in der Nähe von Mailand,
das ihm die Thore verschlossen hatte, in dem stillen
Kloster Sankt Viktor.

Hier beginnt die Sage. Durch die verschlossene Thür erschien ihm ein Mönch in Greisengestalt, der ein Muttergottesbild aus karrarischem Marmor trug und ihn mit liebreichen Worten ermutigte, da der Kaiser schon verzagte, ob er die Heimat jemals wiedersehen werde. Und er versprach ihm sichere Rückkehr, wenn er dies Bildnis mit sich nehmen und im Thale Ammergau ein Kloster gründen werde, wo dasselbe seine bleibende Stätte fände. Freudig gelobte Ludwig, dies zu thun, und während er das Bildnis zu Händen nahm und betrachtete, war mit einmal der Mönch verschwunden; ihm selber aber pochte das Herz von froher Zuversicht, die italieni= schen Verhältnisse besserten sich wieder und ohne weitere Fährlichkeit ging die Heimkehr von statten.

Dies war der Anlaß zur Gründung des Klosters Ettal, das von da ab den großen geistigen und wirt= schaftlichen Mittelpunkt für die Kultur des gesamten Ammergaues bildet.

Auch die Stelle, wo das neue Stift errichtet werden sollte, wird in sagenhafter Weise bestimmt. Noch auf der Heimkehr selbst, als er die Grenzen seines Erblandes erreichte, gedachte der Kaiser, der trotz aller Kämpfe gegen Rom von strengster Glau=

bengtreue war, der gelobten Pflicht, und durch den
Wald hin reitend, suchte er die Scholle für den
künftigen Bau. Da sinkt mit einmal unter einer
mächtigen Tanne sein Streitroß dreimal in die Kniee
und ist nicht mehr vorwärts zu bringen.

Es schien ein Wahrzeichen des Himmels! Eine
Jägerhütte ward einstweilen im Walde errichtet,
bis im Frühjahr 1330 der Kaiser selber den Grund=
stein legte, und schon nach zwei Jahren war das
Kloster und das Ritterstift, welches damit verbun=
den war, wohnlich bestellt; die mächtige Kuppel
der Kirche aber liegt noch heute über jenem Punkt,
wo einst die grüne Tanne gestanden hatte.

Allein auch dafür, daß es der Stiftung nicht
an Mitteln fehle, sorgte Ludwig mit königlicher
Freigebigkeit, denn außer dem Forst= und Jagdrecht
in den umliegenden Alpen überwies er ihr seine
sämtlichen Erbgüter im Ammergau, die durch Kon=
rabins Vermächtnis an sein Haus gekommen, und
erholte überdies, da dieselben vordem Reichsland
waren, die Zustimmung zweier Kurfürsten, des
Böhmenkönigs und des Brandenburgers. Der Bauern=
schaft des Thales aber, die beim Bau rührig Hand
anlegte, ward ein besonderer Gnadenbrief verliehen,

der ihr neben anderen Freiheiten das Erbrecht auf ihren Gehöften verbürgte und ihr damit eine Selbständigkeit verlieh, die in jenen Zeiten der Hörigkeit nicht geringen Wert besaß.

So wurde Kaiser Ludwig, der seit Heinrich I. am meisten für die Festigung des Bürgertums und der Städte geleistet hatte, auch der Wohlthäter des Bauernstandes.

Im Volk aber hatte der Glaube an die wunderthätige Kraft des Madonnenbildes zu Ettal tiefe und unvertilgbare Wurzel geschlagen. Tausende von Wallfahrern kamen alljährlich gezogen, und sorglich sind in den alten Chroniken die Segnungen und Heilungen verzeichnet, welche die gläubige Menschheit dort zu finden meinte. Merkwürdig erscheint dabei vor allem die große Anzahl von Geisteskranken, die zur „Thaumaturga Ettalensis" gepilgert kamen.

Da Ammergau und Ettal übrigens so dicht am großen Heerwege von Augsburg nach Welschland lagen, so fehlte es auch keineswegs an weltlichen Gästen, und recht nahe gingen oft die stürmischen Ereignisse der Zeit an dem stillen Bergidyll vorüber.

Schon die Söhne Kaiser Ludwigs verkümmerten und schmälerten die Stiftung, an der dereinst

das Herz ihres Vaters hing, bedeutend; nicht alle
Äbte waren tüchtig und begabt genug, um die
mannigfachen Fährlichkeiten zu überwinden, und
dazu kamen noch die Kriege, die seit der großen
Kirchentrennung so oft und lang deutschen Boden
mit Blut getränkt. Philipp II. von Spanien, der
finsterste aller Könige, begleitete am 28. Mai 1551
mit brennender Kerze die Fronleichnamsprozession,
die durch Ettals sonnige Berge zog; Moriz von
Sachsen, der dem deutschen Reiche Metz geraubt,
zog in kühner Bergfahrt durch den Ammergau, hart
auf den Fersen Karls V., jenes Kaisers, in dessen
Reich die Sonne nicht unterging und an den die
Führer des Schmalkaldischen Bundes ihren trotzigen
Fehdebrief geschrieben: „An Herrn Karl von Gent,
der sich einen römischen Kaiser nennt."

Und nun vollends der dreißigjährige Krieg und
der lange mörderische Kampf um die spanische und
österreichische Erbfolge, die vom bairischen Hause
beansprucht ward. Immer wieder sehen wir das
Bild der plündernden Horden, denen ein Verräter
freiwillig oder notgedrungen die Pfade zeigt durchs
dichte Waldverhau nach dem „reichen Kloster", und
das Bild der fliehenden Mönche, die ihre Kostbar=

keiten zu Berge tragen, wie es Scheffel so unver=
gleichlich in seinem „Ekkehard" beschrieb. Nur Kleid
und Gerät hat sich unmerklich gewandelt, die großen
Konturen des düsteren Gemäldes aber sind die=
selben, denn Krieg ist. Krieg, ob ihn die Hunnen,
die Schweden oder Panduren führen.

So kam die Todesstunde des einst so gefeierten
Stiftes heran; am Abend von Peter und Paul
1744 ging das gesamte Kloster mit allen Baulich=
keiten in Flammen auf. Nur die Kirche ward durch
die äußerste Anstrengung frommer Wohlthäter in
alter Weise wieder hergestellt und besitzt noch heute
ihre weithin berühmte Orgel, — für die volle Auf=
erstehung war's zu spät. Die französische Revolu=
tion und die Säkularisierung aller bairischen Klöster,
die im Jahre 1803 bethätigt ward, brachte auch für
Ettal den Untergang; unangemeldet erschien eines
Tages der Landrichter von Hohenschwangau und
erklärte dem Convent in jenem Lapidarstil napo=
leonischer Zeiten, daß er hiemit aufgehoben sei; —
„a cessé d'exister" lautete ja bekanntlich das Schlag=
wort des modernen Cäsar.

Der letzte Abt hieß Pater Alphons, ein milder,
schweigsamer Mann, den dieses Ende bis ins tiefste

Herz erschütterte. Wortlos schied er aus dem Kreise
der Brüder und am nächsten Morgen war er verschwunden, ohne daß einer ihn jemals wiedersah;
als Bauer verkleidet zog er durch den Ammerwald
in seine ferne Heimat. Das Kloster bedurfte keines
Abtes mehr. Erst nach vier Jahren, als man ihn
fast vergessen hatte, kam eines Tages die Kunde
seines Todes aus Padua mit der Bitte, daß man
ihm in Ettal eine Seelenmesse lesen möge; die
Glocken aber, die darüber klangen, läuteten mehr
zu Grabe als einen toten Mann; denn ein Zeitalter
war abgestorben und eine neue Ära begann.

Sie gehörte dem frohen und kräftigen Volkstum, das sich trotz allem Druck der Zeiten in diesen
Thälern jugendfrisch erhalten hatte. Obwohl fast
unter den gleichen Lebensbedingungen herangewachsen,
zeigt die Bevölkerung des bairischen Hochlandes doch
für jeden, der näher mit ihr vertraut ist, ganz be-
deutende Nüancen in der Sinnesart wie in der
äußeren Erscheinung; besonders merkbar aber tritt
dies in jenen Gebieten zu Tage, wo die schwäbische
Grenze und damit der Einfluß des alten alemannischen
Wesens näher liegt.

Auch Ammergau ist ja nicht weit davon entlegen, da seine Berge schon, wie Kaiser Ludwig einst zum Führer sprach, „gen Schwaben hangen", und so läßt sich damit vielleicht der ernstere Sinn und das gemessenere Wesen erklären, das sie im Vergleiche zum Volksleben zwischen Isar und Inn besitzen. Dort ist Kühnheit und ein gewisser Übermut das Teil von alt und jung, hier im Ammerthale wird die Kraft weit mehr beherrscht von der Besonnenheit.

Eines aber scheint all diesen mannigfaltigen Stammgenossen gemeinsam, und das ist die eminente plastische Kraft, die sich in der ganzen Anschauungsweise und Hantierung, im Schmuck des Hauses, in Arbeit und Vergnügen, ja selbst in der Sprache kundgiebt. Diese Fähigkeit erreicht hier gleichsam ihren Höhepunkt und findet in doppelter Richtung bedeutsamen Ausdruck in der Schnitzkunst der Ammergauer, die fast weltbekannt geworden ist, und in ihren dramatischen Spielen, von welchen das Gleiche gilt.

Was die Holzschnitzerei in Ammergau betrifft, so ist dieselbe bereits in frühester Zeit beurkundet, ihr Mittelpunkt und ihre Stammschule aber war das nahegelegene Kloster Rothenbuch, aus welchem

auch im Jahre 1111 die ersten Priester entsandt
wurden, um in der Wildnis von Berchtesgaden die
später gefürstete Propstei zu gründen. Mit ihnen
ward jene Kunst dorthin übertragen, und es ist
somit kein Zufall, daß heute noch gerade diese beiden
Orte den ersten Rang in derselben einnehmen. Durch
den Klosterbau von Ettal, der zahlreiche Werkmeister
in die Gegend rief, wie durch den Verkehr des großen
italienischen Heerweges ward überdies manch reiche
Anregung gegeben, so daß wir schon im sechzehnten
Jahrhundert in den Kirchenbüchern Leute finden,
die als Bildschnitzer von Fach bezeichnet sind. „Der
Herrgottschnitzer von Ammergau", wie der Titel
des neuen reizenden Volksstückes lautet, das zur
Zeit in Berlin so viele Freude macht, stammt dem=
nach nicht erst von heute.

Die andere hervorragende Begabung aber,
welche der oberbairische Volksstamm für dramatische
Aktion besitzt (wenn wir's so nennen wollen), giebt
sich in den zahlreichen Spielen kund, die im Laufe
der Jahrhunderte in Baiern und Tirol zur Volks=
sitte geworden sind. Die nächste beste Scheune diente
als Theater und die schaulustige Menge in Sonn=
tagstracht drängt sich um die kleine Bühne, wo

namentlich der derbe Scherz nicht fehlen darf. Schon
der Dialog des Bauers, wenn man das nächste beste
Paar sprechen oder streiten hört, hat ja unleugbar
etwas Dramatisches durch die knappe Form, durch
die Lebendigkeit und Anschaulichkeit von Wort und
Gebärde; zudem gibt der natürliche Mutterwitz, den
alt und jung besitzen, eine Schlagfertigkeit, über
welche wir Städter uns oft wundern müssen. So
sah ich, um zunächst in ganz alltäglicher Sphäre
zu bleiben, im Isarwinkel einen Fastnachtzug, der
„die orientalische Frage" behandelte und von witzigen
Anspielungen überfloß, selbst wenn man das letzte
Tableau außer Augen ließ, das betitelt war: „Rauferei
sämtlicher Großmächte". Bald nach Einführung
der neuen Währung ward ebendort (statt einer
goldenen oder silbernen) eine „nickelne Hochzeit"
dargestellt, wobei man natürlich von der poetischen
Licenz den weitesten Gebrauch machte; ein andermal
sah ich in einem einsamen Bergwirtshaus von mas-
kierten Bauernburschen die Feier einer „Kindstaufe"
aufführen, ein Drama, das jedoch so weit in die Vor-
aussetzungen dieses Ereignisses zurückgriff, daß die
Gendarmen, die sich trotz des aufgehobenen freien Ein-
tritts eingefunden, die Fortsetzung mit Censur belegten.

Wie weit die Manie fürs Schauspiel übrigens
gehen kann, zeigte ein Bauer in der Nähe des Kochel=
sees (wenn ich nicht irre, hieß er Eckenrauther), der
sich selbst die längsten Dramen komponierte und sie
allein in seiner Stube zur Aufführung brachte,
indem er bald aus dieser, bald aus jener Ecke her=
vorsprang und die verschiedenen Personen mit
wechselnder Stimme zueinander reden ließ. Er
nannte dies (mit Bezug auf die mangelhafte Be=
setzung) „die einschichtige Kamödi".

Wir aber wollen uns vom Scherz wieder zum
Ernste wenden, denn die unendliche Mehrzahl jener
dramatischen Versuche trug ja entschieden ein ernstes
Gepräge, und da die Kirche mit demselben Scharf=
blick, womit sie stets ihren Kultus an die Volks=
sitte anzuknüpfen verstand, auch hier gar bald das
Patronat gewann, so zog man vor allem geistliche
Stoffe für dies Talent heran. Seit dem frühen
Mittelalter erscheinen demnach diese Spiele als ein
Faktor unserer kulturgeschichtlichen Entwicklung, die
zahlreichen Klöster, die es seit Karolingerzeiten im
bairischen Hochlande gab und die in rühmlicher Weise
jede Form von Kunst und Wissen förderten, kamen
der natürlichen Begabung zu Hülfe, so daß man

heutzutage eine förmliche Literatur über jene Mifte=
rienfpiele befitt..

Was aber nun fpeziell das Paffionsfpiel in
Oberammergau betrifft, fo dankt es bekanntlich feinen
Urfprung einem Gelübde, welches die Bewohner
während der furchtbaren Peft von 1632 abgelegt.
Diefelbe wütete bereits rings in der Nachbarfchaft
und ward nur durch die ftrengfte Bewachung aller
Zugänge von Ammergau ferngehalten, bis es endlich
einem Taglöhner gelang, fich auf Bergwegen durch=
zuschleichen — um das Kirchweihfeft mit den Seinigen
zu begehen. Am Abend des nächsten Tages war
er felbft eine Leiche und Hunderte folgten ihm in
den Tod.

Die Erinnerung an jene Schreckenszeit lebt
jetzt noch mit leifem Grauen im Bewußtfein des
Volkes; man kennt noch jenen Leichenwagen, deffen
Räder mit Filz umwunden waren; überall wurden
eigene Friedhöfe für die an der Seuche Geftorbenen
umzirkt und mannigfach begegnet man noch heute
den „Peftkapellen", die damals ex voto errichtet
wurden. Die Chronik meldet jedoch, daß nach diefem
Gelübde kein einziger Todesfall im Thale mehr vor=
gekommen fei.

Von da ab wurde zu Ammergau die Leidens=
geschichte des Herrn in regelmäßigen Zwischenräumen
dargestellt, die sich bald auf die Zehnjahre fixierten;
man spielte zuerst wahrscheinlich in der Kirche, dann
auf dem Gottesacker und schließlich auf einer förmlichen
Bühne. Im Jahre 1750, vom Pfingstsonntag zum
Montag, ward die letztere des Nachts dermaßen ver=
schneit, daß man die tiefe weiße Decke erst hinweg=
kehren mußte und das Spiel erst am zweiten Tage
vollendet werden konnte. Schon im Jahre 1662
war auch ein Textbuch „der alten Ammergauer
Passion" erschienen, welches der Darstellung zur
Grundlage diente, und es gewinnt dadurch die Ver=
mutung Raum, daß durch das mehrerwähnte Ge=
lübde das Passionsspiel in Ammergau nicht erst ein=
geführt, sondern nur an eine regelmäßige Wieder=
kehr gebunden ward.

Diese Wiederkehr ward freilich bedenklich ge=
fährdet in jener „Aufklärungsepoche", die mit dem
Ministerium des Grafen Montgelas und mit der
Säcularisierung hereinbrach. Es war eben eine Zeit,
die unter dem Eindrucke der französischen Revolution
und der napoleonischen Gewaltthätigkeit das Neue
schuf, ohne zu wissen, wieviel vom Alten doch seinen

dauernden Wert besaß; eine Zeit, in der das Recht
der Gegenwart rücksichtslos das historische Recht ver=
drängte, in der die Energie der leitenden Männer
kaum jemals gemildert ward durch — Pietät. Es
mag das vielleicht wie ein Vorwurf klingen, aber
den größten Teil der Schuld trägt auch hier nicht
der Einzelne, sondern eben die Zeit; in den end=
losen Kriegen hatte man es verlernt — Pardon
zu geben.

Die Ammergauer Deputation, welche um die
Erlaubnis zur Fortsetzung der Spiele in München
nachgesucht, ward mit dem Bemerken abgewiesen,
daß schon diese ganze Idee „nicht indiziert" erscheine,
und daß es sich nicht zieme, Gott auf der Bühne
„herumzuschleppen"; nur die persönliche Dazwischen=
kunft des milden Königs (Max des Ersten) rettete
das Spiel.

Wie oft wirft man unserer Zeit noch in weit
höherem Maße rücksichtslose und schrankenlose „Auf=
klärung" vor, aber unsere Zeit gerade ist es, die
mehr als je die Spuren der Vergangenheit suchen
und verstehen lernte, welche die Sitte der Väter
ehrt und pflegt, statt vornehm darüber hinwegzu=
blicken. In diesem Geiste wird auch das Ammer=

gauer Passionsspiel von den Tausenden betrachtet
und aufgefaßt, die aus allen Ländern herbeikommen,
wes Sinnes und Glaubens sie auch sein mögen.
Und wenn auch das stille Bergidyll von ehedem
inzwischen zum weltbekannten Ereignis ward, wenn
jetzt die Telegraphendrähte spielen, wo einst nur
der schweigsame Hirt oder das hochgeladene Saumroß zog, so fühlt doch jeder leise den Zauber, daß
hier ein letztes Stück von altem deutschen Leben vor
uns liegt. Und ohne daß wir's uns selber einge-
stehen, empfinden wir es, daß wir alle daran teil-
haben, wo sich der Volksgeist noch in seiner alten
Naturkraft regt, wo ein Volk aus dem Herzen handelt!

Für die tiefere Bedeutung, welche die Ammergauer Spiele als ein Stück deutscher Kulturgeschichte
besitzen, haben wir ein Zeugnis ersten Ranges, das
in der reichen Literatur über den Gegenstand unseres Wissens noch gar nicht betont ward. Es ist
das Urteil Goethes.

In einem Briefe vom 24. September 1830,
der an den Altmeister nach Weimar gerichtet ist,
schildert Sulpiz Boisserée* seine Fahrt in das kleine
bairische Bergdorf, zu der er sich anfangs nur „un-

---

* Sulpiz Boisserée, II. Band, S. 542 ff.

gern bereden ließ". Aber auch er, der feine, künst=
lerische Geist, kann seine Bewunderung nicht ver=
sagen, wenn er diese Aufführung sieht, die zu
einer Zeit ins Leben trat, wo es noch gar kein
eigentliches Theater in Deutschland gab; auch er
findet die Durchbildung der Gruppen vortrefflich
und erkennt offen den „Verstand und Kunstsinn" an,
womit das Ganze geordnet ist.

Goethe selbst aber ist von der Schilderung so
erbaut, daß er dieselbe ohne weiteres in einem Blatte
des „Chaos" zum Abdruck bringt und dem Verfasser
aus Weimar (17. Oktober 1830) folgenden Rat
hinzufügt: „Thun Sie es ja, um Ihrer und um
anderer willen, solche Lebens= und Sittenzüge, so=
bald Sie nur Stimmung haben, auch aus der Er=
innerung aufzuzeichnen und, was dergleichen im
Tage begegnet, festzuhalten. Sie sind weit herum=
gekommen und haben manches bemerkt; laffen Sie
es nicht untergehen. Selbst ist für dergleichen das
füdliche Deutschland fruchtbarer, als das nördliche,
es gehört eine mittlere Unschuld dazu, wenn der=
gleichen hervortreten soll."

So urteilte der größte der deutschen Dichter
vor fünfzig Jahren.

Auch unser Ziel ist das kleine bairische Berg=
dorf, wenn auch die Aufgabe, welche Goethe seinem
kölnischen, damals bairischen Freunde gestellt, in=
zwischen längst gelöst worden ist.

Langsam rollt unser Zug mit zwei gewaltigen
Lokomotiven von dannen. Noch ächzen die Passa=
giere vom Kampf ums Dasein, der sich bereits am
Bahnschalter entwickelt hat; selbst der Schaffner
wischt sich die Stirn, und von einem Ende des
langgestreckten Waggons zum andern giebt es nur
eine einzige Parole: — Oberammergau!

Das Volk spricht den Namen „Amrigau", und
in dieser Form erhält er sich mit unglaublicher Hart=
näckigkeit, aller Kultur zum Trotze. Aber auch die
Menschen, die uns umgeben, sind fast ausnahmslos
aus dem Volke, aus dem Bauernstande; wir haben
mit Absicht unsern Platz so gewählt.

Es ist der Abendzug von München nach Murnau.
Draußen auf den frischbegrünten Buchenwäldern liegt
die letzte Sonne; der Starnberger See, der hier und
dort zwischen der Lichtung des Waldes hervorlugt,
ist spiegelstill; die Benediktenwand, der Heimgarten
und Herzogstand, die den Südrand säumen, glänzen
im rosigen Alpenglühn. Nur dann und wann ein

Glockengeläut aus trautverstecken Dörflein, — es
ist eine wunderfame Stimmung, die uns da umfängt
auf der offenen Terrasse des fliegenden Wagens.

Drinnen freilich geht's um so lärmender und
froher zu. Der ungeheure Andrang des Landvolkes,
der gerade zu den erften Vorstellungen ftattfand,
hatte darin feinen Grund, daß der Bauer eben da
am leichteften abkommt, bevor die Heuernte beginnt;
ift diefe einmal im Werke, dann heißt es zu Haufe
bei der Arbeit bleiben, dann mögen die „Herrifchen“,
die Stadtleute, auf Reifen gehen. Ohne Zweifel
betrachten die meiften der Landleute, die nach Ammer=
gau pilgern, den Gang als eine Art von Wallfahrt,
als einen religiöfen Akt; aber das hindert nicht
den vollen Frohmut ihres Wefens. Denn es ift
ja nun einmal ein Grundzug des katholifchen Kultus,
den man nicht oft genug betonen kann, daß feine
Gebräuche gern ein farbenfrifches lebendiges Volks=
tum heranziehen; daß fie womöglich auch dem
Menfchen etwas bieten wollen, während fie den
Gläubigen erbauen. Vor allem aber kommt diefer
Zug wie gefagt dem füddeutfchen Naturell entgegen;
es giebt im bairifchen Volke keine Andacht, die den
Kopf hängt; fondern ganz offen hört man fagen,

daß unserem Herrgott die lustigen Leute die liebsten seien.

So geht's denn auch da drinnen im Wagen drunter und drüber; man könnte glauben, daß all' die Leute auf eine Hochzeit fahren. Die verschie=denften Koftüme aus Altbaiern und Schwaben sind vertreten; hier sitzt der behäbige Bauer aus der Hollebau in seinen Kappenstiefeln, dort eine Mies=bacherin im spitzen Hut mit der Goldschnur, und dicht vor ihr ein paar singende Burschen; daneben die Dachauer Maid mit der dichten Umwallung von Röcken. Sie möchte wohl in einem mitgebrachten Büchlein über das Passionsspiel lesen, doch das ist absolut unmöglich, weil es „dem bösen Nachbar nicht gefällt", der sie mit witzigen Zärtlichkeiten bedrängt. Und während er seine Werbung stellt, sind die beiden Schwaben, die dahinterfitzen, flugs in Handelschaft geraten, Tausch und Kauf wird er=wogen; man rechnet, man singt, man nimmt, was eben die Stunde bietet. Da huscht mit einmal wie ein Taubenschwarm eine Schar von bildhübschen Mädchen herein, das weiße Tuch ums Mieder ge=schlungen, die nußbraunen Zöpfe im Nacken, — für solche Gäste muß noch Platz geschaffen ·werden, so enge es ringsum ist. Sie kommen aus der Gegend des Lechthals, zehn Stunden zu Fuß, die älteste von ihnen hat die Führung übernommen, aber von Müdigkeit ist noch wenig zu verspüren. Der ganze Wagen lacht über die Männerlosigkeit der kleinen Amazonentruppe, mit Schalkheit geben sie's zurück, überall klingt jene schlagfertige Rede, die immer trifft und nie verletzt. Es ist eine Freude zuzuhören — solch gesundem Volk.

So kommt die Dämmerung langsam hernieder; der dicke Landkaplan, der in der Ecke sitzt, beginnt zu schnarchen; ein altes Mütterlein, grau wie die Sibylle von Cumä, senkt betend den Kopf, die Schwabenmädchen aber schmettern wie die Nachtigallen, wenn es dunkel wird.

Gleich einem blassen Streifen liegt der Ammersee zwischen den Wäldern, dicht vor uns taucht der Staffelsee empor, — da klingt ein schriller Pfiff und wir halten in Murnau.

Die Mehrzahl der Gäste bleibt hier zur Nacht, es ist erst Freitag abend und Zeit genug, um morgen zu Fuß nach Ammergau zu pilgern, in Ettal vorzusprechen und rechtzeitig die Billette zur Vorstellung zu gewinnen. Wir selbst aber nehmen die Post,

um noch nach Oberau zu fahren, denn die Nacht
ist lau und der Vorsprung von zwei Stunden auf
alle Fälle nützlich.

In wenigen Minuten hat sich die Menge ver=
laufen und unvermerkt verwandelt sich das Bild
der Eisenbahn in die Idylle der Postwagenzeit.
Der große gelbe Kasten steht schon bereit und die
verschlafenen Pferde hängen die Ohren; der Passa=
giere sind nur drei, aber zahllose Frachtstücke be=
kunden den lebendigen Verkehr, der sich auf diesen
Bergstraßen bewegt.

„Jetzt brauchen ma' an Beiwagen," murmelte
der Kondukteur verdrossen.

„Sagen S' lieber gleich an Heuwagen," erwidert
unhold der Packer. Dann wird aufgeladen und in
scharfem Trabe geht es dahin durch die Gassen des
Marktes in die glitzernde Sternennacht.

Es ist ein herrlicher Weg. In den Bäumen
klingt jenes nächtliche Rauschen, die klare Loisach
strömt vorbei, nur aus den Einödhöfen glänzt hier
und dort noch ein spätes Licht. In der Ferne aber
hört man das Bellen der wachen Hunde, dann ist
es wieder tiefe, tiefe Stille.

Wir sind in jenem weiten grünen Thale, das

sich gerade gegen Partenkirchen hinzieht und dessen
Abschluß die himmelhohen Felsen der Zugspitze bilden.
Erst hinter Oberau zweigt dann der Weg zur Rechten
ab und führt über den steilen Ettaler Berg nach
Ammergau.

Mitternacht ist längst vorüber; auf den Wiesen,
die zu beiden Seiten der Straße liegen, klingt das
Geläut der Herden, die im Freien weiden, ein Zug
scheuer Füllen springt über den Weg, und wunder=
sam erglänzt im Mondlicht der ewige Schnee, der
in den Scharten der Zugspitze lastet.

In Oberau finden wir Nachtquartier und
schlummern getrost bis zum Morgen, eines schönen
Sonntags gewärtig. Aber es scheint fast unmöglich,
die Ammergauer Spiele trocken zu beschreiben; auch
für uns wandelt sich das Bild, und als wir er=
wachen, pocht der ungestüme Regen an die Scheiben;
die ganze Gaststube ist bereits gefüllt mit Flüchtlingen
aller Art. Das freistehende Wirtshaus von Oberau
ist noch vom alten guten Schlage, keine „Fremden=
falle", wie Paul Heyse unsere modernen Hotels ge=
nannt hat, sondern eine jener großen Wirtschaften,
die für die Physiognomie und das Volksleben unserer
bairischen Dörfer so charakteristisch sind. Schon in

der offenen Hausflur stehen die Zechtische, an denen
Fuhrleute und Jägerburschen ihren Platz genommen,
darüber hängen die mächtigen Hirschgeweihe, und
auf den Enden derselben sitzen traulich die Schwalben,
die in der Ecke ihr Nest hegen.

Drinnen in der Stube aber schlägt der Hammer
an das Eimerfaß, um die braune Lethe aufzuspunden,
die den besten Trost in solchen Nöten abgiebt; drei,
vier Stunden kann's wohl dauern, bis der Regen
aufhört, und dies bedeutet eben so viele „Maß".
Man gönnt es ihnen gern, den jämmerlich Durch=
weichten!"

Und doch hält selbst in solchem Drangsal der
unverwüstliche Humor des Volkes stand; schallendes
Gelächter erklingt, als eine lange triefende Gestalt
mit Trauermiene hereintritt und einer der Burschen
ihm scherzend zuruft: „Ja, Hansenbauer, wie schaust
denn du heut aus, du kommst ja daher, wie der
Vorreiter von die armen Seelen!"

Gegen Mittag ist der Aufbruch möglich; zahl=
lose Wagen beleben bereits die Straße, die um den
Ettaler Weg emporzieht. Am Fuße desselben stehen
in malerischen Gruppen die Vorspannpferde und
in der Schenke gegenüber zechen die Fuhrleute im

braunen Wettermantel, mit der Spielhahnfeder auf
dem Hut. So geht dies auf und nieder endlos
den ganzen Tag, dichter Wald säumt die Straße
und in der Tiefe tost der Bergbach. Alle Passa=
giere ohne Unterschied verlassen hier den Wagen,
die Achse stöhnt und die Räder knarren; schweigend
zieht der Fuhrmann den Hut vor einem Denkmal
am Wege. Es ward zum Gedächtnis für jenen
Steinmetzmeister errichtet, der hier 1875 zu Grunde
ging, als man mit 32 Pferden jene kolossale Kreuzi=
gungsgruppe über den Berg brachte, welche König
Ludwig II. den Ammergauern zum Geschenk gemacht;
die Figur des Johannes stürzte dabei herab und
tötete zwei Menschen.

Endlich ist die Höhe gewonnen und aus grünem
Wiesenplan, an den Wald gelehnt, ragt die mächtige
Kuppel von Ettal. Kein Wanderer geht hier vor=
bei, in dichten Scharen strömt das Landvolk zur
Wallfahrtskirche, um das berühmte Madonnenbild
zu besuchen, das man lange Zeit dem Niccolo Pi=
sano zugeschrieben. Heute ist es aus dem Taber=
nakel auf den Altar herabgelassen, dessen Stufen
mit betenden Menschen gefüllt sind; die Ornamente
der Kirche (die nach dem Brande von 1744 neu

erbaut warb) sind in zierlichem Rokoko gehalten.
Ein frischer Trunk im nahen Bräustüblein stärkt
uns von neuem zur Wanderschaft; fast senkrecht
steigt nunmehr die Spitze des Kofel empor, während
der Weg sich sacht um eine Felswand schmiegt;
in einem halben Stündlein haben wir Ammergau
erreicht.

Welch ein Gewühl umgiebt uns; überall stehen
die ausgespannten Stellwagen und Postfuhrwerke
mitten in der Straße, und mit groben Buchstaben
steht es auf dem gelben Gestell, woher sie kommen:
von Weilheim und Hohenschwangau, von Innsbruck
und aus dem Zillerthal. An die Häuserwand ge=
drückt, unter dem Schutze der vorspringenden Dächer
sitzen zahllose Menschen wie die Hühner auf der
Steige, alle Fenster und Balkons sind mit Fremden
besetzt, und noch immer, immerfort kommen die
Extraposten und der keuchende Omnibus und die
offenen Leiterwagen der einzelnen Dörfer.

Es ist keine Kleinigkeit für Menschen, die doch
nach ländlichem Muster leben, solchen Massen und
solchen Ansprüchen gerecht zu werden, allein jeder
billig Denkende muß gestehen, daß auch hierin das
möglichste geleistet wird. Salons nach unserem Stile

darf man freilich nicht erwarten, aber ein reinliches
und freundliches Zimmer sowie der Logenplatz zum
Spiele (den wir drei Tage vorher bestellt) wird
uns ohne Aufschub angewiesen; mit unermüdlicher
Bereitwilligkeit wird jede Auskunft gewährt.

So zeichnet sich • denn das freundliche Dorf
auch durch eine schlichte, aber herzliche Gastlichkeit
aus, die leider nicht so allgemein in Baiern ist,
daß ihre Erwähnung überflüssig erschiene. Schon
die — Nibelungen beklagen sich ja, wie sie auf dem
Wege zu Etzels Hof sich durch Baiern hindurch=
schlagen mußten, während sie diesseit und jenseit
der Grenzen guten Empfang erfuhren, und auch
das mittelalterliche Sprichwort meint, daß in diesem
Land „mehr Streit von einem Knechte sei, denn
anderswo von zehen Rittern". Wer aber ließe
ganz von seiner alten Art?

Um die verbindliche Aufnahme der Fremden
bemühen sich in rühmlichster Weise zunächst der
Bürgermeister, der auch Dramaturg des Spiels und
der Darsteller des Hohenpriesters ist, sowie Georg
Langs sel. Erben. Beide sind „Verleger", nur
darf man nicht an Bücher denken, sondern an jene
Holzschnitzereien, die hier längst in Blüte standen,

ehe Gutenberg den weltgeschichtlichen Schnitt ins
Holz gethan, der den Buchstaben mobilisierte.

Den Sammelpunkt der eleganten Welt in
Ammergau und vor allem der internationalen Ele=
mente bildet der Gasthof des Engländers Gaze;
dort bringen auch wir unsern Abend zu. Jeder,
der hier eintritt, wird natürlich (wenn sein Aus=
sehen nur halbwegs hinreicht) für einen Ausländer
gehalten; der Kellner begrüßt ihn französisch und
das Zimmermädchen in fließendem Englisch, bis er
auf gut Deutsch seine Wünsche vorträgt. Denn,
wie gesagt, auch zahlreiche Deutsche sind so klug,
daß sie lieber um eine Mark ein gutes Rostbeaf,
als einen harten Kalbsbraten essen, zumal sich fast
immer interessante Gesellschaft findet, die gern bis
Mitternacht aushält; dann macht ein schweres Glas
Irish whisky den Schluß.

Gemächlich traben wir nach Hause, alle Wagen
auf der Straße sind mit Schläfern besetzt; unsere
Wirtin aber ist noch aufgeblieben, um mit der Lampe
den Gast zu erwarten. „Schlaffen S' g'sund!“ ruft
sie uns nach, und wir thaten nach ihren Worten.

Wenn wir erwachen, hallen die Böllerschüsse
durchs Dorf, und klingende Musik zieht durch die

Gaſſen, die ſchon wieder überflutet ſind mit Menſchen — und mit Regen. All diejenigen, die in den um= liegenden Dörfern kampierten, kommen nun in Eil= märſchen herangezogen, aber auch die Bewohner ſelbſt ſind ſchon in vollem Aufbruch begriffen, um ihr Koſtüm zu bereiten und ihren Platz auf der Bühne einzunehmen. Mehr als 700 Perſonen, unter denen nicht ein einziger Fremder ſein darf, ſind ja daſelbſt beſchäftigt, und ſogar die Kinder, die in den Maſſenaufzügen mitwirken, zeigen den gleichen Feuereifer wie die Alten: überall ſteht heute die Werkſtatt oder die Schnitzbank leer.

Da ſchallt der Böllerſchuß, der den nahen An= fang verkündet, und alles ſtrömt nun ins „Theater", wo Tauſende bereits ſeit Stunden warten. Vor dem Gebäude ſind allerlei Buden aufgeſchlagen mit Eßwaren, Photographieen, „Erinnerungen an Ammergau", aber niemand hat jetzt Zeit, ſich mit dergleichen zu befaſſen, da Haſt und Spannung ſich auf allen Zügen malt.

Schon der erſte Eindruck, den das Innere dieſes Theaters macht, iſt entſchieden impoſant, denn alle Räume ſind bei weitem größer, als wir es ſonſt gewohnt ſind, der freie Himmel darüber und

die Berge, die uns umgeben, dehnen dies Bild noch
mehr ins Weite. Vor allem aber ist die Bühne
selbst gewaltig. Zur äußersten Rechten und Linken
vertiefen sich zwei breite Straßen, auf denen ein
reiches Volksleben sich natürlich entfaltet; die Ecke
bildet der Palast des Pilatus und der des Hohen=
priesters mit bronzierten Portalen und geräumigen
Altanen. Dazwischen steht in gleicher Front das
eigentliche gedeckte Theater (eine kleinere Bühne auf
der großen) und diese allein wird stellenweise durch
einen Vorhang geschlossen: dort werden die leben=
den Bilder vorgeführt und einzelne der intimeren
Situationen, wie z. B. das Abendmahl. Alle anderen
Scenen aber breiten sich über den ungeheuren, reich
gegliederten Gesamtraum aus; das Volk wogt aus
den Straßen, schart sich zusammen vor den Palästen,
verliert sich wieder in die Tiefe und viele Hunderte
haben dabei noch freien Spielraum auf jenem
mächtigen Proscenium, das sich vor der ganzen
Fassade ausdehnt.

Amphitheatralisch steigen von hier die Sitz=
reihen auf; zwei Drittel derselben sind unbedeckt,
nur der obere und vornehmste Teil, in dessen Mitte
die Logen liegen, besitzt ein schützendes Bretterdach.

Obwohl nur von rohem Holze gezimmert, macht der gefüllte Bau doch einen gewaltigen Eindruck mit seinen Tausenden, die dicht gedrängt und lautlos hier weilen, von einem einzigen Gedanken zusammengehalten; man fühlt das Volkstümliche dieser Spiele mit unmittelbarer Gewalt, man fühlt, daß das innerlich Große nicht an äußeren Prunk gebunden ist.

Da beginnt mit einmal das Orchester zu spielen, das dicht vor der Bühne links vom Beschauer sitzt; die Musikanten tragen die Joppe und den grünen Federhut, selbst der Diener, welcher dort vor den Thüren steht, mit der blau=weißen Schärpe am Arm, hat als Livree nur den grauen Wettermantel, die uralte Gebirgstracht.

Wenn man die Musik, welche der Ortsschul=lehrer Dedler († 1822) verfaßt hat und welche die sämtlichen lebenden Bilder begleitet, beurteilen will, so darf man dabei freilich nicht den Maßstab des Kapellmeisters anlegen, sondern man muß sich fragen, wie sie dem Zwecke dient, den sie erreichen will. Und in dieser Beziehung ist ihr fließender Gang mit den verständlichen Melodieen ganz am Platze; sie soll ja nicht auf den Künstler, sondern auf die Masse wir=ken, und unleugbar trägt sie bei zur Stimmung.

Nachdem die Ouverture verklungen, tritt der
Chor auf das Proscenium, Männer und Frauen in
langer, faltiger Gewandung, deren würdige, ja, fast
vornehme Haltung Bewunderung erweckt. Ruhig
und sicher ist jede Bewegung; mit musterhafter
Präzision, die niemals mechanisch wirkt, schließt sich
ihre Reihe; dann spricht der Führer mit voller
Stimme den Prolog. Eine feierliche Stille liegt
über dem weiten Raume, wenn nun die heilige
Handlung beginnt.

Die Gliederung derselben ist einfach und ver=
ständlich. Sie umfaßt die Leidensgeschichte des
Herrn vom Einzuge in Jerusalem bis zur Aufer=
stehung in siebzehn dramatischen Scenen; und jede
der letzteren wird zuerst durch lebende Bilder ein=
geleitet, die gleichsam eine Parallele aus dem alten
Testament bieten und durch den Chorgesang erklärt
werden. Nicht alle derselben sind gleich wertvoll;
manche erscheinen vielleicht ein wenig überladen
oder gar zu sehr stilisiert; aber im ganzen sind auch
sie entschieden mit einem feinen künstlerischen Sinn
gefaßt und zeigen neben großer Innigkeit der Em=
pfindung eine merkwürdige Bewältigung der Massen.

Das letzte Geheimnis aber dieser unvergleich=

lichen Gesamtwirkung bleibt doch immer — der
Stoff, der mit tiefer Gewalt an die ersten Eindrücke
unserer Jugend sich wendet, der das Ergreifendste
ist, was je auf Erden geschah, der selbst für den,
welcher ohne Glauben kommt, das größte Moment
in der Gestaltung der Geschichte darstellt. Denn
diese Bedeutung wird dem Christentum auch der
Gegner nicht streitig machen.

Dieser Eindruck aber wächst dadurch, daß er
in so schlichten Händen ruht; das fühlen wir unbe=
wußt schon bei den ersten Bildern, wenn wir Adam
und Eva sehen, die mit ihren Kindern das Feld
bauen, unter der Last des alten Menschenfluches:
Im Schweiße deines Angesichtes sollst du dein Brot
essen! Dann kommt der Einzug in Jerusalem, wo
alle Plätze und Straßen sich füllen von jauchzen=
den Menschen, wo sich die Kinder um den Herrn
drängen, wenn tausendstimmiges Hosianna uns ent=
gegenklingt. Er aber schreitet traurig in ihrer
Mitte, den Schmerz der Menschheit in der Seele
tragend, segnend ruht seine Hand auf jenen Scharen,
die in wenigen Tagen rufen: Ans Kreuz mit ihm!

Viele Augen sind in dieser Stunde feucht, und
fürwahr, dieses Bild ist eines der großartigsten,

der künstlerisch vollendetsten des ganzen Tages;
es preßt das Herz vielleicht nicht so zusammen, wie
der unmittelbare Anblick der Leidensscenen, aber
das Herzeleid, das hinter diesem Jubel ruht, ist für
jeden, der eine vertiefte Auffassung mitbringt, über=
wältigend. Und fast erschrocken fragt man sich,
wie können schlichte Landleute zu dieser Höhe
seelischer Wirkung sich aufschwingen? Das wirkt
eben nicht Kunst allein, sondern nur der Glaube;
auf diesen seinen Höhepunkten ist das Passionsspiel
in der That — Religion.

Ohne eigentlich schön zu sein, macht die Ge=
stalt des Christus doch einen so überlegenen und
erhabenen Eindruck, daß sie selbst äußerlich ihre
Aufgabe vollkommen ausfüllt. Langes, schwarzes
Ringelhaar umgiebt das bleiche und doch kräftige
Angesicht, das von einem seelenvollen Zuge ver=
geistigt wird; die Gestalt ist stark und hochgewachsen
und gewinnt noch durch das Ebenmaß ihrer ruhigen
und würdevollen Bewegungen. Über das lange
Gewand, das in blaugrauen Falten herniederfällt,
ist ein rotes Oberkleid geworfen.

Von dramatischer Lebendigkeit sind die Ver=
handlungen des hohen Rates, die nun sofort be=

ginnen, um den „Aufrührer" zu verderben, der sich
einen Sohn Gottes genannt hat und damit den
bisherigen Einfluß der Priesterschaft schmälert. Auch
das Vorbild ist hier treffend gewählt: es sind die
Söhne Jakobs, die ihren Bruder Joseph verkaufen.
Ihre Typen glauben wir wiederzusehen im Lärm
der streitenden Versammlung; mit feiner Nuancierung
treten uns die einzelnen Gestalten entgegen; jeder
hat seine eigene Art und bringt sie zur Geltung.
Der Heiland selbst jedoch ist unterdessen nach Bethania
gegangen, wo er von seiner Mutter Abschied nimmt;
zum erstenmale betritt Maria hier die Bühne. Wenn
wir von ihr uns weniger befriedigt fühlen, so liegen
die Gründe freilich nahe genug; denn keine andere
Erscheinung ward je zu solcher idealen Höhe ent=
wickelt, als gerade die Madonna; die ersten Künstler
der Welt haben uns hier den Maßstab geschaffen.
Während so unser Anspruch der denkbar höchste ist,
scheint es andererseits naturgemäß, daß ein Mäd=
chen aus dem Landvolke sich unendlich schwerer zu
solcher Darstellung heranbildet, als ein Mann, der
volle Fühlung mit dem Leben hat, und daß fast
sämtliche Frauenrollen hinter denen der Männer
zurückstehen.

Obwohl des Todes sicher, geht Jesus dennoch nach Jerusalem, um mit seinen Jüngern dort das Abendmahl zu halten. Einer der ergreifendsten Momente in der ganzen Passion beginnt; auch die Gestalten der Apostel kommen nun zur vollen kräftigen Entfaltung, Gestalten, wie sie Albrecht Dürer geistig für immer festgestellt.

Das Abendmahl ist der zweite Höhepunkt des Tages, der ebenbürtig neben dem Einzug und neben der Kreuzigung steht. Demütig schreitet der Herr vom einen zum andern, um ihnen die Füße zu waschen; für jeden hat sein Mund ein liebes Wort, dann folgt die Segnung von Brot und Wein. Die Erscheinung der einzelnen Apostel ist vortrefflich; nur Johannes, der ja auch der zarteste, der idealste von ihnen ist, zeigt vielleicht zu harte Konturen, während diese dem Petrus um so besser stehen. Letzterer ist in der That die Verkörperung eines Dürerbildes: das Haupt mit den grauen Haaren, das sich leise zur Seite neigt und halb auf die Brust herabsinkt; das Wort, das so treuherzig derb hervorquillt — all das hat eine Wirklichkeit, eine Glaubhaftigkeit der Erscheinung, daß wir fürwahr die alten heiligen Zwölfboten zu sehen meinen.

Rechts von Petrus sitzt Judas, und dieser ist wohl die schärfst gezeichnete Gestalt der ganzen Passion. Jedenfalls ist er diejenige, die am deutlichsten auf das Gemüt des Volkes wirkt, denn vor Verrat schreckt auch der gemeine Mann innerlich zurück, zumal die psychologische Entwicklung dieser Unthat von der ersten heimlichen Regung bis zum verzweifelten Selbstmord so packend greifbar ist. Man erschrickt fast im Gedanken, wieviel Untreue das eigene alltägliche Leben birgt! Schon Devrient hat mit Recht auf diese Wirkung hingewiesen; dieselbe steigert sich aber noch durch das vorzügliche Spiel des Darstellers, der nun zum drittenmal die Rolle inne hat. Daß die ältere Zeit gerade hier ihrer wohlgemeinten Derbheit vollen Spielraum gab, wird niemand Wunder nehmen; der „Teufel" dürfte in solchem Fälle mit Fug und Recht intervenieren und die Scene der Erhängung konnte dem Volke nicht drastisch genug gegeben werden. Jetzt ist auch hierin alles vermieden, was nach unseren heutigen Begriffen anstößig erscheinen müßte, der Vorhang fällt in dem Momente, da Judas nach dem Baumast greift, aber der Verräter scheint deshalb nicht minder schwer gerichtet. Sein scheues, von Seelenqual erfülltes Wesen schneidet tief ins Gewissen der Menge.

Mit großer Würde und bedeutendem Talent spielt auch Pilatus, vor welchen Christus nunmehr geführt wird, nachdem die Hohenpriester sein Todes* urteil gesprochen. All diese Scenen gehen auf den Balkons des Hauses vor sich, während unten das Volk und die Kriegsknechte lärmen, und es bleibt erstaunlich, wie sicher die ländlichen Darsteller sich selbst mit diesen hochgestellten Figuren abfinden. Ruhig und vornehm weist Pilatus, der überlegene Römer, die gehässige Verfolgung ab, womit die Hohenpriester ihn täuschen wollen; auch sie gebärden sich vornehm, doch ihrer amtlichen Würde fehlt die Menschenwürde. Hoch erhaben steht der Heide neben ihrer „herzlosen Rechtgläubigkeit“ und die Energie, womit dieser Gegensatz zum Ausdruck ge= bracht wird, macht den Darstellern alle Ehre. Selbst Herodes, der genußsüchtige autokratische Herrscher, der das Leben und die Dinge wenig ernst nimmt, erscheint noch fürstlich neben der fanatischen Rach= sucht, womit der hohe Rat das Verderben des Messias ertrotzen oder erlisten will.

In geheimnisvoller Haft hat er inzwischen seine

Anhänger aufgeboten; das „Volk" soll den Tod
des Empörers fordern und mit der ganzen Kraft
erregter Massen wogt es jetzt um den Palast des
Präfekten, hundertstimmig schallt der Ruf: „Ans
Kreuz mit ihm!" Es ist ein zündend=malerisches,
aber auch ein entsetzlich tragisches Bild — dieser
Umschlag der Begeisterung zum Haß; Barrabas
wird freigegeben, schweigend bricht Pilatus den
Stab.

Und nun gewinnt die Grausamkeit ihr furcht=
bares Recht. Schon bevor Pilatus dem Willen
des Volkes wich, sind wir die Zeugen der Geiße=
lung und Dornenkrönung gewesen; mit unbarm=
herziger Gewalt wird dem Heiland die spitze
Krone aufs Haupt gepreßt, die ganze Gestalt, die
bisher regungslos vor uns stand, zuckt in Schmerzen
zusammen. Und ein Schauer rieselt durch die atem=
lose Menge; hier und dort klingt verhaltenes
Schluchzen, aber festgebannt ruhen auch die nassen
Augen auf dem unerbittlichen Schauspiel. Ecce
homo!

Das „Volk" ist zu allen Zeiten und aller=
orten realistisch gewesen, es ist weichmütig im
Herzen, aber sinnenstark; es wird gerührt von

dieſer Schmerzensqual, aber es hat den Mut, ſie
zu ſehen. „Das Volk ſchenkt keinen Tropfen Blut
her," hat ein geiſtvoller Kenner desſelben geſagt.

So iſt die Spannung, die ſeeliſche Erregung
dieſer tauſendköpfigen Menge allmählich auf ihren
Höhepunkt gekommen. Der Weg nach Golgatha
beginnt; im langen Zuge, den ein berittener Haupt=
mann führt, trägt Chriſtus das Kreuz; er begegnet
ſeiner Mutter, er bricht zuſammen, aller Jammer,
den ein Menſchenherz empfinden kann, iſt hier ge=
häuft.

Wenn der Vorhang ſich wieder öffnet, hinter
dem die Hammerſchläge ſchallen, werden die drei
Kreuze aufgerichtet, an jedem hängt ein bebender
Menſchenleib. Schauerlich ergreifend wirkt dies
Bild, das ſonſt nur die Farbe und der Marmor
uns darſtellt und das hier aus lebendigem Leben
geſtaltet wird — aus einem Leben, das verlöſchen
ſoll vor unſern eigenen Augen. Schmerzbewegt
zuckt der eine der beiden Schächer, aber die Geſtalt
des Heilands bleibt regungslos über dem Gewühl
da drunten, wo die Getreuen ſchluchzen, wo die
Kriegsknechte ſein Gewand verteilen, wo das er=
bitterte Volk den Sterbenden verhöhnt. Da end=

lich öffnen sich leise seine Lippen und durch den totenstillen Raum erklingt seine Bitte: „Herr, vergieb ihnen, sie wissen nicht, was sie thun!"

Und dann der stumme Todeskampf mit den sieben Worten, bis das letzte Wort verhallt — Es ist vollbracht!

Donnergetöse, wie es die Bibel erzählt, dröhnt hinter der Bühne, mit Entsetzen meldet der Bote, wie der Vorhang im Tempel entzwei riß, aber auch im grauen Wetterhimmel, der über uns selbst liegt, zuckt und grollt es, und der rollende Donner widerhallt in den Bergen. Ein mächtiges Gewitter bricht los.

Ein Gedanke nur beseelt alle in dieser Stunde. Die Tausende, die hier weilen, auch der kälteste beugt sich in Ehrfurcht vor dem Bilde, das für zweihundert Millionen Menschen den Trost der Ewigkeit umschließt!

Den Geschiedenen aber werden nun die Beine zerbrochen, die Seite Christi wird mit der Lanze durchbohrt, dann wird der Leichnam sorglich herabgenommen und bestattet. Länger als eine halbe Stunde verblieb derselbe hängend am Kreuze, die physische Anstrengung neben der geistigen Leistung

kann nur ein Körper ertragen, dem das Berggestein
eherne Sehnen gab. Natürlich werden verschiedene
unsichtbare Hilfsmittel zur Erleichternng gebraucht,
doch uns widerstrebt es, jede Gesamtwirkung zu zer=
pflücken, indem man schildert, wie alles „gemacht"
wird; wir möchten den geistigen Eindruck nicht in tech=
nische Einzelheiten auflösen. Bewunderungswürdig
bleibt es nur, daß bei aller schauerlichen Natur=
wahrheit dieser Kreuzigung doch nie die feine Grenze
des ästhetisch Möglichen überschritten wird; alles
Widerliche ist mit sicherm Gefühl vermieden.

Der Gipfelpunkt ist damit erreicht, die Aufer=
stehung des Herrn und ein Hallelujah bilden den
Abschluß.

Draußen vor dem weiten Theater aber hört
man schon die Räder rasseln und das Wiehern der
Pferde; eine Wagenburg ist daselbst aufgefahren,
denn viele Hunderte von Gefährten verlassen un=
mittelbar nach dem Spiele das Dorf. Um die
Berge ziehen dampfende Nebelstreifen, in die bis=
weilen ein Schimmer der Abendsonne fällt; das Ge=
witter hat sich verzogen, ringsum duftet der feuchte,
lichtgrüne Laubwald.

Und so ziehen denn auch wir von hinnen, aus

einem Thale, das zum schönsten, von einem Schau=
spiel, das zum merkwürdigsten gehört, was uns die
Wanderschaft in deutschen Landen bietet. Und dies
letztere Wort soll nicht den letzten Anteil an unserm
Eindruck haben; Tausende und aber Tausende
kommen aus weiter Fremde, um diesen Rest ver=
gangenen Lebens, um diese Künstlerkraft eines
schlichten Volkes zu bewundern, um jenes Bergland
aufzusuchen, das in unserer gleichheitsmüden Zeit
noch eigene Art und Sitte hegt.

So empfindet der Fremde, der dorthin zieht;
wir aber (und wenn wir bis von der Nordsee
kommen) können sagen: Es ist u n s e r e Heimat, es
ist u n s e r Volk!

Kunststudien

aus dem bairischen Gebirge.

(1869.)

s läßt sich nicht bestreiten, daß ein her=
vorragendes Gestaltungsvermögen unter
die Eigenschaften des oberbairischen
Volksstammes zählt. Die einen nennen es Witz,
die andern Poesie oder Phantasie, allein es ist immer
der nämliche Grundzug, der sich nur in verschiedenen
Formen äußert. Es waltet in der malerischen Art
der Kleidung, in der schlagenden Ausdrucksweise
des Dialektes, in den treffenden Vergleichen, wovon
die Trutzlieder wimmeln.

Man möchte meinen, daß da wo der Formensinn
so stark entwickelt ist, sich auch die bildende Kunst
nicht schlecht befände. Und dennoch gilt hievon
das Gegenteil. Nur bei dem, der in großen Städten
lebt und tausendmal das Wirkliche in der Nach=

bildung erblickt, wird der Vergleichungssinn unwill=
kürlich herausgebildet. Er weiß das Wiedergegebene
sofort auf sein Original zurückzuführen; seine Ge=
danken sind daran gewöhnt, den kritischen Gang,
welcher zwischen beiden liegt, schnell zurückzulegen.
Jeder Handwerker in der Stadt, auch der mittel=
mäßigste, wird deshalb schneller ein Porträt er=
kennen, als der gescheideste Bauer; denn dem Leben
des Letzteren fehlt es an Nachbildungen, er ist nur
umgeben von Originalen. Soviel der Verkehr auch
aus unserem modernen Leben in die Berge ver=
schleppt hat, die Spezies Kunstkenner ist zur Stunde
dort noch unvertreten: von Bildern versteht der
Bauer weniger als nichts. Dennoch äußert diese
negative Eigenschaft sich in liebenswürdiger Weise,
d. h. er macht es nicht wie jene Rezensenten, die
auch nichts verstehen und doch um so schärfer
kritisieren, sondern er ist Optimist, er ist der prin=
zipielle Bewunderer von alle dem, was Bild heißt
und Farben trägt. Man braucht ihm nur zu sagen,
das ist der und jener und er wird ihn sofort un=
geheuer ähnlich finden; er wird kopfnickend sagen:
„Ja wohl, der is.‟
Dieses Mißverständnis der Kunst mag im ersten

Augenblick noch auffallender erscheinen, da so viele
Maler durchs Gebirge schwärmen und heuschrecken=
artig ganze Gegenden belagern. Allein die Bro=
samen, die vom Tische dieser Herren fallen, sind
doch zu spärlich und zu vorübergehend, um den
Kunstsinn der Bevölkerung, der noch in den Windeln
liegt, damit aufzufüttern. Da läßt sich wohl fragen,
wer denn alsdann dem Bauer seinen Kunstgenuß
vermittelt, denn ein bißchen bunt will doch jeder
sein Thun und Treiben ausstaffieren. Wenn man
von einigen Osterlämmern absieht, die der Herr
Benefiziat für den Seitenaltar neu weißen läßt,
wenn man die Hochzeitsschießen erwähnt, wo dann
und wann der Jubilar zu einer Festscheibe sich auf=
rafft, und die verschiedenen Malheure, die eine
Martertafel im Gefolge haben, dann sind die Ge=
legenheiten so ziemlich erschöpft, welche die ein=
heimische Kunst herausfordern.

Der übrige Bedarf wird auf kosmopolitische
Weise beigeschafft, durch die wandernden Bilder=
händler, die im Gebirge herumgeistern, um für
den Farbendruck Propaganda zu machen.

Sehr häufig sind das Wälschtiroler oder gar
italianissimi und das einzige, was sie dann von

der deutschen Sprache verstehen, ist der Klang der
Silbersechser. Es ist ein schwerer Beruf, denn der
Kasten, den sie auf den Rücken tragen, wiegt bis=
weilen einen Zentner. Da sie häufig auf lange
Zeit der Wanderschaft angehören, so führen sie
neben ihren Kunstschätzen oft eine förmliche Haus=
haltung mit sich: Pfannen, Wäsche, Nähzeug und
andere Dinge, die geeignet sind, um Schuster= und
Schneiderrechnungen zu vermeiden. Ein minder=
jähriger Sohn von mehr oder weniger geheimnis=
vollem Ursprung und ein zottiger Hund, der in
jedem Hause sofort nach der Küche stürzt, bilden
das Gefolge.

So ziehen diese wandernden Musenjünger über
Berg und Thal; an jeder Hütte, vor jeder Alpe
pochen sie an und bieten den Sennerinnen ihren
Reichtum aus. Natürlich sind ihr bestes Publikum
die Weiber, denn diese sind immer neugierig, selbst
wenn sie auf der Höhe des Lebens (6000 Fuß über
der Meeresfläche) stehen. Allerwärts drängen sich
die Köpfe dieses „hohen Publikums" heran, wo der
verkappte Raphael seine Schätze auskramt, und weil
die Mappe gerade offen ist, so stöbern auch wir
ein wenig darinnen. Aber gekauft wird nichts.

Die meisten Motive, die wir da finden, sind
religiöser Art; denn in der Kunst, wie überall, hat
die Religion die ersten Impulse gegeben. Wenn
man indes das Einzelne betrachtet, dann sind es in
der That kuriose Heilige, die hier zusammengesperrt
wurden: die einen im spanischen Kostüm, die andern
als Römer in Toga und Tunika, die britten als
Ritter mit jenen massiven faustrechtlichen Figuren.

Wie man die Freunde des Hauses verschieden
schätzt und taxiert, so ist die Vertrauensstellung der
einzelnen Heiligen auf dem Lande eine verschiedene;
denn der Bauer behandelt auch das Übernatürliche
viel persönlicher, nicht so abstrakt, wie die Gebildeten.
Nicht alle Heiligen sind ihm gleich populär, fast
möchte ich sagen: gleich heilig. Obenan steht natür=
lich die Maria, die tiefsinnigste und zarteste Schöpfung
des Katholizismus, die der Lieblingsgegenstand der
Kunst geworden ist, von Raphael herab bis zum
kläglichen Stümper. Marienbilder sind es deshalb
vor allem, die im Gebirge verbreitet werden.
Außerdem wird die heilige Elisabeth besonders
verehrt und in Tirol Rothburga, die Patronin
der Dienstboten. Von den männlichen Heiligen
galten St. Florian und Leonhart immer besonders

viel, noch mehr aber Johannes und der heilige
Joseph.

Von ihnen allen nun enthält die Mappe ein
Konterfei, und jedem einzelnen hält ihr Inhaber
einen eigenen Lobgesang. „Welcher ist Euch jetzt
der liebste?" frägt er in gebrochenem Deutsch die
Mädchen, aber den gottlosen Dingern ist stets der
— billigste der liebste.

Erst nach den Heiligen kommen die Kinder der
Welt zu ihrem Rechte: ganze Scharen von Poten=
taten gelangen nun zum Vorschein. Das sieht aus,
als ob ein Fürstenkongreß zwischen den Pappen=
deckeln dieser Mappe wäre, so zahlreich sind sie
versammelt. „Aber fragt mich nur nicht, wie?" —
denn solche Porträts grenzen an die Majestäts=
beleidigung. Wahrhaftig, es muß zu den schwersten
Geduldproben eines Fürsten gehören, daß er sich
in diesen Exemplaren verkaufen läßt.

Wenn die Fürsten vorgezeigt sind, kommt eine
dritte Klasse von Bildern, die dem Leben der ge=
meinen Sterblichen angehören. Man nennt sie
Genrebilder, und man sieht hier: „Die Heimkehr",
„Mutter und Kind", „Das Abendessen" und andere
appetitliche Stoffe mehr. Auch allegorische Figuren

sind uns nicht erspart. Jedermann kennt diese Karrikaturen, die uns die höchsten Güter der Menschheit in den gräulichsten Formen versinnlichen. Da steht z. B. unter einer Frauengestalt, die einen Schoßhund herumzerrt: „Die Treue", und jene Klatschrose dort ist: „Die Sanftmut".

Und nun gar „Die Liebe!" Wer dieses Bild geschaffen, der hat sie wahrlich nicht im Herzen gehabt. Sie hat einen dunkelblauen Kittel und ein flammendes Herz darauf (nicht darunter) und an der Hand, die das Vergißmeinnicht hält, nur sechs Finger!

Dennoch findet auch sie ihre Verehrer. Die kleine Tirolerin ist ganz entzückt davon und kauft sich für 3 Kupferkreuzer „Die Liebe"; die Alte aber, die sie aus eigener Erfahrung kennt, bestätigt, daß sie im Original genau so aussehe.

Also wandert der Bilderhändler von Dorf zu Dorf, von Hütte zu Hütte. Am Alpenfeuer kocht er sein Abendbrot, und in der nächsten besten Scheune legt er sich zur Ruhe. Die Sommernacht ist lau genug, der Hund ist wachsam, und widerfahren kann ihm nichts. Er hat ja „Die Liebe" und „Die Treue" schwarz auf weiß bei sich; einen

Kongreß von Souveränen und einen Himmel von Heiligen — da muß man ruhen, wie in Abrahams Schoß.

Diesem Import gegenüber, mit dem die besten Zimmer ausstaffiert werden, hat natürlich der heimische Pinsel keine leichte Arbeit. Die Stätte, wo die Kunst am meisten wohnt, ist der Hausaltar des Bauern. Über dem mächtigen Tisch in der Ecke hängt ein geschnitztes Kreuz, und was das Haus an Kunstschätzen besitzt ist häufig hier versammelt. Zur Rechten und Linken sieht man kleine Heiligenbilder, mit Moos bekränzt, mit geweihten Palmzweigen umgeben. Das Altarblatt ist nicht von Guido Reni, und doch ist es geschätzt, die hölzernen Figürchen, die auf einem Piedestal von Baumschwamm thronen, gehören fast in die Arche Noah.

Hier wird die Hausandacht verrichtet, und manchmal kann man hier frömmer sein, als im prachtvollsten Tempel. Da ist mir oft ein Hauch der Andacht durchs Herz gegangen, wenn sich an blauen Sommertagen die ganze Familie zum Abendgebet versammelte. Man hörte das Läuten vom spitzen Kirchlein herüber, der Sonnenstrahl fiel durch die offenen Scheiben und warf seine Lichter auf

die rauhe Diele. Eines der Kleinen sprach das
Gebet, die Männer hielten die Hände verschlungen,
die Frauen und Mädchen knieten. Nur verstohlen
nickten die blonden, halbgewachsenen Kinder ein=
ander zu, es war so eine natürliche, kerngesunde
Frömmigkeit. Herr und Knechte waren versammelt,
es war ein patriarchalisches Bild im besten Sinne
des Wortes.

Die eigentliche Domäne der eingeborenen Kunst
aber ist profaner Natur, es sind, wie schon bemerkt
wurde, die Scheibenbilder, die Votivtafeln und etwa
die Kastenthüren. Ein solcher gemalter Kasten
gehörte wenigstens früher zu jeder tabellosen Aus=
steuer. Er paradierte hoch auf dem sogenannten
Kammerwagen, welcher die Habe der Braut in das
Haus des Mannes führte, und enthielt mitunter
manches pikante Sprüchlein, dem Momente ange=
messen. In den älteren Bauernhäusern, besonders
in der Stube, wo die Alten mit ihrem antiquierten
Mobiliar „auf dem Austrag" hausen, findet man
noch viele solcher bemalten Kästen. Heutzutage muß
die Muse mannigfach dem Hobel weichen, und gleich
anderen Thüren sind ihr auch die Kastenthüren ver=
schlossen.

Wenn irgendwo ein Festschießen ist, dann genügt es bisweilen nicht, daß man ins Schwarze trifft: es soll auch ein Bild auf der Scheibe sein. Manche Werke unserer besten Genremaler sind auf diese Weise vervielfältigt worden, und ein Künstler kann sich in Baiern nur geschmeichelt fühlen, wenn er seine Werke auf dem Deckel der Halbgläser oder auf den Scheiben des Gebirges wiederfindet.

Für einen lebensgefährlichen Unfall wird man im Gebirge durch eine Martertafel entschädigt. In solchen Tafeln, die man an steilen Abhängen und reißenden Bergbächen fast regelmäßig trifft, zeigt sich der primitive, beinahe kindliche Formensinn am meisten: es ist dem bäuerlichen Augenmaß unmöglich, die Proportion von Landschaft und Staffage herzustellen. Ebenso unproportioniert ist der literarische Kommentar, der unter solchen Bildern steht; denn der tugendsame Jüngling, den hier z. B. die Wellen verschlucken, steht im ei nund = acht zig sten „Alter seines Lebens“. Fast bei jeder Trift und auch beim Holzfällen geht manches Leben zu Grunde; ganz besonders gefährlich aber (romantisch würden andere sagen) ist hierfür eine Stelle zwischen Tegernsee und Valepp. Mindestens zehn

Martertafeln sind hier in einen Felsen eingelassen, und das ganze Personal eines modernen Romans fände hier ein tötliches Unterkommen. Erschossen und ertrunken, erstürzt und erschlagen — es ist wahrhaftig ein steinerner Totenzettel. Und doch — trotz aller komischen Form empfindet man oft eine wunderbare Rührung, wenn man vor solchem schlichten Denkstein eines Menschenleibes steht. Ich bin vorübergegangen an dieser Stelle an lichten Frühlingstagen, wo die Abendsonne im durchsich= tigen Laub der Buchen schimmerte, wo die Berg= drossel sang und das Reh sich hervorstahl auf die einsame Halde; wo eine Sehnsucht nach dem Leben jedes Leben ergreift — da fühlt man es erst, was es heißt: eingesargt sein zur ewigen Ruhe. Ich bin vorübergegangen in der Nacht, beim Wetter. Ich hörte das zornige Rauschen des geschwellten Bergbaches, ich hörte es, wie die Tannen stöhnten im Sturme, wie der Donner in den Felsen krachte — da fühlt man es erst, was es heißt: erschossen und ertrunken; erstürzt und erschlagen. Ein Dämon waltet in den Elementen, aber die Menschen — verstehen ihn nicht.

Einen großen Schrecken erlebt man, wenn man

auf einſamen Pfaden dahinſtreift und plötzlich vor
eine Felſenhöhlung kommt, in der ein lebensgroßer
geſchnitzter Heiliger ſitzt, fleiſchfarb angeſtrichen und
vom Regen ſchon halb vermodert. Auch das iſt
mir einſt begegnet, als ich eben trillernd um die
Ecke bog, und noch heute gedenk' ich dran, wie ich
zuſammenfuhr und mit dem Bergſtock ausholte.

An alle dem, was Kunſtintereſſen anbelangt,
hat ſich indeſſen heutzutage viel verändert, ſeit der
Verkehr auch die Berge erobert hat. Hier und
dort findet man illuſtrierte Zeitſchriften und vortreffliche Bilderbogen; herausgeſchnittene Celebritäten ſind an die Thür geklebt, und die ſeltenſten
Kommentare werden dazu verabreicht. Es iſt mir
ſelber paſſiert, daß ich an einer Holzhütte die Ab-
bildung des Schiller- und Goethe-Denkmals ſah,
die für zwei Märtyrer gehalten wurden; auf einer
Alpe am Spitzingſee war das Porträt Franz Lachners
und auf einer andern die dicke Königin von Spanien.
Ein Hauptaſyl für ſolche politiſche und äſthetiſche
Flugblätter ſind die Mühlen, wo es ein alter
Brauch iſt, Thür und Thor mit Bildern zu be-
decken. Wenn ich als Knabe mit den Eltern
ſpazieren ging, ſprang ich immer bei der Iſaal-

mühle auf die Seite, um den langbeinigen Schneider
zu sehen, der hier abkonterfeit war, wie er seine
Ehehälfte auf einem Schubkarren in den Mühlbach
hinunterrollte, oder einen ertappten Liebhaber, der
mit der Heugabel trepaniert wurde — bis ich dann
vermißt und von solch unerlaubter Schaulust weg=
citiert wurde. Manche Ohrfeige, deren ich mit
Dank gedenke, hatte in diesem Kunstgenuß ihren
Entstehungsgrund.

Eine komische Scene fand auch dereinst in
einem Bauernhause unweit Gmund statt, wo das
Porträt Napoleons III. mit Ostentation an der
Wand hing. Er war als Präsident dargestellt, wie
er eben mit erhobener Hand die Republik beschwor.
Dem französischen Senator T., der oft dorthin kam,
war das ein Dorn im Auge; mit vieler Mühe ge=
lang es ihm, den Bauern zu überzeugen, wie häß=
lich das alte vergilbte Ding sei, und eines schönen
Tages brachte er ihm den Empereur in herrlichem
goldenen Rahmen, damit er den Präsidenten herunter=
nehme. Der Bauer jedoch nahm den einen an, ohne
den andern herauszugeben, und fand sogar in einer
unbewußten Ironie, daß die beiden ganz vortrefflich
zusammenpaßten. Trotz alles Zuredens ließ sich's

der Starrkopf nicht nehmen, sie als Pendants zu mißbrauchen; der Senator aber war von dieser Stunde an unmöglich geworden in dem Hause des ländlichen Rochefort.

Unbeschreiblichen Effekt hat auch auf dem Lande die Photographie erregt — dieser Wüterich unter den schönen Künsten. Fast in jedem Dörflein taucht jetzt über Sommer ein Photograph auf und stellt seinen Zauberkasten unter dem Wirtshaus oder dem Schulhaus hin. Die stattliche Pfarrersköchin ist die erste, die Courage hat und sich aufnehmen läßt, dann kommt der schiefgewachsene Herr Registrator und der Kaminkehrer Franzl mit seiner Ziehhar= monika. Welcher Effekt, wenn nun am nächsten Sonntag diese drei unter Glas und Rahmen aus= gestellt werden! Sofort finden sich ein Dutzend Nachahmer, und die Bretterbude des Photographen wird schier von den Kunden eingedrückt. Ce n'est que le premier pas qui coûte.

Wenn auf dem Lande photographiert wird, das ist ein so komisches Bild, daß man es selber photographieren sollte. Rechts und links springt der Photograph heran und arrangiert mit seinen schwarzen Fingern das Tableau, bis die Bauern

ganz „damisch" werden. Natürlich, sonst glauben
sie es nicht, daß es etwas Richtiges ist, denn wenn
gewisse Menschen nicht geschunden werden, dann
meinen sie gleich, sie hätten ihr Geld umsonst aus=
gegeben.

Der Bauer hat kein Talent, um sich photo=
graphieren zu lassen; nur die Stadtmenschen sind
koulant, weltläufig, kokett genug, daß sie sich mit
Grazie und Gemütsruhe vor den Apparat hin=
pflanzen und seine Dienste herausfordern. Der
Bauer ist zu ungelenk, viel zu eckig und unsicher;
es wird ihm gleich unbehaglich vor der schwarz ver=
hüllten Maschine, die aussieht, wie das Diminu=
tivum von einem Schaffot, obschon sie die Köpfe
gemütlicher abnimmt. Krampfhaft spreizt er die
Arme und Beine auseinander, gleich als ob die
Maschine einen bewußten Angriff auf ihn vorhätte
— aber während er so denkt, ist schon alles vorüber.
Die gespreizten Arme und Beine indes sind auf
dem Porträt geblieben, und die Kameraden sagen:
„Schaugts den an, wie stolz daß er dasteht."

Von dem Bilde selbst ist der Bauer immer
befriedigt, denn er verwechselt die Identität mit der
Gelungenheit. Wenn nur alles herauskommt, was

einer trägt, die Knöpfe und Ringe und der andere
Plunder, dann ist alles vortrefflich. Daß das Ge=
sicht schwarz ist, wie der Mohr von Venedig, das
thut nichts zur Sache, mit Gesichtern nimmt's der
Bauer ohnedem nicht so difficil.

Indem ich das behaupte, fällt mir eine Ge=
schichte bei, die meinem Vater, dem verstorbenen
Hofmaler Stieler begegnet ist. Als derselbe vor
Jahren das Bild des Königs von Preußen vollendete,
das im Berliner Schloß hängt, trat ein Bauer von
Tegernsee zu ihm ins Atelier und besah sich die
lebensgroße Gestalt in Uniform. Dann aber sprach
er die Bitte aus, ob nicht der Herr Stieler auch
seine drei „Buben" auf dieselbe Manier porträtieren
möchte. Lächelnd bedauerte der Künstler, daß er
ja die „drei Buben" noch sein Lebtag nicht gesehen
habe; der Alte aber fuhr berichtigend dazwischen:
„Ah, das braucht's nit, die will ich Ihnen
gleich explizieren. Der eine ist Kürassier, der hat
eine blaue Hosen; der andere ist bei den grünen
Chevauxlegers, und der dritte veigerlfarb, wie halt
die Artolleristen sind". Akkurat so solle er sie malen,
dann müßte sie ja jeder auf den ersten Blick er=
kennen.

Solche Dinge hört man bisweilen noch heut=
zutage, und die Maler, die sich viel in den Bergen
herumtreiben, haben wohl manchen lustigen Streich
daselbst erfahren. Sie haben auch manchen selber
gemacht, und wenn ich davon erzählen wollte, müßte
ich gleich anfangen: Zweites Kapitel. Allein dem
Leser ist es vielleicht besser, daß das erste geschlossen,
als daß das zweite begonnen wird.

Moltke und der oberbairifche Zitherfpieler.

(1872.)

&s mag um Weihnachten fein, um die ftille einfame Weihnachtszeit; aber dies Jahr ift fie noch ftiller als fonft. Die Burfche, die früher wohl jubilierend durchs Dorf zogen, find draußen im Kriege, das langfame Fuhr= werf des Reifenden, das fonft über die Straße zog, läßt fich heuer nicht blicken; Handel und Verkehr, Fröhlichkeit und Gefang ftehen ftille, denn es ift eine große ernfte Zeit.

Bis ins letzte Bauernhaus im deutfchen Reich bringt die gewaltige Kunde von Sieg um Sieg; jedes einzelne abgelegene Gehöfte nimmt Teil an dem, was gefchehen ift.

Vor einem folchen ftehen wir heute; wir finden es, wenn wir von der uralten Kreuzftraße bei

Gmund feldeinwärts gehen; der Hofhund streicht
knurrend um die winterliche Thür, die niederen Fenster
haben heut keine Blumen, als jene, die das Eis
gezeichnet.

Wir treten ein in die breite Stube, es waltet
Sonntagsruhe in derselben. Die Mutter ist draußen
am flackernden Herde, drinnen aber am blanken
Tisch sitzt stolz behäbig der Bauer und sieht dem
Spiele der Kinder zu, die auf der Diele herumrollen.
Mehrere Zeitungsblätter liegen vor dem Alten, allein
sie sind alle längst gelesen, und sinnend bedenkt er
es, was heute wohl die Stunde kürzen soll. Weit
und breit ist der Bauer berühmt durch sein Zitherspiel, und doch, er hat es selber fast vergessen, daß
das einst seine Freude war; die munteren Weisen,
die schneidigklingenden Almenlieder, sie sind fast
eingeschlafen in den schwülen Mühen dieses Sommers.
Jetzt greift er wieder zur Zither in alter Gewohnheit, halb ungewiß, welche Melodien ihm heute im
Sinne liegen; denn nicht nur, daß der Bartl jede
Weise kennt, er hat auch viele der besten selber geschaffen, die im Gebirge in Übung stehen. Wenn
seine Nachbarn lateinisch könnten, dann würden sie
sagen, er sei ein Komponist.

Nun steht die Zither wieder vor ihm auf dem blanken Tisch, mit voller Hand schlägt er die Saiten an, und klingend tönt der liebliche Laut durch die stille Stube. Es war ein Almenlied, das ihm zuerst unter die Finger kam, dessen helle Frische ein munteres Leben in die stille Winterstube bringt. Halblaut singt unwillkürlich die Lippe mit, wenn die Hände die Zither schlagen, eine Melodie geht in die andere über, und auf diese Weise entstehen in der Regel die „Gesangln“, so entsteht auch der Text der vorzüglichsten Schnaderhüpfeln. Beides webt durcheinander in verschlungener Phantasie, Wort und Klang ergänzen einander, Altes und Neues steigt auf und nieder.

Die Gedanken des Spielers sind draußen im Felde, nur die Hände sind auf der Zither, und leise summt er vor sich hin:

Kreuz Teufel — bei — Sedan
Da hat's nit — schlecht — kracht
Da hat der — Napolium
Feierabend — g'macht.

Den Napolium — ham s' — einthan (gefangen)
Mit — all seine — Knecht'

Und jetzt kunnt i — Napolium wern (werden)
Wenn mi' d'Frau — möcht.

So spielt die übermütige Phantasie des lecken
Gebirgsländers mit der Weltgeschichte, aber immer
kehren die Gedanken wieder in den eigenen und
eigenartigen Kreis der Anschauung zurück; aus
diesem Gegensatz, aus dieser lokalen Auffassung des
Allgemeinen entsteht das, was wir originell heißen.
Der Bauer von echtem Schrot und Korn denkt sich
die Sache so, daß man mit der Frau einen Thron
„erheiratet" so gut wie einen Bauernhof. Natürlich
steckt eine halbbewußte Ironie darinnen, zu der der
geniale Oberländer ohnedies viel Sinn hat, zur
andern Hälfte aber herrscht eine beschauliche Be-
quemlichkeit, die lieber die ganze Welt in ihren eigenen
kleinen Kreis hereinnimmt und in die lokale Auffassung übersetzt, als daß sie aus diesem engen Kreise
in die Welt hinaustritt.

„Ja der Napoleon — ja die Preußen" murmelt
der Bauer halblaut vor sich hin, „dös is a Wunder-
g'schicht', wenn man's so überdenkt." Sinnend hängt
er den Bildern des großen Krieges nach, vor seinem
Auge sieht er die Kolonnen zum Sturm marschieren,
das Machtgeheimnis, das in den „Preußen" steckt,

geistert ihm unabläffig im Kopf herum. Und wie
der Kopf, so treiben's die Hände, er ist ins tempo
di marcia geraten, und mehr und mehr entwickeln
sich die strammen schwungvollen Melodieen, das
kleine Instrument klingt kräftiger als sonst; der
Bartl spielt heute nichts mehr als einen Marsch,
den er sich eben so in Gedanken zusammengestellt.
Es will ihm dünken, daß keine seiner Kompositionen
noch so trefflich geraten sei, keine war ihm noch so
voll aus dem Herzen gekommen, er meint, es fehle
ihr gar nichts mehr als — der Name.

Das war nun freilich eine große Verlegenheit,
denn zehnmal eher vermag ein Naturtalent ein
Kunstwerk zu schaffen, ehe er es einmal zu benennen
weiß, zehnmal steigt der Bauer auf einen Berg,
ohne daß er den Namen desselben zu sagen wüßte,
wenn ihn ein Fremder darum frägt.

Um der Überlegung zu entrinnen, begann Bartl
von neuem sein jüngstes Meisterstück abzuspielen;
er hatte selber eine frische urwüchsige Freude daran,
daß alles so trefflich klappte, daß die ganze „Ge=
schicht" so schneidig klang.

„So hat's auch bei den Preußen geklappt, wenn
sie zusammen mit den Unsrigen marschierten," sagte

er zu dem Nachbar, der unterdessen eingetreten war, „der Moltke ist aber wirklich ein Prachtkerl!"

Er hielt mit der Stimme an, man sah, daß ihm ein Gedanke plötzlich durch den Kopf fuhr — wie wär's, wenn er den Marsch als Moltkemarsch bezeichnen und dem großen Heerführer widmen würde?

Wer in den bairischen Bergen wohnt, dem fehlt es nicht an Mut, und zwischen dem Gedanken und der That liegt dort nur eine kleine Spanne. Kurzum, der siegesstolze Bauer beschloß ohne Zaudern, sein Machwerk direkt ins Hauptquartier nach Ver= sailles zu senden; er meinte, der hohe Herr sei ja auch ein Deutscher wie er, und es müsse ihn freuen, wenn er erführe, wie nicht bloß die bairischen „Buben" (Soldaten) für ihn begeistert sind, sondern daß er auch daheim in den Bergen der Stolz der Alten sei. Das war der Gedankengang, mit dem Freund Bartl sein Vorhaben motivierte und seine Gewissens= skrupel bei Seite räumte, dann ward der Marsch auf das schönste Papier geschrieben, das beim Krämer zu erlangen war, und ging mit dem ehrfurchtsvollen Ersuchen ab, es möge Moltke das kleine Zeichen des Dankes freundlich aufnehmen und erlauben, daß der Marsch seinen Namen trage. Auf der Poststation

waren sie nicht wenig erstaunt über die vornehme
Adresse, und mit verwunderter Miene sah man den
Mann in Kniehosen an, der ein Paket an Moltke
zum Schalter trug.

Die Zeit ging ihren ruhigen Weg, so still und
eintönig, wie eben alles in den Bergen geht; wenn
auch die großen Nachrichten, die dies Jahr aus
Frankreich kamen, erregte Tage mit sich brachten.
Bartl hatte seine kühne That fast vergessen; nur manchmal, wenn er in Zeitungsblättern den Namen las,
fiel ihm die Erinnerung schwer aufs Herz, und er sah
das strenge Gesicht des großen „Schweigers", wie er
mit Achselzucken den Brief des oberbairischen Bauern
bei Seite legt.

Mehrere Wochen vergingen, es war wieder Sonntag, und die Bauernstube sah aus wie damals, als
wir zuerst in dieselbe eintraten. Am eichenen Tisch
sitzt wieder der Vater vor den verstreuten Tages-
blättern, auf der Diele die spielenden Kinder, vor
dem Fenster die Eisblumen.

Bald darauf klopfte es an der Thüre, und der Postbote trat herein, er hatte einen Brief zu übergeben, der
anders aussah als jene, die Bartl sonst etwa zu erhalten pflegte. Ist's eine Bestellung für seine Säg-

mühle, oder eine Lieferung von Fichtelholz, doch nein, der Poststempel lautet ja Versailles und das Siegel war das, was andere Menschen „offiziell" nennen. Bartl merkte nur, daß es „etwas Besonderes" sei.

Und siehe, als er den Brief erbrach, da war es die Antwort — des Grafen Moltke. Trotz der unge= heuren Arbeit, die dieser vollzog oder leitete, war der liebenswürdige Mann doch selbst für die kleinsten Dienste bei der Hand; er hatte das Paket des oberbairi= schen Bauern nicht achselzuckend bei Seite gelegt, wie jener meinte, sondern es in der herzlichsten und populär= sten Art entgegengenommen. Er hatte es verstanden. Das Antwortschreiben des großen Heerführers lautet:

Euer Wohlgeboren

danke ich hiermit ergebenst für die Zusendung des von Ihnen komponierten hübschen Marsches, sehr gern gebe ich meine Einwilligung dazu, denselben mir zu widmen und ihm meinen Namen zu geben. Nochmals besten Dank, mit besonderer Hochachtung

Euer ergebener

Graf Moltke,

General der Infanterie und Chef des Generalstabs der Armee.

Man kann sich denken, welche grenzenlose Freude diese Zeilen im schlichten Bauernhause hervorriefen, wie die Nachbarn kamen und das Mirakl dieses Briefes bewunderten. Natürlich ward er sofort unter Glas und Rahmen gebracht und an dem Ehrenplatz ganz nahe bei dem kleinen Hausaltar der Stube aufgehangen. Dort habe ich ihn selbst in Augen= schein genommen, die Fremden aber, die im fernen Norden wohnen, werden vielleicht mit Teilnahme erfahren, wie das Autograph unseres Helden in das stille Haus der bairischen Berge kam.

Die Musik in den bairischen Bergen.

(1878.)

enn wir die Charakterzüge des bairischen Südens betrachten, so tritt uns einer vor allen anderen entgegen: Das ist die Vorliebe, die der Hochländer für alle Melodie hat. Der Alte, der in seiner Austragstube kauert, pfeift sich sein „Liedl" und der kleine Enkel, der von dem hohen Berggehöft zur Schule herunter= klettert, hat auch das seine. Wenn der Knecht am Abend vor dem Hause sitzt und mit hallendem Hammer die Sense schmiedet, so begleitet er die schneidige Waffe mit seiner schneidigen Weise, wenn der Hüterbursch die Herde heimtreibt, tönt über die kühlen taufeuchten Matten sein heller Jodler. In alle Arbeit klingt ein Stück Melodie hinein; während die Hände belastet sind, ist die Seele doch befreit. Man wird natürlich heutzutage ausgelacht, wenn man das alte ehrliche Wort citiert, daß böse Menschen keine Lieder haben, und deshalb wollen wir auch dies Kapitel bei Seite lassen, aber etwas Wahres bleibt eben doch daran. Denn diese Luft zum Sang, dies leichte Finden der Melodie, ja dies Bedürfnis nach hellen Tönen ist doch der schlagendste Ausdruck für die unbezwinglich frische Lebenskraft, die in unserm bairischen Hochland waltet, für den Drang nach Freiheit, der dort in allen Herzen pocht, für den Frohsinn, der sich trotz aller Mühsal erhalten hat.

Die gestrengen Herren vom Amte, die vor Zeiten gar schlimm in unseren Bergen hausten, sahen freilich mit grämlicher Miene auf die „Singerei", ihr Streben war ja darauf gerichtet, den verwegenen Geist, der dort regierte, zu beugen, und sie witterten wohl, daß in diesen Joblern und Almenliedern noch ein ganz anderes Geheimnis stecke, als das musikalische ABC. Sie fühlten mit einem Wort das schaffende Kulturelement, das in den Liedern eines Volkes liegt, sie merkten, daß das ein heim= licher Ersatz für die verpönte „Redefreiheit" sei, und meinten, man könne unmöglich so lustig und dennoch recht brav sein!

Darum erhoben die „Gestrengen" bald einen systematischen Krieg gegen Zither und Fidelbogen, gegen Ländler und Schnaderhüpfel.

Noch bis zum Beginne dieses Jahrhunderts ward allen Musikanten, die nicht in dem Amtsbezirke ansässig waren, der Eintritt in denselben verboten; wer sich gleichwohl einschlich, mußte für jeden Tag fünf Kreuzer Strafe zahlen. Die Eingebornen aber wurden wie Spitzbuben unter strenger Aufsicht gehalten und durften kein anderes Instrument berühren, als das eine, für welches sie ihr Patent besaßen; das sträfliche Tanzen, Springen und „J u c h e z e n" aber ward völlig untersagt. Man nannte solche Gewohnheiten im Amtsstil eine „Insolenz".

Doch selbst in neuester Zeit ward nach diesem Systeme fortgefahren, noch vor 20 Jahren boten sich Pfarramt und Landgericht die Hand, um der kecken Singerei ein Ende zu machen. An manchen Orten, wie z. B. in Bairisch=Zell, das als die Hochschule der Jodler galt, ist dies auch gelungen, im ganzen aber führte das Mittel nur selten zum Ziel. Es ward wohl im Wirtshaus und vor dem Kammerfenster ein wenig stiller, aber man hatte ja die weiten Berge, die grünen Almen:

Den stockfinstern Wald,
Wo's Jodeln schön hallt.

Und wenn auch dem Herrn Landrichter die „Trutz=
gesangeln" verhaßt waren, dem Dirndl waren sie
um so lieber; kurzum, die Jungen sorgten, daß es
beim Alten blieb.

Zum Dirndl auf b'Alm
Bin i oft auffi g'rennt,
Und da hat's mi' von weit scho'
Am Juchezen kennt.

Und bal i amal stirb, stirb, stirb,
Spielt's mir an Landler auf,
Na' tanzt mei Seel, Seel, Seel
Pfeilgrad in Himmel nauf.

Das populärste Instrument im Gebirge ist
offenbar der — Schnabel, den hat jeder bei sich,
den läßt man singen wie er gewachsen ist. Und
er macht von diesem Rechte reichlichen Gebrauch,
zwanglos klingt das Lied ins Weite, die Leute
lernen es nicht, es geht von selber — weil's von
Herzen geht.

Die meisten lassen es denn auch bei dieser
Vokalmusik bewenden, die sich vom einfachen Juh=

schrei bis zu den gefährlichsten Koloraturen aus=
dehnt; aber trotzdem haben sich doch auch alle mög=
lichen Instrumente im bairischen Gebirge einge=
schlichen, ja manche sind sogar die eigene Erfindung
der Berge.

Wer Sonntags auf den Chor einer Dorfkirche
steigt, der findet schon ein ganz respektables Orchester,
in dem sich beleibte Kontrabässe und dicke Trom=
peten breit machen, auch ein Waldhornsolo bricht
häufig aus dem Hinterhalt. Die Fidel ist so populär
geworden, daß fast in jedem Orte fünf bis sechs
Personen dieselbe geläufig spielen, und M i t t e n =
w a l d, das braune verwitterte Bergdorf, das unter
den Felsen des Karwendel liegt, ist weit berühmt
durch seine Geigenmacher. Das Holz dazu wird
aus dem Gebälk der ältesten Häuser genommen, die
schon über 500 Jahre stehen, an denen Kaiser Ludwig
der Baier vorüberritt, wenn er zur Bärenjagd in
die Berge zog. Daß man von „Heimgeigen“ spricht,
wenn man jemand tüchtig abgefertigt hat, zeigt am
besten, wie nahe dieser Begriff dem Bewußtsein der
Leute steht, aber das eigentliche nationale Instru=
ment ward doch die Fidel nie; sondern das sind
Z i t h e r und S c h w e g e l p f e i f e. Diese beiden sind

die Träger und die leibhaftige Verkörperung all jener heiteren Jodler, sie sind die eigentliche Hausmusik der Berge. Nur der Vollständigkeit zu Liebe soll noch die Mundharmonika genannt werden, die freilich im Range sehr zurücksteht. Eine Guitarre sieht man bei den eigentlichen Eingebornen nur selten, das Klavier aber gucken sie vollends an wie die Wilden. „Was ist denn bös für a groß' Kanapee?" frug mich ein Tegernseer Bauer ganz erstaunt, als er zum erstenmale einen Flügel sah.

So muß sich der freundliche Leser denn wohl mit einer etwas bescheidenen Auswahl begnügen, denn in der kleinen Bauernstube, in die unser Bild uns führt, schlagen Nagelschuhe den Takt; da giebt's nur Ländlerweisen, keine Symphonieen. Wem's nicht recht ist, der soll draußen bleiben, die johlenden Paare da drinnen können's auch „ohne seiner".

Das ist das echte r i c h t i g e Zitherspiel, wie es der braune Kerl da treibt, das sind die richtigen Ländler, bei denen die Beine unter dem Tisch von selber unruhig werden. Schaut nur, wie ihm der Übermut aus den Augen lacht, wie die halb geöffneten Lippen das rechte Wort erhaschen.

Und 's Dirndl, die draht si' gern,
Müd kunnt's halt gar nit wern,
Wenn ich fünfzehnmal möcht,
Is ihr sechzehnmal recht.

Und die richtigen Dirndln
Dös san halt die kloan (kleinen),
Die wickeln sich gar a so
Umi um oan (einen).

Und in meiner Revier
Da g'hört jeder Hirsch mein,
Und es wird mit die Dirndln
Schon auch a so sein.

Und wie keck, wie „landlerisch“ klingt erst die
Melodie zu diesen Weisen! Es meint wohl mancher,
er hätte echte Ländler gehört, weil er einmal jener
Menschenrasse in die Hände fiel, die sich Alpen=
sänger nennen, aber die „echten“ die lassen sich
nicht exportieren, die gehen auf dem Transporte
zu Grunde wie Alpenrosen, die man nach Berlin
schickt. Selber pflücken heißt es da.

Bei den großen Festlichkeiten des Jahres, am
Kirchweihtag, bei Hochzeiten und Jahrmärkten
dominiert die Geige, wenn es zum Tanzen geht,

und hier schleichen sich auch schon bisweilen moderne
Walzer ein, im Wirtshaus aber, an den Sonntag=
Nachmittagen oder in den Bauernhäusern, wenn es
Feierabend ist, herrschen unumschränkt die Zither
und der Ländler.

„Geh, Hansei, mach oan auf!" heißt es von
allen Seiten, wenn sich ein Kundiger im Kreis be=
findet, und ohne sich zu zieren, wie es Virtuosen
ziemt, greift der Hansei in den Rucksack und holt
sich „sei Musi". Dann kommt mit einmal ein
neuer schneidiger Zug in das bunte Treiben, der
eine fällt mit einem Trutzlied drein, der andere hat
schon die Antwort auf den Lippen, und der dritte
faßt die schmucke „G'sellin", die eben an ihm
vorübergeht, beim Mieder. Im Hui ist die rauhe
Diele zum Tanzboden verwandelt. „Oan nach, oan
nach," tönt es von allen Seiten, sowie der erste
Landler zu Ende ist, und wenn dann ein tiefer
Trunk geschehen, beginnt der Spektakel aufs neue,
bis etwa die Saite springt und der Hansei flucht:
„Herrgott=Element, eh war's E a und jetzt is A
aa a." (Erst war die E=Saite abgerissen und jetzt
ist das A auch ab.)

Der Bauer sagt nicht leicht Zitherspielen,

viel lieber ist ihm das prägnantere Wort „Zithern=
schlagen", „ein' Landler abizupfen," „abischleifen"
und wenn alles drunter und drüber geht „ein'
abireißen". Noten sind nur den wenigsten bekannt
— „die Hennafüß, die Schwollköpf' mag i nit."

Natürlich spielt die Musik auch auf den Almen
eine große Rolle; der Juhschrei ist nicht bloß ein
Pläsier, wie die Herren von der Stadt es meinen,
sondern es ist das mächtigste Mittel, worüber die
Sennerin gebietet. Dem Verirrten dient er zum
Führer, er ist der Ruf nach Hilfe und das Zeichen
der Freude, er ist der Telegraph in diesen ein=
samen weitschichtigen Regionen, wo sich die Men=
schen ja viel leichter mit dem Gehör als durch das
Gesicht entdecken. Eine Sennerin, die nicht „juch=
hezen" kann, ist nahezu unmöglich, und selbst die=
jenigen, die schon der reiferen Jugend angehören,
bei denen man kaum vermuthet, daß sie noch so
verwegen auf der Tonleiter herumklettern, sind nicht
davon dispensiert. Nur wenn ein Unglück passiert
ist, wenn die Mutter gestorben oder der Liebste
untreu geworden ist, dann verstummt jeder Juh=
schrei und alle Versuchung vermag es nicht, ihn
hervorzulocken. Dieselbe Empfindung, die uns

Städtern in Trauerfällen jeden lärmenden Laut
verbietet, herrscht unbewußt auch dort; es ist ge=
wissermaßen die Form der Trauer, die in den
Bergen herrscht.

Zum „Unglück" auf den Almen aber gehört
auch jedes Mißgeschick, das der Herde begegnet, die
Tiere sind dort oben nicht etwa Sachen, sondern
Personen, jedes hat einen Namen und seine Ge=
schichte, und es hat mich oft die Naivität gerührt
und die Klugheit gewundert, womit die Sennerinnen
jedes nach seiner Eigenart behandeln. Wenn sich
ein Kalb erstürzt oder dergl. so ist dies nicht bloß
ein Schaden, sondern ein Herzenskummer, und wie
sie es nicht wagen würde, nach einem solchen Un=
glücksjahr die Herde zur Heimkehr zu bekränzen, so
wagt sie es nie, in einem solchen Sommer auch nur
einen Juhschrei zu versuchen. Es steckt zu viel
Lebensfreude, zu viel laute Kraft in diesem Rufe,
als daß er sich für belastete Herzen schickte.

Der Juhschrei ist ein einziger aber reichge=
gliederter Klang, das lange Trällern in hohen
Jodeltönen nennt man „Galmen". Hier wird be=
reits ein bestimmtes musikalisches Thema variirt,
aber immer noch sind es Lieder ohne Worte. Dann

erst, in dritter Reihe kommt der Almensang, der
der Stimmung nicht bloß durch Melodieen, sondern
auch durch Worte Ausdruck leiht, bald in der schneidig=
knappen Form des Schnaderhüpfels, bald in der
lyrischen Weise unseres deutschen Liedes. Zu beiden
Sangesweisen aber ist die Zither und Schwegel=
pfeife das rechte begleitende Instrument, und wer
die beiden gut zu spielen weiß, der ist bei den
„Dirndln“ noch einmal so hoch „geschaßt“ als ein
stummer Geselle. Solche Lieder giebt es in zahl=
loser Menge; sie tauchen aus der Laune des Augen=
blicks hervor und fallen wieder in die Vergessenheit
zurück; manche aber sind hundert Jahre alt, doch
die meisten werden allezeit auf den Almen und über
die Almen gesungen. Ja die Almen mit ihrem
grünen Parterre und ihren Felsenkoulissen, mit ihren
sammtgrünen Sitzen und ihrem mächtigen Wolken=
vorhang, sie stellen doch die eigentliche Bühne für
das musikalische Talent unseres bairischen Hoch=
landes dar. Kein anderes Haus der Welt ist so
akustisch gebaut wie sie, und jeder, der da will, hat
freien Eintritt, wenn auch bisweilen der Aufgang
etwas unbequem ist. Ohne die Almen gäbe es
schwerlich jenen fröhlichen Gesang, der jetzt ein

Schmuck und ein tiefer Charakterzug des bairischen
Bergvolks ist: sie sind es, die dem Wanderer fast
unbewußt das Wort aus der Seele locken und seinen
Gedanken zum Ton gestalten. Wir merken es ja
an uns selber, wenn wir so hoch im Blauen über
den steilen Grat hinziehen und dann an einem
Felsenvorsprung stille stehen und tief hinein in
Berg= und Wäldermassen blicken, wie es uns da ver=
lockt, etwas ins Weite hinauszurufen. Selbst der
gemessene Philister kann es sich schwer versagen,
ein ungeschlachtes Hoi—dibel—dum herauszustol=
pern, selbst der Berliner unternimmt das Wage=
stück und jobelt in solchen Augenblicken — daß es
„Stein erweichen" könnte. Man kann, mit einem
Wort, nicht stille sein, wie muß es denen von den
Lippen fließen, denen wirklich Gesang gegeben ist!

Die Eingebornen wissen es wohl, was sie in
diesem Sinne ihren Bergen schuldig sind, fast all
die schöneren Gipfel (wie z. B. Wendelstein, Watz=
mann und Brecherspitz) haben ihr eigenes Loblied;
überall werden die Almen und der Almengesang
gefeiert. Der beste Tag ist der Samstag. Das
ist der wahre jour fixe für alle Konzerte, denn da
steigen die Bursche, wenn es mit der Arbeit vorbei

ift, hinauf, um ihr Schätzlein heimzufuchen. Der
Hüterbub, die Sennerinnen aus den Nachbarhütten
und das luftige Feuer find Gefellfchaft genug, um
bald das Leben zur lauten Luft zu entfachen und
das Bild aus der Erde herauszuftampfen, das
Defregger den „Ball auf der Alm" genannt hat.

> Und am Samstag, verftehst mich,
> Da kimmt auch mei Bua
> Und der jodelt fo fein
> Und fchlagt Zither dazua.

Freilich kommt er zum großen Leid nicht immer
und gar oft wenn er kommt, dann „mog er nit".

> „Geh, mei Hanfei, nimm Dei Pfeifen (Schwegelpfeife),
> Thu mir ebbes abafchleifen (auffpielen),
> Geh, mei Hanfei, wenn i Dich bitt!"
> „Na, mei Gredl, heut fchleif i Dir nit."

Da aber wird es felbft dem Schatz zu viel,
denn in den Bergen gilt der Satz: „Unfer Mutter
hat uns ja nit grad für an Einzigen aufzogen."
Trotzig ruft fie dem fchweigfamen Hanfei die
Worte nach:

> Wenn D' nit magft, fo laßt es bleiben,
> Plag Di' nur nimmer mit 'n Auffifteigen,

Glaub nur net, daß i Di' nochmal bitt,
So a Bübei — des taugt mir nit.

Also Krieg und Friede wird mufikalisch in
Scene gesetzt, Festtag und Werkeltag haben ihren
eigenen Klang, und wenn wir in später Abendstunde
durch ein Bergdorf wandern, wenn nur mehr ein
einziges Fenster am Wirtshaus erleuchtet ist, so
schallt doch durchs Fenster noch eine bekannte
trillernde Melodie; die letzten Zecher, die sich längst
von aller Polizeistunde emanzipiert haben, sitzen
hier beisammen; sie disputieren nicht mehr, sondern
sie singen. Und selbst der allerletzte, der das ver=
schlafene Haus verläßt, jodelt sich noch langsam
heim und trällert seinem Gewissen einen beruhigen=
den Monolog:

> Vom Bürschlinger=Hansei
> Wird alleweil g'redt,
> Doch man redt bloß vom Saufen,
> Vom Durst redt man net.

Wie manche ausgelassene Stunde, wie manchen
hellen Sommerabend hab' ich im Kreise solcher
jodelnden Holzknechte verbracht am Königssee, an
der Wurzelhütte, in der Kaiserklause; das dumme

Zeug, das wir dazumal den Lüften anvertrauten, hat doch kein Verstand des Verständigen übertroffen.

Dann aber, als die tollen Studentenjahre ver= wichen waren, trat ich als ehrsamer Praktikant in irgend ein Landgericht, natürlich ein solches, das zwischen hohen Bergen liegt.

„Oh, ich kenne Sie schon," sprach der Chef desselben mit würdevoller Stimme, „Sie sind mir bereits vor zwei Jahren angezeigt worden wegen Absingens sehr bedenklicher Schnaderhüpfeln."

Und als die Tage wuchsen, als ich in den hohen Aktengestellen allmählich ebenso vertraut war als in den Felsen des hohen Wallberg, da fiel mir einmal ein finsterer Bericht in die Hände, wo es leibhaftig im Gendarmenstil geschrieben stand, daß beim —wirt eine Singerei von Holzarbeitern und andern ledigen Burschen stattgefunden habe, die fast an Ruhestörung grenzte: der Tonangeber und Rädelsführer aber war ein gewisser, der Polizei bisher ganz unbekannter —   Karl Stieler.

Mädchenleben im bairischen Hochland.

(1878.)

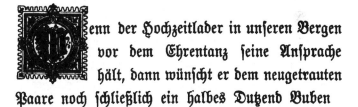enn der Hochzeitlader in unseren Bergen vor dem Ehrentanz seine Ansprache hält, dann wünscht er dem neugetrauten Paare noch schließlich ein halbes Dutzend Buben

> „und auch an etliche Dirndl drunter,
> Denn wo keine Dirndln san,
> San d'Buben auch nit munter."

Und fürwahr, dieser feststehende, hundertjährige Spruch wurzelt tief im Charakter und in der ganzen Lebensanschauung des dortigen Volkes, denn es giebt vielleicht in ganz Deutschland keinen Stamm, wo die Freude am Dasein so ausgeprägt, wo der Verkehr zwischen Burschen und Mädchen so ungebunden, wo das Liebesleben kühner, frischer und

reizvoller wäre, als hier. Das „Dirndl", — es
ist und bleibt doch immer die prächtigste Staffage
oberbairischer Landschaft.

Der fromme Wunsch, den der Hochzeitlader
ausgesprochen, läßt in der Regel nicht zu lange
auf Erfüllung warten, und ziemlich mühelos für
die Eltern wächst nun das kleine, flachsköpfige Ding
vor dem sonnigen Hause auf und lugt empor nach
den Almen, auf die es dereinst nach fünfzehn Jahren
lachend hinaufzieht. Im Vollgefühl der eigenen
Lebensfreude ist man den Kindern freundlich und
wohlgesinnt, und selbst diejenigen, die vaterlos em=
porwachsen, finden nicht selten die liebevollste Pflege
und Obhut. Ein altes Mütterlein, das ein halb=
jähriges fremdes Kind mit aller Sorge aufzog, ge=
stand mir offen, sie könne ihr eigenes Blut nicht
lieber haben, und fügte die reizenden Worte bei:
„O mei', was hätt' denn so an arm's kleines Kind,
wenn's d' Lieb' nit hätt!"

So liegt über dieser Jugend schon unendlich
mehr Sonnenschein, als es den Kindern der großen
Städte jemals vergönnt ist. In freier Luft, im
grünen Felde, in einem Lebenskreise, der harmonisch
in sich geschlossen ist, wachsen schon die Kleinen

empor, und es ist wohl begreiflich, daß diese Ein=
drücke der Kinderzeit sich noch lebendig und thätig
erweisen auch in der Sinnesart der Erwachsenen.
Wie bald ist diese Zeit gekommen!

Wenn ein „Dirndl" im bairischen Hochland
siebzehn oder achtzehn Jahre zählt, so werden es
ihm die Eltern gewiß nicht verargen, daß es auf
einmal, ganz unangemeldeter Weise, einen — Schatz
hat. Ist das ein Bursche, bei dem sich etwa ein=
mal an eine Heirat denken läßt, dann um so besser;
wenn nicht, so denken die Eltern, daß sie es ja zu
ihrer Zeit auch nicht anders im Brauch hatten. Da
giebt es keine offizielle Vorstellung oder Erklärung,
sondern alles wird auf dem Wege der Thatsachen
abgemacht; die beiden „gehen" kurzweg „mitein=
ander", wie der landesübliche Ausdruck lautet. Auf
dem Tanzplatz, wo sich alle bäuerliche Gesellschaft
konzentriert, gelten sie nun als ein regelrechtes Paar,
und kein Kamerad darf nunmehr mit dem Dirndl
einen Ländler wagen, ohne vorher ihren Burschen
um Erlaubnis anzugehen. Er selbst aber tanzt fast
nur mit ihr allein; während des ganzen Festes sitzt
sie an seiner Seite oder auf seinen Knieen, und mit
Argusaugen verfolgt er jeden, der allzu eifrig da

„herüberspitzt". Wenn Markt im Dorfe ist, viermal
des Jahres, so muß er sie auch da begleiten und
ihr ein stattliches Angebinde verehren, ein seidenes
Halstuch, ein schönes „Fürta" (Fürtuch, Schürze)
oder sonst einen Zierrat, womit sie zur Kirchweih
prangen kann.

„Dös is halt na' die schöner' Zeit, bös san
die jungen dummen Jahr'" heißt es im Volks=
munde. Es ist damit gemeint, daß kein grübelndes
Nachdenken und keine Sorge den Frohsinn ver=
kümmert, es ist die lautere Freude und „Lustbar=
keit", — eine Lebensfrische, um die man den Charakter
dieses Volkes beneiden könnte. Jauchzend springt
der Bursch in die Höhe, dem sein Mädel entgegen=
kommt, und singt:

> I bin scho' so lusti',
> So steht's in koan Buch,
> Und mir hupfen glei' d'Füß auf
> Von selm in die Schuch.
>
> Und die sakrische Schneid'
> Und die laßt mir koan Ruah,
> Kunnt die Hälfte verschenken
> Und hätt allweil no' gnua.

Sie aber erwidert ihm mit Lachen:

Und die richtigen Dirndln'
Die bußeln so gern,
Und wie mehra daß f' bußeln,
Wie schöner daß f' wern.

Gleichwohl sind es nicht in erster Reihe An=
sprüche an die Schönheit, welche man stellt, sondern
die Hauptsache ist allezeit eine heitere und frische
Sinnesart, mit einem Worte „die Schneid'". Ein
Mädchen, das dadurch hervorragt, ist jederzeit am
meisten umworben, vor allem, wenn sie schlagfertig
reden kann, denn man darf auch von unseren Bauern
sagen, daß bei ihnen jedes Genre erlaubt sei, nur
das Langweilige nicht. Man spricht dort sehr
offen und animiert über die Details der weiblichen
Schönheit, aber Wert hat diese Schönheit in den
Augen des Volkes nur, wo sie von einer gewissen
Lebensfrische, von einer energischen Individualität
getragen ist, sonst heißt es von solchen Mädchen:
„Es ist ein Bild ohne Gnad'." Der Bauer meint
damit, daß es zwar zahlreiche Heiligenbilder gebe,
die recht schön und verehrungswürdig seien, denen
aber jede Gabe mangelt, Wunder zu wirken.

Zum Glück für die „Buabn" sind die „Bilder ohne Gnad'" im bairischen Hochland gar selten, denn die unendliche Mehrzahl der Mädchen zeigt entschieden eine lebendige Begabung, eine natürliche Liebenswürdigkeit des Charakters, von der die Fremden gar keine Ahnung haben. Denn diese holen sich höchstens ab und zu eine vorlaute Antwort, die ihnen dann ebenso unverständlich ist, wie dem Mädchen ihre Frage war. Wer etwas Rechtes hören will, der darf nicht mit der Thüre ins Haus fallen.

Schon durch ihren Beruf, der sie stets mit Feld und Weide, mit dem Almenleben, mit der freien Natur in Fühlung erhält, gewinnt ihr Charakter und ihr ganzes Wesen eine Frische, die denjenigen fehlen muß, die in enger Stubenarbeit heranwachsen. Kein Zug der Verkümmerung drängt sich in dies Leben ein; ein Maß persönlicher Freiheit ist ihrem Thun vergönnt, um das sie mancher aus „höheren Ständen" beneiden dürfte.

Wenn das Dirndl sich ein Herz faßt und lange darum herum spricht, was gestern der Hans alles zu ihr gesagt, und wie schön der sei und wie — brav, und wenn sie dann plötzlich stockt, während

das Spinnrad lustig weiter schwirrt, dann erwidert
die Mutter lachend: „Thu nit soviel umeinander
reden, ich woaß scho' lang, was kimmt. Verliebt
bist halt!"

Aber sie wehrt ihr nicht, denn sie weiß ja,
wie es ihr selber dereinst ergangen, sie sagt ihr
nicht: „Sei fein brav," sondern höchstens: „Dirndl,
sei fein — g'scheid!"

Sorgsamer als sonst sind nun die Nelken auf
der braunen Altane des Hauses gepflegt, denn die
Nelke ist ja die Blume der Verliebten; das Dirndl
steckt sie ins Mieder, und von dort wandert sie
dem Burschen auf den Hut oder hinters Ohr. Das
kleine Fenster der „Dirndlkammer", es geht hinaus
auf die Lauben; es ist offen, denn die milde Nacht=
luft im wunderbaren Vollmondsglanz strömt herein.
Drunten ertönt ein leiser Pfiff; — sie horcht, —
und im Schatten am Brunnen sieht sie die schlanke
Gestalt ihres Liebsten stehen. Lange, lange plaudern
sie dort, am Kammerfenster, sachte klettert der kühne
Bursch empor auf das braune Geländer, er möchte
wohl Einlaß haben in das stille, schlafende Haus,
aber — „Dirndl, sei g'scheid!"

Und übers Jahr blasen und fideln die Musikanten

zum Hochzeitgang, und wenn der Ehrentanz kommt, und der Hochzeitlader seine Ansprache beginnt, dann wünscht er wieder, wie er's der Mutter gewünscht, dem jungen Paar ein halb Dutzend Buben

„und auch an etliche Dirndln drunter,
Denn wo koane Dirndln san,
San b'Buben auch nit munter!"

Jahrmarkt im bairischen Hochland.

(1882.)

s gab eine Zeit in unſerem bairiſchen Hochland, wo die Berge zugleich die Mauern des Landes waren; in tiefer Abgeſchloſſenheit lebte das Volk dahin, und nur zum eigenen Bedarf nützte man damals die Herden auf der Weide und das Korn in der Scheuer. Das Wenige aber, was von auswärts kam oder nach auswärts ging, trug das Saumroß über den Berg= ſteig, doch allenthalben an Weg und Brücken lag harter Zoll, ſobaß das „Saumergewerk" oft ſchwere Mühſal litt.

Zwar ſtanden ſo manche unſerer Gebirgsdörfer an den uralten hiſtoriſchen Handelsſtraßen, wie z. B. Partenkirchen; durch den Chiemgau führte der Weg aus dem Vorland nach den Tauern, aber die Mehr=

zahl der Orte lag doch in tiefer unberührter Ein=
samkeit. Für sie war es ein Ereignis, wenn ihnen
aus kaiserlicher oder landesherrlicher Gnade das
Marktrecht verliehen ward; denn auf den Jahr=
märkten, die kraft dieses Privilegs gehalten wurden,
kam der Bauer zuerst mit fremdem Volk und fremder
Ware zusammen. In der Regel wurden diese Jahr=
märkte nach den Heiligen genannt, an deren Fest
sie grenzten, und fast ausnahmslos fanden sie an
einem Sonntag statt, wo auch der gemeine Mann
freie Zeit und freie Bewegung hat. Hier mochte
sich dann der uralte Brauch des katholischen Volks=
lebens am besten bewähren, daß Frömmigkeit und
Lebenslust sich trefflich vertragen; neben der Kirche
muß das richtige Wirtshaus stehen, und in den
letzten Glockenton hallt der erste Juhschrei.

Seitdem hat sich freilich die Zeit wundersam
gewandelt, aber dieser Satz, der ungeschrieben doch
zur uralten lex Bajuvariorum gehört, gilt noch
heute, und auch heute noch ist der Sonntag, wo
Markt gehalten wird, ein Fest für die ganze Um=
gegend. Und so möchten wir denn den freund=
lichen Leser auf einen jener oberbairischen Märkte
begleiten, wie sie etwa im Sommer in Tölz, in

Miesbach oder in Gmund im Brauche sind — und
wir hoffen, es soll ihm der Tag nicht zu lang
werden.

Auf allen Straßen der Nachbarschaft spürt
man schon einige Tage zuvor den fremden Zuzug;
Kärrner mit hageren Rößlein trotten des Weges,
vor allem aber ist der Stellwagen hoch geladen mit
Kisten und Koffern. In seinem Innern sitzen zu-
sammengepfercht die dicken Krämerfrauen, schnatternd
und keifend, doch der Kutscher macht nicht viel Feder-
lesens; denn unser Oberländer hat wenig Respekt
vor diesen Nomaden des Handels. Ihm gilt nur
ein Dasein auf eigenem Grund und Boden als
rühmlich.

„Mach, daß D' einikommst, alte Schachtel!“
herrscht er die Letztgekommene an und schleudert
mit einem Griff sie selber in den Wagen und ihren
Reisesack aufs Dach. Dann trinkt er noch eine
„Extramaß“, „weil heut der Wagen so voll ist,“
und im gemächlichen Trab geht's von dannen.

Sein Fuhrwerk ist längst im Staub der Straße
verschwunden — da kommt noch eine andere Kara-
wane des Weges. Es ist ein Wagen wie eine
Arche Noah; aus den Fenstern schauen ungekämmte

Kinder mit schwarzem Gelock; ein lediger Pony
und ein geschorener Pudel trotten hinterdrein, und
zu beiden Seiten gehen Männer mit langgestreckten
Hälsen und strähnenartigem Haar, das noch die
Spuren des Stirnreifs trägt. Ein unglaubliches
Negligé umhüllt ihre Glieder, die sonst im silber-
farbigen Trikot paradieren; es sind Künstler, die
zum Markte reisen, aber heute reisen sie noch —
inkognito.

Vor einem kleinen Wirtshause am Wege machen
sie Rast. Auf der Schattenseite des Hauses wird
abgekocht; die Kinder kollern im Staube; die Frauen
zigeunern durchs Haus, um Milch oder Schmalz
zu erbitten, und drinnen, in der Wagenwohnung,
wird unterdessen geflickt, gewaschen, gesäugt und
gehämmert, wie's eben die Stunde bringt.

Knurrend erhebt der Haushund Protest, und
und mit scheuen Augen blickt der Bauer auf dieses
Treiben; sein Mitleid ist gemischt mit Widerwillen,
aber dennoch lockt die Neugier alt und jung herbei
aus dem Dörflein. Es kommt der Großvater mit
seinen Enkeln; aus Stall und Stube schauen die
Dirnlein hervor, und der Schmied drüben legt seinen
Hammer nieder und rückt mit seinem Gesellen an.

So giebt's im Nu eine ganze Gesellschaft.

Da meint wohl der „Herkules", der die Truppe begleitet, daß man das Eisen schmieden müsse, so lang es heiß ist, und ehe man sich's versieht, springt er in Gala aus dem Wanderwagen; die Eisenstange thut ihre verblüffende Wirkung, und im nächsten Augenblicke wird es laut verkündet: Zwanzig Mark Belohnung, wer den „bairischen Herkules" (recte Mathias Hinterhuber) zu Boden bringt.

Eine dramatische Spannung faßt die Gemüter; der Alte bedauert zum erstenmal, daß er sich schon im Stadium des Großvaters befindet, und der Schmied blickt prüfend auf seine sehnigen Arme.

„Ja," meint er, „wenn i 'n niederschlagen dürft, na' wär's a leichts, aber ringen — dös hat ja kein Wert nit."

„Sag lieber, daß Du kei Schneid hast!" erwidert „Herkules" im reinsten Altbairisch, das mit dem hellenischen Stammbaum seines Namens seltsam kontrastiert.

Da stürmt der Simei, der Oberknecht, durch die offene Stallthür; er hat nur halbe Worte gehört: „Schneid, niederwerfen" u. dergl., aber das genügt, um alle Lebensgeister in ihm wachzu-

rufen — war doch der Simei in Bairiſch-Zell
daheim.

„Wer hat kei Schneid?“ brüllt er dem ge-
ſpreizten Gladiator entgegen, „probier's, Du
g'ſcheckter Hansdampf!“

Ein helles Lachen ſcholl bei dieſen Worten,
und unvermerkt wich auch der Kampfesgroll wieder
dem Scherze.

„Zahlſt mir a Maßl, wenn i 's g'winn?“
rief der Simei dem Wirt entgegen.

„Jawohl, gern aa no',“ ſprach der Wirt.

„Und 's Grethei muß mir a Buſſl geben?“
fügte er ſchalkhaft hinzu, mit einem Blick auf die
Tochter des Hauſes.

„Jawohl, gern aa no',“ ſprach das Grethei.

Da war's ein Augenblick, und mit Sturmge-
walt waren die Leiber der Kämpfenden ineinander
verſchlungen; bald war der, bald jener in den
Lüften; denn die ungefüge Naturkraft des Bauers
hatte ſchweren Stand wider die blitzſchnelle Gewandt-
heit des Ringers. Atemlos lauſcht die Runde —
da kracht der Boden von einem jähen Fall, und
— von der eigenen Kraft noch fortgeriſſen — prallt
der kühne Bauer zwei Schritte zurück. Sein Gegner

rollt auf der Erde und stemmt die nackten Ellen=
bogen ins Gras; zum Glück ist seinem Körper kein
Leid geschehen, aber die Rüstung in diesem Turnei,
das blanke Trikot, trägt eine klaffende Wunde, und
sein — Ruhmesglanz ist dahin.

Das ist der einzige Schmerz, den er empfindet,
wenn er die jubelnden Gesichter sieht; mit Schrecken
schauen die Seinigen auf den gestürzten „Herkules".
Dann erhebt er sich schweigend und verschwindet in
dem großen gelbgetünchten Wagen. Gar oft hat
der arme Mann mehr Pflichtbewußtsein, als der
reiche — wortlos bietet „Herkules" dem Sieger
das verlorene Goldstück dar. Aber der spricht lachend:

„B'halt Dein Geld! Du bist g'schagen gnua,
daß D' verloren hast. B'hüt Di' Gott!"

Keine Kränkung war damit dem Gegner zu=
gedacht; nur ein heimatstolzes Selbstgefühl kräuselte
die Lippen des kühnen Knechtes, und dann sprach
er fröhlich, mit einem Schelmenblick wider den Wirt:
„Kellnerin, a Maß!"

Mit dem Zeigefinger der Rechten aber winkte
er unter die Menge und rief schmunzelnd: „Grethei!"

„Geh, gieb mir a Bussel
Und mach' koa so G'sicht!

Ich mach' schon die Aug'n zu,
Damit 's niemand sieht.

Auch im Dorfe selbst aber zeigt bereits der
„Markt" seine lebensfrohen Spuren. Auf der Straße
werden rechts und links die kleinen Bretterstände
gezimmert; überall wird Platz geschafft für diese
Eintagsherrlichkeit, und der Bierwagen des Wirtes
ist heute noch einmal so hoch geladen wie sonst.
Morgen sind's wohl die Gäste.

Auch in Küche und Schlachthaus giebt's Arbeit
genug; denn man darf wohl auf tausend Fremde
rechnen, und mancher feiert schon den Abend vor=
her mit einer doppelten Atzung. Samstag Abend
ist ja ohnedem den dunkleren Mächten unserer Natur
geweiht, und wenn der Bergbauer, der noch eine
Stunde heim hat, um elf Uhr vor die Thür des
Wirtshauses tritt, dann dreht er sich schwindelnd um
die eigene Achse und lugt in die Sterne und brummt:
„Herrgott, aber morgen giebt's an schönen Markt!"

Endlich kommt die Sonne hinter den Bergen
hervor; die Sonntagsglocken schallen durchs Thal,
und überall herrscht buntbewegtes Leben. Auf der
gewundenen Straße rollen die Bernerwäglein ein=

her; das braune Pferd ist sorglich gestriegelt, und drinnen sitzt der Bauer mit seiner „Alten" im Feier= staat oder ein kecker Bursch mit seiner Liebsten. Das stößt und stolpert über die harten Steine, daß einem wohl die Seele aus dem Leibe fliegen möchte, aber unsere bairische „Volksseele" ist nicht so sen= sibel. Je mehr Püffe, desto mehr Vergnügen, und dann ist's doch immer noch „gefahren" — denn stärker, als wir ahnen, hält ja gerade der Bauer aufs Repräsentieren.

Aber auch wer zu Fuße kommt, trägt heute sein bestes Gewand, vor allem die Mägdlein, die aus den Einödhöfen der Nachbarschaft herunter= steigen. Da schmückt die breite Goldschnur den Hut, und im Mieder prangt der „Buschen" von roten Nelken oder Geranium.

Der Zudrang ist so stark, daß gar nicht alles in der Kirche Platz hat; scharenweise stehen die Männer vor dem geöffneten Thor, mit dem Hut in der Hand, und wenn nun das Hochamt ver= klingt, dann drängt die ganze geschmückte Schar hinaus auf den freien Platz, wo die Zwiesprach wohl noch ein Viertelstünblein dauert.

Hier ist ja das allgemeine „Rendez=vous" der

Bauernwelt; Leute, welche die ganze Woche hin=
durch nicht ins Dorf kommen, weil sie im Holz=
schlag oder auf entlegenen Gehöften ihrer Arbeit
pflegen, finden sich am Sonntag „vor der Kirch'".
Dann aber geht's mit ganzem Eifer auf den Markt,
der heute alle übrigen Interessen verdrängt; schon
dröhnt die Trommel der „Künstler", die im Wirts=
garten ihr Seil gespannt; schon hört man „Kasperl"
im Fistelton rumoren, kurzum, mit jeder Minute
würde ein Wunder versäumt. Aber nur langsam
und mühsam durchdringen wir dieses Gewühl; hier
und dort schallt lauter Gruß, wenn Bekannte sich
begegnen, übermütiger Neckruf klingt von einem
zum andern, und dazwischen lassen sich die kreischen=
den Lobeshymnen der Krämer hören, die ihre Ware
verkünden.

Am dichtesten ist das Gedränge indessen dort,
wo der Kleiderteufel zu Markt sitzt; es werden
Pers= und Wollenstoffe feilgeboten, vor allem aber
die schönen seidenen „Tücheln", die das eigentliche
Prachtstück des weiblichen Kostüms bilden. Sie
sind auch das populärste Geschenk, das der Bursch
seinem Mädel bietet; sie schmücken die Fahnen, die
beim Schießen als Preise verteilt werden, und gar

mancher hofft, daß er damit den Weg von außen
nach innen finde — vom Tüchel ins Herz.

In langen Reihen stehen die Mägblein hier
vor dem verlockenden Laden. Es heißt wohl, daß
schöne Mägblein selten seien im bairischen Hochland,
aber wer dort sich umsieht, der wird gern das
Gegenteil gewahren. Nußbraun fallen die Zöpfe
um die frohen Gesichter, und die kichernden Stim=
men klingen hell durcheinander, bis das schönste
Stück gefunden und der äußerste Preis erzielt ist.

Doch auch Kleider männlichen Geschlechtes
kommen zu Markte, in allen Längen und Formaten,
und dieser nichtsnutzige Import trägt meines Er=
achtens keine kleine Schuld an dem Verschwinden
unseres volkstümlichen Kostüms. Den Bauer lockt
das Neue, das Fremde und vor allem das Fertige;
er spürt von der Devise „Billig und schlecht", die
jeden Jahrmarkt regiert, natürlich nur den ersten
Teil, und so kommen unvermerkt jene grauen
„Spenser", schwarzen Hüte und langen Hosen ins
Land, die den Bauer auch äußerlich dem Bürger
gleichmachen; denn die Gedanken, die unter einem
schwarzen Filzhut aufwachsen, sind nun einmal
andere, als die, so unter einem kecken grünen Spitz=

hütlein gedeihen; auch in diesem tieferen kulturge=
schichtlichen Sinne kann man sagen: „Kleider machen
Leute."

Am meisten sucht natürlich das jüngere Ge=
schlecht die „Mode", und selbst der noch ganz kleine
Filius, dem solch ein Markttag neue Hüllen schafft,
wird schon in schwarzes Tuch oder in symbolisches
Grau gekleidet, statt daß man ihn mit nackten
Knieen aufwachsen ließe, wie es sein Vater und
„Ahnl" gethan. Am längsten hält sich noch die
Joppe (die übrigens nicht bairischen Ursprungs ist,
sondern aus Tirol kam), und auch davon giebt es
reichen Vorrat; fast auf jedem größeren Markte
ist der „Kochelschneider" vertreten, der als Spezialist
in diesem Fache gilt, wie ja auch das Gewandstück
selbst „Kochler=Joppe" genannt wird.

Auch eine Feder am Hut mag der Bauer un=
gern entraten, trotz aller modernen Versuchung, und
so gehört denn ein Kaufstand, wo alles erdenkliche
Federspiel vertreten ist, zu den unvermeidlichen
Artikeln eines richtigen Marktes. Wer gern groß=
thun will, kauft einen „Adlerflaum"; auch ein
„Reiherspitz" findet allzeit gute Kunden, aber das
Beliebteste bleibt doch der „Gamsbart" und die

Spielhahnfeder. Mit den Händen in der Hosen=
tasche stehen die jungen Bursche vor dem Kram=
laden dort und mustern die Ware, während so
mancher achselzuckend vorübergeht und denkt: „Dös
holt man si' droben am Berg, nit herunten beim
Kramer."

„Herr Nachbar, a Parasol? Morgen regnet's,"
ruft der Schirmfabrikant einem kurzgedrungenen
Bauer zu, der eben vorüberstapft.

„Dös is g'scheid; na wachsf' i no' a bißel,"
lautet die Antwort, ohne daß der Redende sich
umsieht.

„Aber schöne silberne Knöpf, dös wär' scho'
was anders für an guten Bauern," tönt eine schrille
Stimme aus dem nächsten Stand — „oder an An=
henker für's Dirndl?" (So nennt man das silberne
Halsgeschmeid.)

„Da brauchst scho' an eiserne Ketten zum An=
hänge, und nachher kommen f' Dir do' no' aus,"
brummt der Alte dawider — abermals ohne sich um=
zusehen; der Krämer aber rafft mit beiden Händen
seine Schätze auf und weist sie der lugenden Menge.

Hier findet sich noch so manches köstliche alte
Ding an Schnürwerk und Geschmeide; denn manches

Erbstück, das Jahrhunderte lang im Besitz derselben
Familie war, wird heute leider veräußert oder gegen
modernen Zierat eingetauscht. Die „Herrschaften"
aber, die über Sommer aufs Land kommen, lieben
das „alte Zeug", und gerade auf sie ist hier die
Spekulation gerichtet; in dichter Menge umdrängen
die schönen Fräulein aus der Stadt die hölzerne
Bude, um Knöpfe von Silberfiligran, oder Gürtel-
schließen oder ein Halsgeschmeid zu holen, das vor
dreihundert Jahren auf der vollen Brust einer
Bauerstochter glänzte, wenn sie der Jäger von
Hohenwaldeck oder der Bergknapp von Hall zum
Tanz geführt.

Unbekümmert um diese zarten Gestalten und
ihre altertümlichen Passionen drängt dort ein breit-
schultriger Bursche durch den engen Markt; sein
Halsgeschmeid sind ein paar breite Eisenketten, die
er für den Zuchtstier daheim gekauft und die er
auf diese Weise am bequemsten transportiert; als
holde Zuthat trägt er über der Schulter einige
Hacken und Heugabeln, die gleichfalls an solchem
Tage für den häuslichen Bedarf erworben werden.

„Aufg'schaugt!" ruft er phlegmatisch, so oft
sich einer an denselben gestoßen hat.

Auch ein Verkaufsstand mit feststehenden Messern
gehört zu den notwendigen Attributen eines bairischen
Marktes. Der Gebrauch derselben ist zum Glück
im Hochland unendlich seltener, als in Niederbaiern,
wo sie bei jedem Streite sofort gezogen werden,
aber als Waffe, als Zeichen seiner Wehrhaftigkeit
will sie auch der Bauer in den Bergen nicht missen.
Ja, es ist bezeichnend genug für die Charakteristik
des Stammes, daß König Rudolph von Habsburg
bereits in einem Landfrieden, der speziell für die
bairischen Gebietsteile galt, ein Verbot dieser Art
für nötig hielt. Es heißt dort (dd. 6. Juli 1281):
„Swer stechmezzer in den hosen trait (trägt), dem
sul man die hand abslahen.“

So grimmig ist zwar die Polizei von heute
nicht, aber an Verboten hat es auch im neunzehnten
Jahrhundert niemals gefehlt und noch weniger an
— ihrer Übertretung.

Ganz leer geht wohl niemand vom Markte
heim; denn auch die Generosität kommt an einem
solchen Tage zu ihrem Recht, und sie ist im Bauern=
stande vielleicht verbreiteter, als wir es denken.
Das alte Sprüchwort „noti’ is nit lusti’“ gilt
vor allem, wenn man außer Haus geht; es ist

Ehrenfache, daß der Burfch feinem Mädchen ein
Gefchenk macht, wenn fie an diefem Tage zufammen=
treffen; der Pate muß feiner „Gobl" (das heißt
dem Patenkind) eine Gabe nach Haufe bringen,
und ebenfo erwarten es die Kinder von den Eltern.
Spielzeug aller Art liegt ausgebreitet, unfchuldige
Kränzlein für den Frohnleichnamstag, aber den
Vorzug hat auch hier das Eßbare, „die effende
Sach'", wie der Bauer fagt. Darum ift der Leb=
zelter der populärfte Mann mit feinen breiten braunen
Herzen aus Pfefferkuchen, die ein geheimnisvoller
Sinnfpruch ziert. Noch geheimnisvoller freilich find
die Büchlein, die auf dem nächften Stande ausge=
breitet liegen: Ritter= und Räubergefchichten und
Traumdeutereien.

„Stück für Stück zehn Pfennig," kreifcht die
Megäre, die diefe Schätze hütet, und traumverfunken
fteht der hochgewachfene Tiroler dort, der die Woche
über als Holzknecht in den Bergen weilt; er hält
feinen Schatz an der Hand, auch ein Tirolerkind
aus dem Zillerthale, wie fchon der breitkrämpige
Hut verrät. Das Büchlein, das er in den unge=
fügen Fingern hält, foll das Rezept verraten, wie
man unfehlbar in der Lotterie gewinnen muß —

er streicht die Stirn mit dem blonden Ringelhaar und schlägt die großen blauen Augen auf und blickt stumm auf das sanfte und frische Antlitz des Mägdleins, als wäre nun ihrer beider Glück geborgen. Mühsam holt er den Zehner aus dem ledernen Beutel, und fast verstohlen birgt er das Wunderbuch im Brustfleck und geht mit seinem Schatze an der Hand so schnell von dannen, daß er gar nicht hört, wie die Megäre zum nächsten spricht: „Stück für Stück zehn Pfennig!"

Da wirbelt wieder die Trommel: — rrrr — rrrr — bumbum — und im Sturmschritte drängt sich alles den Seiltänzern zu; „'n Herkules, den müß' ma sehgn." Es ist unser armer Freund von gestern, aber zum Glück ist sein Verhängnis erst bei wenigen ruchbar geworden, und so genießt ihn die Mehrheit noch im unverkürzten Nimbus. Schon den ganzen Morgen über war seine Eisenstange und ein schwerer Feldstein frei auf dem Platze gelegen, damit jeder sich daran versuchen könne; denn eine Verschleppung derselben war aus guten Gründen nicht zu besorgen. Ein dichter Kreis Schaulustiger umgiebt beständig die zwei gewaltigen Stücke. Der und jener versuchte seine Kraft, aber nur ein acht-

zehnjähriges Bürschlein sah ich, das die Zweizentner-
stange über den Kopf hob. Es war ein Futterknecht
vom Bauer in der Au. Der Zauber, den die nackte
Kraft auf den gemeinen Mann übt, bleibt ihm doch
stets unwiderstehlich, das Elementare, Sinnenfällige,
das darin liegt, hält ihn gefangen, und der Mann,
der allein einen Fuhrwagen von der Stelle zieht,
imponiert ihm unendlich mehr, als der verwehende
Dampf, der einen ganzen Festzug beflügelt.

„Jetzt kimmt er, jetzt kimmt er," heißt es von
allen Seiten, wenn nun der „Herkules" in die um-
seilte Arena tritt, ein hoher Kieshaufen, der zur
Seite steht, erscheint als günstige Tribüne; er ist
im Nu erstürmt und fällt alsbald in sich zusammen
unter der Last seiner neugierigen Besteiger. Unterdessen haranguiert ein abgeschabter Clown die Menge
und erzählt unter Purzelbäumen die Biographie
des „Herkules", die in dem wichtigen Aviso gipfelt:
„Ist noch nicht verheiratet."

Herkules — es ist wohl der einzige Name,
der sich aus der griechischen Mythologie ins alt-
bairische Volksleben verirrt hat und der dort sogar
eine Art Hausrecht gewonnen hat: der prächtige
braune Zuchthengst des Weissachmüllers heißt Her-

kules, wenn auch an der Stallthür „Herlucfes" ge=
schrieben steht.

Und wenn nun die Produktion beginnt, da
solltet ihr erst die glänzenden Bauernaugen sehen,
die jedes Stück begleiten: er läßt sich den Ober=
arm mit einer starken Peitschenschnur umbinden und
durch einen Ruck der Muskeln zerreißt er die Schnur;
er wirft ein Messer auf den Tisch, daß es stecken
bleibt, aber von seinem Arme prallt es ab, als ob
es auf Eisen gefallen wäre. Und während noch
alles in höchster Spannung lebt, umkreist der be=
kannte Teller die „hochverehrte Versammlung", aber
zuerst den äußersten Ring, damit keiner entwische.

Mit verzweifelter Anstrengung macht „Kasperl"
dem verhaßten Gegner Konkurrenz, und er hat hin=
wiederum den Vorteil, daß es dort Prügel in Menge
giebt. Dieses erhabene Schauspiel bleibt dem Volke
doch immer das liebste; die ganze dramatische Aktion
liegt hier im Knüppel, den der Held des Stückes
führt, und die Glanzstellen seiner Diktion verhallen
auf den Köpfen von Tod und Teufel. Wie un=
vertilgbar seit Jahrhunderten ist diese deutsche Le=
gende — troß aller modernen Anwandlung, der
selbst das Landvolk unterliegt!

Ober ift das nicht hoch modern, wenn dicht
hinter der Bude des Hanswurstes ein photographisches
Atelier steht, ad hoc für die „Herrn Landleute"
gezimmert? In solcher Stunde bringt der Bauer
wohl das dümmste Gesicht zu stande, das er jemals
im Leben zeigt; mit aufgerissenen Augen und aus=
gespreizten Beinen sitzt er dort, und neben ihm steht
triumphierend ein Maßkrug als volkstümliches Or=
nament.

So wird ein Mensch, der sonst hervorragt
durch freie Beweglichkeit, zum reinen Gliedermann
unter dem feierlichen Drucke des Apparates, die
Kameraden aber, die alsdann das Porträt be=
wundern, sagen ausnahmslos: „Ah, schön is er
kemma," „akkrat wie's Leben," und keiner versäumt
hinzuzusetzen: „Siehst — an Maßkrug hat er aa."

Daß der Maßkrug auch außerdem an Markt=
tagen eine große Rolle spielt, ist natürlich; das
viele Hin und Her und besonders das „Umein=
andersteh'n" macht müde und Müdigkeit zeugt Durst.
So sind denn alle Gaststuben überfüllt; in der
Fensternische und im Winkel sitzen die Alten und
disputieren noch über dieses und jenes Geschäft;
denn jeder Bauer hat ja heutzutage, „so a bissel a

Handelschaft". Das kommt erst morgen recht ans
Licht; denn nach dem „Leutmarkt" wird am Mon=
tag „Viechmarkt" gehalten: so lautet die traditionelle
Bezeichnung der beiden Tage.

Doch während die Alten klügeln und rechnen,
dröhnt die Decke zu ihren Häupten; droben im Saale
ist Schuhplattltanz für das junge Volk; denn auch
das ist ein hergebrachtes Privileg des Marktages,
daß an demselben Tanzmusik gehalten wird.

Es dämmert schon, bis das kleine Fuhrwerk
wieder heimwärts trollt auf dem gewundenen
Sträßlein, wo wir es zuerst gesehn. Der Bauer
sitzt noch stramm und aufrecht darinnen, und er
fühlt mit sichtlichem Stolz, daß er trotz schwerer
Zeche so unversehrt davon gekommen — die Bäuerin
aber schaut ihm nicht ohne Argwohn auf die Zügel
und ist froh, das wenigstens der Bräundl so sicher
geht. Es wird spät, bis man heim kommt, aber
trotzdem sind die Kinder noch auf und jubilieren
den Alten entgegen: „Hast uns an Markt mit=
bracht?" Auch das ist ein stehender Ausdruck der
Volkssprache.

... Wie lind die Nacht ist! — Alles ging
längst zur Ruhe in dem großen Bauerngehöft; nur

Mann und Frau sind noch wach und sitzen auf der Hausbank vor der Thür. Vor ihnen dehnt sich Stall und Scheune; der alte Lindenbaum rauscht und blüht, und wenn sie da so schweigsam in die Sterne schauen, da mag es ihnen wohl durch die Seele gehen, was Erb' und Eigen wert ist und wie glücklich neben all' dem fahrenden Volk ein Mann ist, der Haus und Hof in hundertjähriger Folge sein nennt. Es giebt ein altes Sprüchwort:

„Eigen Rauch und Gemach
Geht über alle Sach'!"

Die Wahltage im bairischen Gebirg.

(1869.)

er Zusammentritt der bairischen Kammer, welcher vor kurzem stattfand, lenkt die Aufmerksamkeit von neuem auf die Tage ihrer Wahl zurück. Eigentlich lebt man in Baiern still: das Naturell der Bewohner ist ein behagliches, die Physiognomie des Landes eine friedliebende. Ganz besonders gilt dies für Südbaiern, wo der Landbau vorherrscht, wo man den regsamen Lärm und die Strapazen der Industrie weit weniger kennt, als in Franken. Dennoch ist der letzte Frühling auch hier ein stürmischer gewesen: eine eigentümliche Erregtheit, ein fast nervöser Zug ging durch das öffentliche Leben. Wer nur ein mäßiges Feingefühl für die öffentliche Stimmung besaß, der mußte dies fühlen, der mußte bemerken, daß die

Atmosphäre entzündlicher geworden war. Dichter
als sonst war der politische Stoff in der Luft ge=
lagert und teilte sich auch denen mit, die am wenigsten
politische Sensibilität besitzen — dem Bauernstande.
So lagen die Dinge in Baiern zu Anfang Mai,
als die Wahlen zum Landtag ausgeschrieben waren:
die Urwahl auf den 12., die Hauptwahl auf den
20. Mai.

Wer in diesen Tagen durch die Gebirge ging,
der konnte sich einem eigentümlichen Eindruck nicht
entziehen. Uber Berg und Thal der erste Frühlings=
hauch. Die Luft war so licht und die Sonne so
mild, blaue Blumen und keimendes Farrenkraut
blühte am Wege. Auf dem Buchenzweig, der die
ersten Knospen trieb, schaukelte der Fink, auf dem
Boden, wo noch das Herbstlaub lag, raschelten die
Tiere des Waldes. Wie klar und einfach ist dieses
Werden, wie leicht sind die Atemzüge dieses Lebens!
Und wie mühevoll gestaltet der Mensch sein Dasein;
wie schwer und verwickelt sind die Gesetze, mit denen
er Organismen schafft und die Gesamtheit zusammen=
hält! Dieser Gegensatz fiel scharf in die Sinne.
Wenn man herauskam ins Thal, wo die Menschen
wohnen, ging eine andere Luft. Um eine Mühle,

die im Thalgrund lag, war das Volk versammelt; die Schüsse krachten, die Jodler tönten, ein Fest= schießen ging zu Ende. Es war ein milder Abend im Mai, es war zur Zeit, wo noch keine Fremden im Gebirg weilten, wo das bäuerliche Element sich noch unbeengt und unverstellt bethätigen darf. Hier und dort standen Gruppen beisammen und ereiferten sich in lauter Rede. Man sprach von den Wahlen. Einzelne aus den älteren Männern hatten erklärt, daß sie diesmal freisinnig handeln wollten, weil sie einsähen, wie der Klerus ihre Unerfahrenheit miß= brauche. Sie sagten das ohne Erbitterung, aber mit jener starken unbiegsamen Zähigkeit, mit der der Bauer seine Entschlüsse bekundet. Mancher Neu= gierige schloß sich an, mancher, dem die Natur das Wort und die Gedanken versagt hatte, nickte be= friedigt. Über der Mühle lag ein walbiger Hügel, nach welchem die kleine Schar der Beratenden ge= zogen war. Hier fühlte man die stille ergreifende Mainacht, und unwillkürlich war es, als ob der Gedanke der Freiheit einen plötzlichen Zauber er= halten hätte. Grüne Matten, flimmernde Sterne und dazu der schlichte Ernst der Worte, die hier gesprochen wurden, wie tief ging das zu Herzen!

Mit gekreuzten Armen standen die kräftigen Gestalten im Kreise, und dann drückten sie sich die
Hände und gelobten, diesmal der Freiheit die Ehre
zu geben. Das war die erste Wahlversammlung,
es war ein Rütli im kleinen.

Für den nächsten Tag ward eine öffentliche
Versammlung berufen, die von einigen liberalen
Männern ausging, um die Kandidaten zu besprechen.
Als diese Absicht ruchbar wurde, da war großes
Halloh unter. einem Teile der „Honoratioren".
Es giebt rühmliche Ausnahmen, aber es giebt auch
Bureaukraten, denen von vornherein jede Versamm-
lung vorkommt wie ein Skandal. Mit ungewohnter
Behendigkeit liefen diese hin und wider; die ganze
Phalanx der Autorität sollte aufgestellt werden gegen
solche Vermessenheit. Wie man in Zeiten der Not
aus dem Zeughaus die alten Kanonen holt, so drangen
sie in den Pfarrhof ein und wollten den geistlichen
Herrn holen, daß er die liberale Armee mit dem
Granatenfeuer seiner heiligen Flüche bombardiere.

Die Versammlung bot ein merkwürdiges Bild.
Seit dem Schluß der vierziger Jahre war keine
politische Zusammenkunft mehr gewesen bis zur
Zollparlamentswahl, die Landtagswahlen hatten

ohne innere Beteiligung des Volkes stattgefunden. Und nun auf einmal in aller Ruhe und Ordnung eine liberale Versammlung!

Der Schauplatz derselben war eines jener schönen langgestreckten Häuser, wo der Weg nach vielen Richtungen sich kreuzte. Von allen Seiten kamen die Bauern in ihrer Sonntagstracht; Neugier und Spannung lag auf allen Gesichtern. Auch die Schwarz= gesinnten unter den Honoratioren waren da: ein peinliches Geflüster, das dem Bewußtsein der Gegen= sätze entspringt, ging durch die Reihen. Endlich zog man hinauf in den großen Saal, und ein schlichter Mensch, der in der Gegend daheim war, ergriff das Wort. Er widerlegte zuerst das Lieblingsthema der Priester, als ob die Begriffe „freisinnig sein" und „preußisch werden" sich deckten. Aber er sei ein guter Baier und darum bitte er die Leute, sie sollten sich nicht über Preußen den Kopf zerbrechen. Die deutsche Frage wird nicht von Baiern und noch weniger von den Bauern gelöst, sondern von der Weltgeschichte. Unsere Sorge kann nur die sein, daß die Stunde der Entscheidung uns vorbereitet findet. Je tüchtiger, je freisinniger Baiern im Innern entwickelt ist, desto wohlgehaltener wird

es dann aus diesen Tagen der Krisis hervor=
gehen.

Zu dieser inneren Entwickelung mitzuwirken
ist aber der Bauernstand hervorragend berufen.
Hier kann der einzelne durch seine Stimmführung
bezeugen, ob er den Nutzen freisinniger Gesetze ver=
stehe und ob er das Beste des Landes wolle.

Auf dem Lande wird der Fortschritt vielfach
verlästert, und nur weil man ihn zu wenig kennt,
gilt er für ein Gespenst. Man soll ihm frisch in
die Augen schauen. An der Hand der neuen Ge=
setze entwickelte nun der Redner, was denn der
Fortschritt in Wahrheit bedeutet. Wenn im Ge=
werbsgesetze jedem die Verwertung seiner Kraft ge=
währt wird, so ist dies doch nicht gefährlich, und
wenn das Wehrgesetz auch intelligente und vermögliche
Leute unter die Waffen ruft, ist das nur gerecht.
Mit der Öffentlichkeit des Verfahrens wird die
Rechtspflege unter die Garantie des Publikums ge=
stellt; durch die neue Gemeindeordnung begiebt sich
der Staat einer Vormundschaft, die ihm nicht ge=
bührt. Jedem das Seinige. Wenn man das Facit
zieht, dann kommt der Fortschritt gerade dem ge=
meinen Mann am meisten zu Gute. Ihm werden

Lasten abgenommen, die er allein vorher getragen, und Vorteile zugewendet, die er allein vorher ent=behrte. Er braucht die Bildung am meisten und darum gewinnt er am meisten, wenn sie auf eine liberale Weise dem Volke vermittelt wird. In Baiern ist jetzt ein Ministerium am Ruder, das von dieser Überzeugung geleitet wird, und dem die vernünftige Erziehung des Volkes eine Herzens=sache ist. Was in anderen Zeiten schrittweise er=obert werden mußte, wird uns jetzt als ein ganzes einheitliches Werk und aus freier Hand geboten.

Daß wir diese Reformen verstehen, daß wir annehmen, was die Zeit von uns fordert und die Zeit uns giebt, das ist der echte Fortschritt, und in diesem liegt weder eine Gefahr für die Ruhe des Landes, noch des Gewissens.

Wir sind loyal, indem wir liberal sind. So wählt denn Männer, welche diese Grundsätze ver=treten!

Nicht mit diesen Worten, aber in diesem Geiste, sprach der ländliche Redner, und ein wohlthätiges Gemurmel lief durch die Reihen. Das effektvolle Bravo und die künstliche Claque, in der die Städte ihren Beifall spenden, ist auf dem Boden der Nagel=

schuhe noch nicht heimisch geworden; nur mezza
voce äußert sich dort die Sympathie. „Ja, wenn
das der Fortschritt ist,“ sagte einer, „dann ist's
ja soweit nit g'fehlt mit ihm, da sind wir ganz
nahe bei einander.“ „Grad so hab' ich mir's immer
vorgestellt, aber fürbringen kann ich's halt nit,“ erwiderte ein anderer. Hier und dort nickten die
Leute einander zu, es war nicht nur ein gewisses
Verständnis, es war eine Stimmung geschaffen
unter denselben. Sie fühlten bereits das, was sie
dachten, und diese Stimmung ist der mächtigste
Faktor, der eine versammelte Menge beherrschen kann.

Um gegen den Strom zu schwimmen, muß man
ein guter Schwimmer sein, und die Einfachheit zu
besiegen, fordert vielleicht am meisten Kunst. Darauf
aber sind „Honoratioren“ nicht vorgesehen. Sie
hatten auf eine knüppelhafte wilde Rede gewartet,
um ihren Knüppel aus dem Sack zu lassen, auf
eine liberale Orgie, um dann ihre „patriotischen
Phantasien“ an den Mann zu bringen: die Mäßig-
keit entwaffnete sie. Sie selber empfanden das,
denn keiner von ihnen ergriff das Wort. Unbehaglich schoben sie sich hin und her unter der be-
wegten Menge, und die äußere Würde reichte nicht

mehr aus, um ihr Selbstgefühl zu ernähren. Sie
fühlten, daß sie innerlich unbeteiligt — b. h. daß
sie überflüssig waren.

Das Schicksal der Wahl aber erschien von dieser
Stunde an gesichert, denn als der 12. Mai kam,
waren sämtliche Urwahlen des Bezirkes liberal.
So verlief die Agitation zum ersten Wahltag an
einem der gefeiertsten Punkte des Gebirgs. Nicht
überall hatte die freisinnige Partei frische Vertreter
und Wortführer gefunden, und darum war Grund,
daß man der Hauptwahl mit Sorge entgegensah.
Sie fand am 20. Mai statt.

Denken Sie sich ein kleines Städtlein im bai=
rischen Vorgebirge: durch die Lücken, welche die
Gassen bilden, schauen die Berge herein mit tief=
blauem Tannenwald. Die Häuser zu beiden Seiten
der Straße sind dicht zusammengerückt, und einige
stehen so schief, als ob es ihnen zu enge würde.
Manche sind im alten Stil mit dem breiten Vor=
dach und der braunen Altane, andere haben sich
modern geputzt und tragen statt des verwitterten
Florian ein elegantes Marienbild. Hier und dort
thront ein altertümliches Thor oder ein steinerner
Bogen und allenthalben ist das Pflaster entsetzlich.

Das ist ungefähr die Physiognomie des Städtchens: eine seltsame Mischung von Stadt und Land. Auf dem Marktplatz steht nach alter Sitte der mächtige Brunnen; auch die Amtsgebäude stehen daselbst, und das große Wappen mit dem blauweißen Schild sieht aus, als ob die Häuser eine Dienstmütze trügen. Heute bietet die Stadt ein bewegtes Bild; alle Welt ist auf den Gassen. Auch die besagten Amts= gebäude sind in Uniform, denn eine blauweiße Flagge hängt bis auf die Erde hernieder, und die Buben springen darnach, ob sie die Zipfel erreichen können. Vor den Thüren drängen sich die Gäste — eine wahre Wagenburg ist vor den Wirtshäusern auf= gefahren.

Es ist der Vorabend der Landtagswahl. Um die Vorberatungen nicht zu versäumen, sind die meisten Gäste schon nachmittags eingetroffen, und der Konflikt der Meinungen, der Wohnungs= und Nahrungssorgen erzeugt jenes liebliche Durcheinander.

Trotz des Regens stehen die Menschen in dichten Gruppen auf dem Platze. Jede Hausthür ist eine Tribüne, jeder Wirtshaussessel ist ein Parlaments= sitz geworden. Mitten im Knäuel aber steht einer, der in ungebundener Rede die Lage schildert und

für den Gebrauch der Ellenbogen ein feines Ver=
ständnis besitzt. Beifallsrufe und Zeichen der Ent=
rüstung unterbrechen den Redner unter seinem Regen=
schirmzelt, aber er läßt sich nicht unterbrechen; Neu=
gierige aller Sorten umbrängen ihn, aber er läßt
sich nicht von seinem Standpunkt verdrängen. Jeder
spricht, jeder hört auf seine eigene Weise. Der
eine hat die Pfeife im Mund, der andere stemmt
die Arme in die Seite, wasserdichte Naturen halten
den Regenschirm in der Hand und sind zu faul,
ihn aufzumachen. Das ist die Politik des Volkes.

Wenn man die Wahlmänner, die hier gekommen
sind, von außen (und noch mehr von unten) betrachtet,
so sieht man fast lauter Lederstiefel und schwarze
Röcke, das heißt die Mehrzahl der Wahlmänner
sind Bauern oder Geistliche, und bei manchen war
es schwer, den Unterschied gleich zu entdecken.

An und für sich ist der Typus des altbairischen
Landpfarrers weder unbekannt, noch zu genauerer
Bekanntschaft verlockend, allein in dieser Skala wurde
er wahrhaft interessant. Etwa hundert Kleriker
waren hier versammelt, von der Gestalt des Falstaff
herab bis zum hageren grausamen Shylock. Mit
jener Zuversicht, welche bei unfeinen Naturen stets

durch die Quantität erzeugt wird, wanderten sie
durch die Straßen, bald in eifriger Rede, bald mit
nachlässiger Güte ans Publikum sich wendend. Man
fühlte, daß die Straße ein politisches Lager war,
und wußte, wer das Kommando in demselben besaß.
Man wußte auch, wer die morgige Schlacht ge=
winnen würde. Hier und dort fiel die alte, vom
Klerus ausgegebene Parole: „Wir wollen nicht
preußisch, wir wollen nicht lutherisch werden." Der
Parlamentär, den die Liberalen sandten, um Ver=
gleiche zu offerieren, kam unempfangen wieder.
Tapfer und rührig kämpfte die kleine Schar, die die
Fahne der Freiheit trug, aber der Sieg war den
schwarzen Fahnen beschieden.

Wer hier auf der Straße stand, der konnte
erkennen, wie das Volk die Politik behandelt. Der
Grundfehler aber ist, daß der Begriff des Staates,
daß der Sinn fürs Ganze so wenig entwickelt ist.
Da der Horizont der meisten nicht über die Sphäre
ihres Hauses oder ihres Geschäftes hinausreicht, so
hält jeder dieselben Maßregeln, die im Hause nötig
sind, auch im Staate für möglich. Jedes Opfer,
das der Staat ihm auferlegt, hält der Bauer nicht
für ein Opfer, das er dem Ganzen bringt, sondern

für eine Beläftigung, für eine Chicane, die dem
einzelnen angethan wird, denn jeder geht vom
individuellen ftatt vom gemeinen Bedürfnis aus.

Diefen Zug haben die Geiftlichen wohl erkannt
und daran knüpfen fie ihre wirkfamfte Agitation.
Allen gemeinnützigen Beftimmungen, die nicht ihrer
Richtung dienen, gewinnen fie die fubjektive Seite
ab und hemmen dadurch die Popularität derfelben.
So war es beifpielsweife beim Schulgefetz. Auf
das Heftigfte wurde von Seiten des Klerus betont,
welche Laft hierdurch auf die Eltern, welcher Zwang
auf die Familie fällt. Welche Wohlthat es aber ift
für ein Land, wenn das Niveau der Volksbildung
fich hebt, das ward mit keinem Worte gefagt (und
vielleicht auch nicht empfunden).

Dem Klerus fehlt der ftaatliche Gemeinfinn.
Berufs= und gewohnheitsmäßig ift er geneigt, fich
mit einer Summe von einzelnen abzugeben, der
geheime Vertrauensmann ihrer Seelen zu fein. Er
faßt mehr denn jeder andere den Menfchen als
Individuum, und der korporative Begriff (die Ver=
einigung der Menfchen) hat für ihn nur Intereffe
auf dem religiöfen Gebiet. Mit einem Worte: f e i n
Staat ift die Kirche. Bei den meiften Geiftlichen

wirkt schon die Erziehung in dieser Richtung; bei
den wenigsten schafft die persönliche Bildung ein
Gegengewicht. Deshalb lag auch der Schwerpunkt
klerikaler Agitation von jeher in der individuellen
Pression. Dem einzelnen gegenüber sind ihre Waffen
am wirksamsten, denn sie sind in das feine Gift
der Subjektivität getaucht.

Am Abend vor der Wahl war große Versammlung. Auf Tischen und Bänken standen die
Hörer, die liberale Partei empfahl ihre Kandidaten,
und lud zu Gegenvorschlägen in kollegialer Weise
ein. Bürger und Beamte, selbst Bauern traten
als Redner auf — aber kaum ein einziger Priester.
Die geistlichen Herren agitieren nicht gern in Ver-
sammlungen, der Intelligenz des Ganzen gegenüber.
Nur unter Parteigenossen, nur auf der Kanzel, wo
die Einrede fehlt, streben sie nach Massenwirkung;
im Verkehr des Lebens aber wenden sie sich stets
ans Ich, und das Ich ist die Achillesferse eines
jeden.

Ohne Täuschung über das, was kommen würde,
ging man abends auseinander — zur ruhelosen
Ruhe. Obgleich alle Gasthäuser überfüllt waren,
war man dennoch trefflich aufgehoben, denn die

Bewohner des Städtchens stellten mit Freuden ihre Räume zur Verfügung. Die meisten waren wohl= habende Bürgerfamilien und die Staatszimmer des Hauses wurden heute geöffnet. An den Wänden hingen die Porträts der Eigentümer, e r mit dem Blumenstrauß im Knopfloch, f i e mit siedend roten Wangen, beide vom „Künstler“ schauerlich mißhandelt. Die Geschichte der heiligen Genofeva in Farbendruck und goldenem Rahmen wirkte ergänzend nach und wurde nur von einigen Heiligenbildern übertroffen. Auf den Betten war eine weiße gehäkelte Decke, auf dem Tisch ein noch niemals gefülltes Tinten= zeug — das waren die Zeichen dieser Wohnlichkeit. Überall waren die Leute liebenswürdig und zuvor= kommend, überall zeigte sich der Stempel eines sicheren, aber geschonten, unbenützten Wohlstandes. Und nun kamen die schweren Wahlmännerstiefel und trabten auf der gescheuerten Diele umher, wie die Soldaten im Quartier. Ach, es waren ja die Truppen zur morgigen Wahlschlacht!

Sie ward von den „Patrioten“ mit einem großen Hochamt eröffnet. In dem gewaltigen Saal, wo die Wahl vollzogen wurde, prangten Fahnen und Wappen, an einem blaudrapierten Tisch saß der

Stieler, R., Natur= und Lebensbilder.   23

Ausschuß und der Wahlkommissär der Regierung,
der die Zettel verteilte. Rechts und links waren
die Tische der Parteigenossen, welche ein förmliches
Schreib= und Werbebureau errichteten. Mitten
drinnen endloses Menschengewühl. Namen aller
Parteien tönten hin und wider; Anträge wurden
gemacht und verworfen, Unmut und Witz, Roheit
und Würde ließen sich vernehmen. Ein mißliebiger
Name wurde gerufen. „Jawohl," schrie ein Bauer
dazwischen, „wählen wir den; der sagt heute so
und morgen so, der gilt gleich für zwei. Dann
ersparen wir uns die halbe Arbeit, denn die ganze
ist doch umsonst."

Nach den gesetzlichen Bestimmungen ist es ge=
stattet, daß ein anderer den Wahlzettel ausfüllt,
wenn derselbe nur vom Wähler selbst unterzeichnet
ist. Gerade hiedurch entsteht zu Unterschleifen
mancherlei Gelegenheit, indem die Inhaber solcher
Wahlzettel getäuscht oder gar nicht um ihre Meinung
gefragt werden. Ein Fall der letzteren Art kam
zur Anzeige.

„Der Herr Pfarrer von F. soll vortreten,"
rief der Regierungskommissär. Durch die schmale
Gasse, die sich im Menschengewühl gebildet hatte,

durch die allgemeine Sensation wand der Gerufene sich errötend hindurch.

„Sie haben für die beiden Bauern N. und N. die Wahlzettel ausgefüllt?"

„Ja."

„Ist dies im Auftrag derselben geschehen?"

„Ja."

„Wo sind die beiden? Sie sollen vortreten!"

Das kleine Auge des Angeschuldigten stach zuckend durch den Saal. „Sie sind fort!" sprach er befriedigt.

Unter allgemeiner Erregung wurden die beiden aufgesucht und kamen zur Stelle.

„Habt Ihr dem Herrn Pfarrer von F. Auf= trag gegeben, Eure Wahlzettel auszufüllen?" redete der Kommissär sie an.

„Ja," antworteten beide übereinstimmend.

„Hat er auch die Namen der zu Wählenden in Eurem Auftrage geschrieben?"

„Ja."

„Gut — und welche Namen habt Ihr ihm aufgetragen?"

„Die, welche auf dem Zettel stehen," erwiderten beide kurz.

„So — und welche stehen denn auf dem Zettel?“ Keiner der beiden wußte auch nur einen einzigen der Namen anzugeben, für welche der Pfarrer die Unterschrift ihnen abgenommen hatte.

Sofort wurden durch Beschluß des Ausschusses beide Wahlen vernichtet, der Vorgang aber zur weiteren Behandlung ins Wahlprotokoll eingetragen. Von acht Uhr morgens bis abends sechs Uhr dauerte der Kampf — der Sieg aber blieb den Ultramontanen. —

Wäre dies Ergebnis der wahre Ausdruck der Volksmeinung, dann hätte ein liberales Regiment in Baiern schweren Stand. Allein man darf nicht vergessen, wie viele dieser Wahlen gemacht sind und daß der Klerus fast allein am Platze stand, als es sich darum handelte, sie zu machen. Nur die Partei, welche die Freiheit organisiert und handhabt, fehlt auf dem Lande; die Freiheit selbst ist dort nicht verrufen. Das werden spätere Wahlen darthun. Auch Baiern ist besser als sein Ruf.

In einem bairischen Stellwagen.

(1870.)

Es giebt eine Phrase, daß nur der Land und Leute kennt, der zu Fuße wandert. Allein das ist da nicht richtig, wo das Fahrzeug zum charakteristischen Gepräge der Gegend gehört, wo sich im Fahren selbst ein Stück Kulturgeschichte abrollt. Wer Italien ganz kennen will, muß mit dem Vetturino gereist sein, und wer Altbaiern verstehen soll, muß auch auf der Folterbank eines Stellwagens gesessen haben. Davon läßt sich nicht dispensieren. Wenn man verschämte Touristen fragt, mit welcher Gelegenheit sie weiter reisen, so sagen sie: „Mit dem Omnibus". Das ist wenigstens ein lateinisches Wort und klingt nicht so plebejisch.

Im Wesen sind natürlich beide gleich. Denn die Pferde sind mager hier wie dort, der Kutscher

ist in beiden Fällen gleich grob und der Wagen
gleich enge. Es ist nur ein verschiedener Name
für dasselbe Leid, und für diese Verschiedenheit zahlt
man sechsunddreißig Kreuzer mehr. Zwischen den
einförmigen Pappelalleen des Flachlands und zwischen
den grünen Bergen des Hochlands trollen Stell=
wagen und Omnibus des Weges. Sie sind dort
die Seele des Weltverkehrs, sie sind die Träger der
Neuigkeiten und das Symbol des Fortschritts.

Den Sinn für Präzision hat man den Eisen=
bahnen überlassen; wer mit dem Stellwagen fährt,
darf mit den Minuten nicht so knauserig sein.
Darum ist es unsäglich schwer, ihn flott zu machen.
Wenn er um drei Uhr vom Wirtshause abfahren
soll, so liegt der Kutscher gewöhnlich um halb vier
Uhr noch im Stall und schläft. Dann trampelt
der Hausknecht mit schweren Stiefeln herein und
spricht ihn freundlich an: „Wia, Hansei, Spitzbua
fauler, steh auf, die Leut sind da zum Fahren.“
Mit einem Gähnen, das zehn Zoll im Durchmesser
hat, hebt sich der Angeredete hinweg und brummt:
„Schau, schau, daß die Tröpf’ immer zu früh
kommen!“ Alsdann füttert er gemächlich die Pferde
und ruft hinaus: „So, jetza fahren wir nachher

bald!" Schlimmer ist es noch, wenn er statt im Bett in der Schenke liegt und zecht; denn dann muß der Hausknecht nicht bloß die Pferde, sondern auch den Kutscher herausführen und das „bald" dauert noch um eine Stunde länger.

Hierauf beginnt die Verpackung, die dadurch große Schwierigkeiten leidet, daß die Sitzplätze des Wagens nicht immer in räumlichem Einklang mit dem Sitzplatz der Fahrgäste stehen. Am tollsten geht es natürlich bei jenen Stellwagen zu, die an Bahnhöfen stehen, um die Passagiere über Land zu verfrachten. Denn im Galopp stürzt alles aus dem Waggon an den Wagen, die einen stolpern über die Schienen, die andern verlieren ihr Gepäck — es wird geflucht und gesucht, geeilt und geheult ohne Ende. Da die Menschen an äußerem Umfang ebenso verschieden sind, wie an innerem, so giebt es hier in der That ein difficiles Rechenexempel, dessen Lösung schließlich nicht der Kunst, sondern nur der Grobheit gelingt.

Alltäglich ereignen sich diese Scenen zum Bei= spiel in Holzkirchen, wenn der Hochsommer kommt und die Epidemie der Gebirgsreisen alle Münchner ergriffen hat. Mancher der verehrten Leser ist viel=

leicht selbst das Opfer solcher Momente gewesen und kann bestätigen, daß nicht gelogen wird.

Betrachten wir nun das Publikum, welches diesen Wagen füllt, ein wenig näher. Im Sommer sind es, wie gesagt, die „Lustreisenden," die den großen Städten entfliehen wollen und die Gebirgs= straßen nach allen Seiten durchkreuzen. Außerdem findet man nur solche, die ihr Geschäft auf Reisen führt, aber auch diese sind bunt genug zusammen= gewürfelt. Kinder des Geistes und Kinder der Welt sitzen neben einander, der Pfarrer und der Gens= d'arm, der Holzknecht und die Hochzeiterin. Die Disziplinargewalt über alle handhabt der Kutscher, und wenn die Gegensätze platzen, wenn es Spektakel giebt, dreht er sich um und ruft durchs Fenster hinein: „Wollts a Ruh' geben, Ihr Sakra, oder nit, sonst wirf ich Euch gleich alle in Straßen= graben 'nein".

Wer erkennen will, wie das Volk fühlt und denkt, der kann keine bessere Studierstube wählen, als den verruchten gelben Kasten. Über Liebe und Politik, über die Lebendigen und Toten wird hier verhandelt, als wäre ein förmlicher Kongreß beru= fen. Manches schlagende Wort springt über die

wulstigen Lippen, manche feine Bemerkung fällt
unter die rasselnden Räder; im ganzen aber ist das
Publikum sehr dankbar — weil es Langeweile hat.

Nicht immer freilich ist der Stil zierlich und
der Inhalt zahm. Die größten Virtuosen sind in
dieser Beziehung die Flößer, welche auf der Isar
nach München fahren und über Holzkirchen im Stell=
wagen heimkehren. Als Pertinenzen führen sie eine
große Axt und einen Zentner Seile bei sich, die
sie dann ihrem Gegenüber auf den Schoß legen.
Da sie müde sind, schlummern sie gewöhnlich auf
der Schulter des Nachbars ein, und alle Versuche,
solche holde Last von sich abzuwälzen, sind ver=
geblich. Und doch ist es vielleicht besser, sie schlafen,
denn ihr Gespräch betritt gar leicht einen schlüpf=
rigen Boden, gegen den nur solche Wasserstiefel
unempfindlich sind.

Vorn auf dem Bock thront der Kutscher als
eine Macht. Er weiß alles, er besorgt alles, er
schimpft und protegiert ganz nach Befinden. Wer
ihn milde stimmen will, muß ihm eine Cigarre
geben; und je schlechter sie ist, desto besser wird
er sie finden, desto näher wird sie seinem Verständ=
nis sein. Bedenklicher als jedes andere Hindernis

aber wirken die Wirtshäuser, für die der Stell=
wagen eine unverbrüchliche Anhänglichkeit besitzt.
Denn wer hat jemals gesehen, daß ein Stellwagen
an einem Wirtshause vorüberfuhr? Und wer
hat es je erlebt, daß ein Kutscher seine Pferde tränkt,
ohne selbst ein Glas Bier zu trinken? Wehe, wenn
einer der Gäste sich beigehen ließe, hierüber zu mur=
ren; solche Einreden beantwortet der Lenker höch=
stens damit, daß er sich noch ein zweites Glas
einschenken läßt. Unter diesen Umständen kann man
allerdings nicht behaupten, daß der Stellwagen ein
Kulturfahrzeug ersten Ranges sei. Aber trotzdem
kann man bisweilen ganz vergnügte Stunden darin
verleben, ja sogar manchmal schöne und poetische.

So gedenk' ich noch immer gern einer Fahrt,
die ich einmal bei Nacht gemacht; es ging auf den
Herbst zu und tiefe Dämmerung lag schon auf der
Landschaft, als wir wegfuhren; am Himmel glänz=
ten die ersten Sterne, in den Häusern die ersten
Lichter. Unter der Thür saßen die Leute und riefen
uns ihren Gruß, als wollten sie sagen: „Ei, wer
wird so spät noch fortreisen; wir sind froh, daß
wir daheim bleiben können." Die Straße führte
am See entlang; man hörte, wie die Wellen ein=

tönig anschlugen, wie das Schiff sich regte im Nacht=
winde. Der Postillon knöpfte sich den Mantel zu,
die Passagiere drückten sich in die Ecke und die
kühle Nachtluft flog mir um die Schläfe. Ich saß
draußen auf dem Bock. Stückweise ging es dahin
unter hohen Buchen, daß die Zweige das Dach des
Wagens streiften; dann ward die Straße wieder
frei und stieg mäßig bergan. Jetzt ergriff der Po=
stillon sein Horn mit der blauweißen Schnur und
blies in die Nacht hinein. Anfangs waren es lustige
Weisen, dann kam das alte schmerzenreiche Lied:

> Du haft mich zu Grunde gerichtet!
> Mein Liebchen, was willst du noch mehr?

Kein Wanderer begegnete uns, nur der Wider=
hall antwortete auf die stille Weise. Immer glän=
zender wurden die Sterne; es war, als ob das
Firmament sich wölbte vor unseren Augen, als ob
man den kühlen Nachttau fallen sähe. Dann und
wann scholl fernes Gebell zu uns her, und wenn
wir an Häusern vorbeifuhren, sah man wohl ein
verliebtes Paar, das unter der breiten Altane stand,
Arm in Arm oder verstohlen flüsternd. Da knallte
der Postillon mit hellem Lachen; doch wenn wir

vorüber waren, nickte er still und dachte: „così fan tutte". Auch er hatte einst ein Lied gehabt, das seinen Weisen lauschte; er erzählte die lange Geschichte, aber es war nichts davon übrig geblieben als das alte Lied:

Du hast mich zu Grunde gerichtet!
Mein Liebchen, was willst du noch mehr?

Das Fingerhackeln.

(1868.)

päter Herbst ist es; um die Nachmit-
tagszeit.

Draußen im Isarthal, in den oberbairischen Bergen, steht die riesige Benediktenwand
und schaut herein durch die angelaufenen Scheiben
— drinnen, in der Wirtsstube, ist tiefe behagliche
Ruhe. Jetzt kann man's schon leiden, wenn tüchtig
eingeheizt wird. Lustig knistert das Feuer im dicken
Ofen und daneben sitzt der dicke Wirt und denkt
an die — Weltgeschichte. Wenigstens liegt der
„Volksbot" da drüben, die Nummer von vorvor-
gestern, und er nickt so ernsthaft mit dem Haupte!
Es ist eine Ruhe voll Anstand und Würde.

Nicht viele Gäste stören seine Muße. Nur ein
paar Flößer, die heut Blaumontag machen, sitzen

am „grünen Tisch" und spielen. Doch es ist nicht
Roulette; der Tisch ist nur grün angestrichen, und
daneben steht ein Croupier mit der Heugabel.

„Jesses — der Hansei!" rufen die Spieler,
als auf einmal die Thür knarrt. Nachlässig und
stolz schlendert eine hohe Gestalt herein, und nach=
dem sie ringsum genickt, kauert sie schweigend am
kleinen Tische nieder. Der Hansei mag nicht lange
warten, „das ist ein scharfer Regent", und deshalb
hat er noch kaum mit den Augen geblinzt, so stellt
schon die Kellnerin den schäumenden Krug vor ihn.
Der rote Jörgl von der Jachenau, der gegenüber
sitzt, läßt sich auch nochmals einschenken, der hat
gern „an Haingart" (ein trauliches Beisammensitzen),
und der Hansei war schon lang nicht mehr sichtbar.
's ist nicht deswegen, weil ihm der Wirtshausbesuch
von Oben verboten ist; darum schmeckt's ihm nur
um so besser, aber vielleicht „leidet's sein Mahl
nicht". So denkt sich wenigstens der schlaue Jörgl,
und in neckendem Ton beginnt er:

„No, Hansei, mich freut's nur, daß Dich Dein
Dirndl doch alle Monat einmal auslaßt, denn so
lang ist's bald, daß wir Dich nimmer gesehen haben.
Aber d i e hat Dich am Bandl!"

Hansei rückte den Hut auf die Seite, und das war ein schlimmes Zeichen. Die Stellung des Hutes ist beim Bauern ein Barometer der Stimmung, und man kann nach den Winkelgraden berechnen — wann's losgeht.

„Ich hab' mir mein Dirndl schon besser dresfiert," erwiderte er trotzig, „die geht auf'n Pfiff, da g'schieht, was ich will!"

Dem Jörgl aber war's nicht genug. Er sah, daß der Hansei sich ärgerte, und langsam eröffnete er jenen kurzen ominösen Dialog, in welchem die Helden der Bierbank streiten und der so deutlich und handgreiflich wird.

„Aber neulich haben s' was Schönes erzählt," begann der Jörgl wieder. „Da sollst Du g'sagt haben, sie soll Dir a Bussel geben, und dann hätt' sie Dir — a Watschen geben!"

Hansei rückte zum zweitenmal den Hut. „Dich gift's halt, Jörgl," sprach er, „daß das Dirndl Dir auskommen is, bei Dir is nix als der schielige Neid."

Doch der Jörgl war schnell mit der Antwort fertig. „Um so eine," erwiderte er höhnisch, „braucht man niemanden neidig sein, die einen doch nur

zum Narren hat. O mein, Hansei, Dich zieht ja
bös Dirndl beim Finger fort.“

„Ich will Dir's gleich sagen, wer mich beim
Finger fortzieht,“ fuhr Hansei grimmig auf, „Du
einmal nicht. Geh her, wenn Du Schneid' hast,
ob Du Dich hackeln traust — und wenn Du mich
hinziehst, dann darf mich der Teufel holen auf freier
Weid', noch heut auf'm Heimweg.“

Hansel streckte den Arm über den Tisch und
Jörgl hackte sich blitzschnell in den gekrümmten Zeigefinger ein.

„Aufgeschaut!“ —

„Himmelherrgottsakrament!“ —

Diese Parole dröhnte durch die stille Stube,
wo nun das sogenannte „Fingerhackeln“ erprobt
wird. Die Sitte ist alt und allgemein in Ober-
und Niederbaiern. Wenn die Gegner sich mit den
Zeige- oder Mittelfingern eingehackt haben, dann
beginnen sie zu ziehen und versuchen einander zum
Wanken zu bringen oder zur Erde zu reißen. Wer
ein besonderer Virtuose ist, packt mit dem einen
Finger bisweilen zwei Gegner — und zieht sie über
Tische und Bänke weg. Der Charakter dieses Brauchs
ist indessen niemals ein ernsthafter und der Zweck

bleibt immer der des Spieles. Das versteht sich
bei der ungefährlichen Natur dieses Angriffs eigent=
lich von selbst, wenn man an die engere Heimat
desselben denkt und dann erwägt, wie leichtfertig
dort die schrecklichsten Waffen gehandhabt werden.
Denn am stärksten ist das Hackeln doch auf jenem
urwilden Fleck zwischen Isarthal und Innthal zu
Hause, wo's schon die Schulkinder miteinander pro=
bieren und wo der kleine Hüterbub den Geißbock
zu Boden hackelt. In diesem Revier bairischer
Heldenkraft passiert es nicht selten, daß einer dem
andern ein Auge ausschlägt und sich dann damit
entschuldigt: „Ich hab' ja nur Spaß gemacht!"
Da ist natürlich das Hackeln zu harmlos, wenn
man einem ernstlich beikommen will. Ein Holz=
knecht, der „warm wird", beschränkt sich nicht auf
einen so partiellen Angriff, wie auf den Finger des
Gegners, und auf eine so partielle Waffe, wie auf
seinen eigenen. Im wirklichen Treffen da kommt
die Faust, und auch die ist häufig noch zu wenig.
Für was sind denn die eisengespitzten Berg=
stöcke, die Holzhacken und Messer auf Erden? Die
kommen zum Zuge, wenn sich's um die Theorien
von „Blut und Eisen" handelt. Diese harmlosere

Art des Kampfes setzt stets einen gewissen Grad
von Verständigung voraus. Ein blutiger Kampf
wird häufig unaufgefordert begonnen, das „Hackeln"
kann aber nicht ohne Herausforderung unternommen
werden. So hat es denn auch am meisten in den
Fällen statt, wo einer so gereizt ist, daß er sich
Luft machen möchte, und doch noch so vernünftig,
daß er das Totschlagen meidet. Da ist dann jene
Rivalität gerade recht, denn im Hackeln steckt ein
großer Ehrgeiz, und die Niederlage des Gegners
schmerzt diesen oft mehr, als die bittersten Prügel.
Nicht selten wird auch auf den Erfolg gewettet;
das Bezirksgericht in Straubing hat vor Jahren
einen Fall entschieden, in welchem es eine Summe
von nicht weniger als tausend Gulden galt.

Auch in den Strafverhandlungen, wo die rauf=
lustigen Missethäter oft in langen Prozessionen auf=
marschieren, kommt „das Hackeln" vor. Wenn
seiner Gestrengen finster die Brauen rollen, wenn
der Gensd'arm von Ruhestörung und der Staats=
anwalt von Körperverletzung donnert, dann erwidert
der Bauer lachend: „Wir haben ja nicht gerauft,
wir haben ja bloß gehackelt." Der Mangel jeder
gefährlichen Absicht spricht sich vielleicht in nichts

so deutlich aus, wie in diesem herkömmlichen Einwand. Auch der Holzknecht hat seinen „Sport", und als solcher muß eigentlich das Hackeln definiert werden.

Ein lautes Stampfen dröhnt durch die Stube, und wir finden das ritterliche Paar, das erst am Fenster saß, bereits in Mitte des Schauplatzes. Der Tisch, der Maßkrug, die Karten — alles ist mitspaziert.

Auch der Wirt hat sich jetzt erhoben. Er ist aus seiner Ofenecke hervorgetreten — aber nicht aus seiner Neutralität — denn auch in der Bauernstube gilt das Prinzip der Nichtintervention. Wir leben in politischen Zeiten, und wenn sich zwei Bursche heutzutage balgen, so wollen sie nach völkerrecht= lichen Grundsätzen behandelt werden.

Mit verschränkten Armen, so etwa in der Stellung des alten Napoleon, überschaut der Wirt den Kampfplatz. Wer von den beiden wird zu Boden kommen? Jedenfalls am nächsten der Maß= krug, denkt er sich, aber ihm ist's gleich, denn einer von beiden muß ihn doch bezahlen. Der eichene Tisch hat wohl seine sechzig Pfund und geht so schnell nicht „aus dem Leime". Wenn sie sich in die Uhr verwickeln — ist's auch nicht schad, die geht seit Jahresfrist gar nicht oder falsch — und im übrigen werden die beiden weiter keinen Durst kriegen, wenn sie noch eine Weile so fort machen. Also denkt sich der Wirt.

Die Spieler indes lassen sich bei ihren Karten nicht stören. Gesehen haben sie's jeden Tag, und das bißchen Lärm, das hört einer gar nicht, der gute Nerven hat. „Hin" wird nicht gleich einer werden, kalkulieren die zwei, und wenn's dem einen passiert, wird's der andere schon sagen.

Dreimal rasten die Kämpfenden noch durch die Stube, dann hat halt doch der Hansei „hingezogen" und den Jörgl mitsamt dem Tisch zu Boden gerissen. Er hat ums Auslassen bitten müssen, und wie er gebeten hat — war's wieder gut.

„Ja, umsonst macht keiner dem Hansei sein Dirndl schlecht," und der Wirt packte ihn drum auch bei dem Halstuch und sprach:

„Du bist ein Kerl, wie dem Teufel sein Leibroß."

Solche Sprüch' thun dem Hansei wohl, und lachend sang er das Schnaderhüpfel:

> Und der Teufel hat Hörndl
> Und ich hab' mein Dirndl,
> Und dös Dirndl mag mi',
> Weil i a Hauptspitzbua bi'.

Auch der Jörgl lachte, aber seine Gurgel war so trocken, und weil ihn der Hansei so gnädig anblickte, so schlug er ihn auf die Achsel und erwiderte:

Gegrüßt seist Du, Bruder,
Der Herr ist mit Dir,
Du bist voll der Gnaden,
Geh — zahl a Maß Bier!

Und so geschah es.

Von der Raucherei.

(1875.)

Sakerabi — und i bleib daheim — jetzt hob' i schon b' Schuch austhan und leg f' nit noch amal an!" So wettert der Hansenbauer, als am Sonntag Abend die Genossen ans Fenster klopfen und ihn erinnern, daß heute beim Wirt drüben Tanz ist. Sie lassen ihn freilich so leichten Kaufes nicht los, er hört es noch, wie sie draußen die alte spöttische Weise singen:

„Und a luftiger Bua,
Der z'rreißt gern a Paar Schuah,
Und a trauriger Narr,
Der hat lang an ein' Paar."

So schallt's durchs Fenster, er aber lacht dazu — ja wenn's bloß die Schuhe wären, denkt er im

ſtillen, da hätt' er wohl mehr ſchon durchgetanzt
als die ganze Schar mit einander! Aber heute iſt's
ihm einmal nicht drum, und wozu ſoll er den „andern"
den Gefallen thun; die rechte iſt doch nicht dort.
Drum bleibt er gemächlich daheim in ſeinem Stüb=
lein; dann wirft er ein neues Scheit in den glühen=
den Ofen, der Maßkrug ſteht zu Seite, und langſam
füllt er ſich die hölzerne Pfeife.

„A Feuer is auch a Heimgart!"*) das iſt der
Gedanke, der ihm jetzt durchs Herz geht, und was
man vom Feuer ſagt, das gilt noch mehr von jenen
leichten blauen Wolken, die ſo ſeltſam verfliegen,
bei denen man über hundert Dinge „nachſinniert",
von denen „die andern" eigentlich nichts zu wiſſen
brauchen. Kurzum, ein tüchtiges Feuer und ein
gutes „Pfeifei" iſt eigentlich doch die beſte Geſell=
ſchaft. Aber nur wenige denken ſo wie unſer Hans,
daß ihnen das Trauliche, Beſchauliche am Rauchen
Freude macht, daß ſie von ihrem Pfeiflein wie vom
Feuer ſagen, es ſei ein „Heimgart", ein Erſatz
für die Geſelligkeit.

Gerade deshalb wird z. B. nirgends ſoviel

---

*) Heimgart = Geſellſchaft.

geraucht als auf dem Tanzplatz, wo jeder imponieren
und fein Ich nach Kräften heben will; hier ist die
Cigarre gleichfam unentbehrlich für jeden flotten
Burfchen. Und nicht bloß auf dem Platze, fondern
während des Tanzes felbft behält er fie im Munde,
ja ich habe es oft gefehen, wie die einzelnen, wenn
eben ihr Walzer anging, fich noch rafch in aller
Haft neue Cigarren anzünden, ganz ähnlich wie man
bei uns etwa die Handfchuhe anlegt, wenn unver=
hofft getanzt wird. Die Sicherheit, womit der Mund
fein Kleinod festhält, ift erftaunlich, bei den ver=
wegenften Sprüngen, beim tollften Räderfchlagen geht
fie nicht verloren, nur ab und zu fällt ein kleiner
heißer Afchenregen dem Dirndl aufs Mieder. „Hat's
Di' brennt?“ (oder brunna) fragt dann beforgt der
galante Tänzer, aber das Dirndl erwidert lachend:
„Macht nix, da fallt ein' Glut auf die andere.“

Im Kampfe, der fich zwifchen dem „Pfeifei“
und dem „Ziehgarr“ entfpann (denn die Cigarre
ift in Oberbaiern generis neutrius), hat fich der
Sieg entfchieden auf die letztere Seite geneigt; die
Pfeife hat mehr ein familiäres altherkömmliches
Gepräge; das „Ziehgarr“ aber fieht fich fchon mo=
derner und vornehmer an und eignet fich deshalb

viel beffer, um Staat zu machen. Es ist mit einem
Worte viel „nobliger", wie es der Bauer nennt.
Deshalb rauchen denn auch die Jungen faft nur
mehr die Cigarre, während die Alten meist bei ihrem
Brauche bleiben und nur gelegentlich ein „Prügel"
zu Handen nehmen; denn auch unter diesem Namen
(als kleiner Prügel) ist die Cigarre bis zur Stunde
gangbar. Zu Haufe ist es etwas ganz anderes,
aber nach außen, wenn man repräsentieren muß,
da giebt es eigentlich nur dies eine.

Sich wechselseitig ein Ziehgarr anzubieten, gilt
auch im bairischen Hochland bereits als geläufiger
Brauch, und der Bauer, der sonst so spröde gegen
die „Herrischen" ift, verschmäht es nicht, gerade
diese Gabe gern von ihnen entgegenzunehmen, ja
es ist gleichsam eine Art von Steuer gegen den
Postillon, der unseren Wagen lenkt, gegen den Führer,
der uns auf einen schwierigen Gipfel begleitet, gegen
den Jäger, mit dem wir in grauer Dämmerung
zur Hahnfalz oder „auf den Anstand" ziehen. Nicht
der Wert, sondern die Ehre schmeichelt ihm, wenn
er so neben dem Herrn sitzt und am felben Zünd=
holz diefelbe Cigarre wie diefer anbrennt.

Der Bauer bezeichnet die Wirkung, die ein

starkes Rauchen auf seine Stimmung übt, als einen
„Rausch," und wenn der Ausdruck vielleicht auch etwas
zu derb erscheint, der narkotische Effekt ist damit doch
vollkommen bezeichnet. „Nei, nei," sagt einer, der's
nicht kann, entschuldigend, sobald man ihm eine
Cigarre bietet, „da darf i nix machen, da krieget
i an Rausch!"

Aber freilich sind dies nur wenige, die große
Mehrzahl hängt schon fest an dieser Übung und
wird nur desto munterer, beredter, ja man kann
wohl sagen, gemütlicher, wenn sie das Pfeifei oder
die Cigarre im Munde führt. Noch mehr, es giebt
ganze Gruppen und Klassen, die wir uns kaum
denken können ohne diese trauliche Zuthat. Was
soll ein alter Forstwart sein, der abends heimkehrt
vom Waidwerk und nun den grünen Hut an eines
der schweren Geweihe hängt, ohne daß er nun langsam zum offenen Herde trottet, um mit dem brennen-
den Span sein Pfeiflein „anzukenten".

Oder ein lustiger Postillon, der mit dem hoch-
geladenen gelben Wagen bergan fährt, indes die
Dämmerung schon ihren grauen Schleier spinnt und
das letzte Rot am Horizonte erkaltet, welch bessern
Genossen fände der, als sein trautes glimmendes

Pfeiflein? Und während der Wagen knarrend empor-
klimmt, bleibt er schrittweise stehen, die Peitsche unter
den Arm gezwängt und den Kopf zur Seite geneigt;
so schlägt er Feuer. Hollah, jetzt brennt's; fröhlich
rückt er den Hut zur Seite und schwingt sich wieder
auf den Bock, denn nun ist auch der verwünschte
Berg zu Ende, und in scharfem Trabe geht es nun
eben weiter. Drinnen im gelben Kasten schlafen
sie längst, das müde Gespräch ist verstummt, er aber
sitzt draußen im kühlen Nachtwind und muß wachsam sein auf den schlimmen Weg. Da ist der kleine
Funke, der stundenlang weiter glimmt, sein bester,
ja sein einziger Genoß. Es ist, als hälfe ihm der
kleine Funke wachen.

Hier fühlen wir in der That das Sinnvolle
hindurch, das im Rauchen liegt, aber wie selten
freilich bleibt ein Brauch in solchen Grenzen; auch
der Mißbrauch, auch der Unfug des Rauchens hat
im Hochland schon weit um sich gegriffen. Ich
denke noch immer mit Lachen an eine Scene, die
ich selbst nicht weit von der Tiroler Grenze erlebte.
Es war ein Sonntag Nachmittag, und alles war
weggegangen, nur zwei kleine Jungen hatte man
zum Haushüten zurückgelassen, die standen breit und

behaglich unter der Thür. Der ältere, der etwa neun Jahre zählte, hielt eine schwere Tabakspfeife im Munde, die ihm bis auf die Brust herunterfiel, und schmauchte in dicken Wolken väterlichen Knaster, der Bruder, ein kleiner dickköpfiger Balg von höchstens sieben, stand daneben und guckte dem Dampfe nach.

Erst hielt ich dem größeren eine strenge Predigt, und als die Predigt zu Ende war, frug ich entrüstet: „Raucht etwa der Kleine auch schon?" Aber der Junge ließ sich nicht aus der Fassung bringen, sondern kaltblütig, die Hände in der Hosentasche, erwiderte er: „Der Kleine? Nein, der schnupft." Fürwahr, es lag eine so stoische Unverschämtheit im Ton dieser Worte, daß ich nicht anders als hell auflachen konnte; der Junge aber sah mich fast drohend an, als wollte er im nächsten Augenblicke auch noch fragen: „Ich weiß nicht, mein Herr, was Sie hier so lächerlich finden."

Das ist erlebt — und doch ist dieser kleine Kobold mit der väterlichen Pfeife noch lange nicht das schlimmste, was man in fumatorischer Beziehung auf unseren Bergen erleben kann. Denn selbst die Frage weiblicher Raucherei, mit Recht das bestge-

haßte Kapitel in diesem ganzen Gegenstande, tritt
uns bisweilen hier entgegen. Mit Entrüstung hör'
ich den Leser fragen: „Was, selbst da draußen ist
man vor solchem Unfug nicht sicher? eine Unart,
die man kaum unseren vornehmen Damen verzeiht,
treiben da ganz alltägliche „Weiberleut?" Dann
wahrlich ist es schade, daß man die drohenden Ver=
ordnungen gegen die „Tabakstrunkenbolde" aufhob!"

Und dennoch ist es so, es giebt eine kleine und
zwar ganz auserlesene Gruppe der „Weiberleut"
in den bairischen Bergen, die dieses Vergnügen
keineswegs verschmäht, und das sind merkwürdiger
Weise die — Sennerinnen.

Bekanntlich sagt schon das Sprichwort:

„Auf der Alm giebt's kei Sünd,"

und so fühlen sich denn die schönen und häßlichen
Almerinnen von vornherein absolviert, und ich habe
keinen Grund, sie anzuklagen.

Es war an einem prächtigen Sonnwendabend,
um Johannis, da saß ich droben auf dem Spitzing
und streckte mich behaglich in den schweren Nagel=
schuhen — „Himmelelement! jetzt sind die Cigarren
vergessen!"

„Ha, muß Dir halt ich eine geben, Karl,“ sprach das schöne Midei lachend, und dann ging sie in das Kämmerlein, wo der hochgetürmte „Kreister“ steht, und holte über dem Fenstersims ein halbes Dutzend herunter. „So, Karl, jetzt such Dir ebbes, wie’s D’ magst; die schlechteste wirst Du nit derwischen.“

Es waren lauter Geschenke, die einzelne Wanderer hier zurückgelassen, und das Midei hatte sie sorglich aufgesammelt, nicht bloß für ihren Schatz, wie wohl die Geber es meinten, sondern auch zum eigenen Gebrauch. „I hab’ mir oft denkt, es sollt’ nit sein,“ sprach das Midei beklommen, „und hab’s auch schon fest im Sinn zum Beichten g’habt; aber — schön is nit, aber kei Sünd is doch nit.“

„Auf der Alm giebt’s kei Sünd.“

Nicht um einen wirklichen Genuß zu finden, sondern aus purem Übermut, der ja da droben in der einsamen Höhe so trefflich gedeiht, rauchen bisweilen die Sennerinnen; sie verraten es auch nur wenigen, aber vor dem „Karl“ braucht man sich nicht zu genieren. So hab’ ich denn jetzt schon mehr als ein Dutzend meiner alpinen Gönnerinnen

bei der Cigarre betroffen: hoffentlich werden sie nie
erfahren, daß ich so ungalant war, ihr Geheimnis
hier zu verraten. Es sind ja immer noch wenige,
die von dieser verbotenen Frucht genießen, und nur
als ein Kuriosum erzähle ich die Geschichte.
Drunten im Dorfe, unter dem Mannsvolk,
sieht's freilich anders aus, da gilt das alte klassische
Wort: peccatur intus et extra, das heißt auf dem
„Herrenstübel", das zur Rechten, und über der
„Bauernstuben", die zur Linken liegt, lastet der
gleiche undurchdringliche Tabaksqualm, es ist die
graue Lasur, die unzertrennlich von jedem Abend=
trunke scheint. Das laute Gezänk der einen und
die still=verschlafene Würde der anderen ist in diese
Wolken gehüllt, sie sind der Schleier, der über der
Kulturgeschichte unserer Berge liegt, wenigstens so
weit sie auf die Wirtshausstube beschränkt ist. Wie
von Holz geschnitzt, sitzen sie dort, die sogenannten
„Honoratioren," jeder die Pfeife oder die Cigarre
im Mund; ein heiliges Schweigen geht durch die
Runde, und immer dicker wird der Dampf, je länger
das Schweigen währt. Man meint wohl, sie wären
eingeschlafen; aber nein — bei Gott, sie sind noch
wach, sie sind nicht von Holz geschnitzt, sondern

leibhaftig lebendig; sie rühren sich, ja drei von ihnen
haben sich sogar fortgestohlen ins kleine Nebenstüb=
lein zu einem Kartenspiel, das man Taroken nennt.

Schon nach einer Stunde etwa werden sie
vermißt und erschrocken frägt einer aus der Ge=
sellschaft: „Ja, wo sind denn jetzt die drei
Herren hin?"

„Die thuen taroken," erwidert phlegmatisch
der nächste.

„Wer?" frägt der dritte, wie aus einem tiefen
Traume erwachend.

„Die Herren!" lautet gelassen die Antwort
des vierten.

„Was?" repliziert betroffen der fünfte.

„Taroken," spricht mit monotoner Stimme der
sechste, und dann wird's wieder still in dem er=
habenen Herrenstüblein, und mit doppelter Macht
bläst jeder die dicken Tabakswolken ins Blaue.

Viel wilder und lebendiger geht's drüben in
der Bauernstuben zu; dort hat sich der alte Wester=
hofer soeben ein neues „Ziehgarr" bestellt, und
spottend singen ihm deshalb die Burschen zu:

„Rauch Du a Haberstroh,
Dös is Dir g'sund!"

So endet ein altes Bauernlied; aber der Wester=
hofer versteht keinen Spaß in solchen Dingen, und
warnend sagen die Vernünftigeren: „Geh, laßt 'n
gehn, Ihr wißt's ja, was er für einer is, der Wester=
hofer — der raucht kein' guten.“

Dieser Ausdruck gilt im Gebirge ganz allgemein,
wenn man bezeichnen will, daß einer nicht mit sich
spaßen läßt, sondern scharf und beißend jeden An=
griff erwidert; es ist vielleicht der stärkste Beweis,
wie populär das Rauchen im Bereich unserer Berge
geworden ist, wenn selbst das Sprichwort sich dieses
Begriffes bereits bemächtigt hat.

Im übrigen ist es noch heute ein bedeutsamer
Unterschied, wie in Tirol und wie in Baiern ge=
raucht wird; dort, wo Land und Leute weit ärmer
sind, gilt der Tabak nicht selten als Nahrungsmittel
(denn er mindert den Hunger); bei uns aber gilt
er nur als ein Mittel des Genießens, hier liegt
etwas Gesättigtes, etwas Lebensfrohes im Rauchen,
das man vergeblich sucht auf den schönen aber müden
Gesichtern der Leute, die mit schwerer Last über
den Jembacher Berg emporziehen, keuchend und doch
die Pfeife im Mund. Wenn dies Bild fast etwas
Darbendes, etwas Peinliches hat, so will der bairische

Bauer nur rauchen, um seinen Überfluß und seinen
Übermut damit zu bethätigen.

Ich vergesse es nie, wie ich einst um Mitter=
nacht aus dem Wirtshause heimzog, und vor mir
ging mit schwanken Schritten ein Bursche, die schwere
Pfeife im Mund. Die war seine ganze Freude und
sein Stolz; aber es handelte sich nur noch darum,
sie nun auch wirklich anzuzünden. Wohl zehnmal
strich der wankende Geselle an jeder Ecke sein Zünd=
holz an, und zehnmal blies der Wind es aus; er
aber ließ sich nicht irre machen, sondern sang ohne
Unterlaß auf dem einsamen Heimweg:

> Und der Mensch muß a Freud' hab'n,
> Und a Freud' muß der Mensch hab'n;
> Denn wenn der Mensch kei' Freud' hat,
> Was hat denn nachher der Mensch?"

Und so oft er das gesungen, strich er von neuem,
und von neuem blies der Wind.

So hat die geheimnisvolle Pflanze, die einst
aus dem fernen Westen zu uns kam, trotz aller
drakonischen Verbote sich doch schon längst das Bürger=
recht erobert in unseren stillen Bergen, in den
Neigungen und Fehlern, ja selbst im Dialekt unseres

oberbairischen Volkes. Der Satz der alten Griechen, daß der Mensch, der nicht „geschunden" wird, es nie zu vollem Wissen bringt, gilt auch zwischen Zugspitz und Wendelstein; auch hier giebt es Plackereien in Fülle, die d e r überwinden muß, der sich der vollen Kenntnis unseres Hochlands und seiner Bewohner rühmen will. Und dabei meinen wir nicht bloß die derben Ellenbogen und die plötzlichen Regenschauer, in die man mitunter gerät, sondern auch jenen düsteren Tabaksqualm, der über jeder winterlichen Wirtsstube lagert, der das Interior jedes echten Stellwagens erfüllt. Es gehört viel Heroismus dazu, die „Havannah", die hier der Tölzer Floßknecht zur Geltung bringt, geduldig hinabzuwürgen; aber wer das verschmäht, dem werden Floßknecht und Stellwagen ein ewiges Geheimnis bleiben.

Auch für den Schleichhandel, so weit er noch an der Tiroler Grenze blüht, bildet der Tabak ein wichtiges Objekt; in schmaler Reihe, Mann hinter Mann, zieht die kleine Kolonne beim Mondlicht über den Felsengrat. Der vorderste hat die Büchse gespannt, und was ruht in den ungeheuren Tragkörben, die über die Schulter ragen? „A bissel a Futter fürs Pfeifei."

Ab und zu treibt wohl auch ein harmloser Stoß (wie man die Senner auf den Tiroler Almen nennt) dies „Schwärzen"; unter dem kleinen Geis= läs und der Butter, die er hinunterträgt, liegen sorgsam die Knasterrollen verborgen. So geht's vom „Bairischen ins Kaiserliche" und vom „Kaiser= lichen ins Bairische," und es ließe sich mancherlei erzählen, was mir der Niklas von der Hagelhütte beim Enzian vertraut hat; aber man weiß es nicht, in was für Hände oft so was „Gedrucktes" kommt, und dann dürft' ich mein Lebtag nimmer mich auf der Hagelhütte sehen lassen. Denn mit dem Niklas ist nicht zu spaßen — „der raucht keinen guten".

Hahnfalz im bairischen Hochland.

(1885.)

enn sich im Hochland der Frühling regt und die Anemonen aus dem welken Waldlaub lugen, wenn der erste Fink schlägt — da geht ein Zug von wunderbarer Kraft durch das Leben der Berge. Man spürt ihn ja allerorten, den schönen Lenz, aber so fühlt man ihn nirgends, wie in den Bergen, wo der Winter so eisern gewaltig und wo das Wesen der Menschen mit der Natur so innig verwachsen ist.

Auch die Jagd, dies Lebenselement der Berge, hat teil an dieser Frühlingskraft. Wenn der Jäger= bursch des Abends nach Hause kommt, mit den ersten Veilchen am Hut und dem spürenden Dachshund an der Seite, und wenn sie dann beisammen sitzen

in der Försterstube beim Lampenschein, dann gilt
ihr Gespräch wohl unvermeidlich der „Hahnfalz".
Mit diesem Wort nämlich wird in den Bergen die
Balzzeit des Auerhahns und später des Spielhahns
bezeichnet, und auch die Jagd auf dies herrliche
Federwild trägt den gleichen Namen. „Am Hahn=
falz gehen", das ist die ganze Leidenschaft und das
Weidmannsziel dieser Wochen; sie verschwinden
ohnedem zu rasch, denn sobald die Buchenknospen
einmal ausgeschlagen, ist es mit dem Auerhahn vorbei.

Und in der That muß man gestehen, daß es
kaum eine zweite Jagd giebt, die so feine land=
schaftliche Reize bietet und die der kühnen Kraft,
wie sie nun einmal im Charakter unsres Bergvolks
liegt, so vollen Spielraum gewährt. Denn der
Weg ist weit im Morgengrauen über die schneeigen
Halden, und alle Sinne müssen sich schärfen, um
Herr zu werden über dies Zwielicht; ein unsicherer
Schritt, ein Laut zur Unzeit, und der Hahn streicht
sofort von dannen. Kurzum, es ist ein Weidwerk,
das in ganz besondrem Grade das erfordert, was
der Bergbewohner am höchsten stellt — „die Schneid".

Natürlich ist die Zeit, wo die Hahnfalz im
Hochland beginnt, verschieden, je nachdem sich ein

zeitiges Frühjahr einstellt; manchmal spürt man
die Hähne schon zu Anfang April, und manchmal
schüttelt der Jägerbursch lange nach Ostern unmutig
den Kopf, denn „die Berg' san ja noch kugelrund
vor Schnee". So plastisch drückt das Volk sich
aus, um zu bezeichnen, daß all' die feinen Zacken,
Kanten und Schluchten, die sonst die Form eines
Berges bestimmen, unter der eintönigen, windver=
wehten Schneefläche formlos geworden sind.

Aber endlich kommt doch die Zeit, wo die
Höhen für einen kecken Schritt wieder gangbar
werden, sieben oder acht Hähne falzen im Revier
und morgen in aller Frühe geht's hinaus auf den
Wallberg.

Der Abendtrunk vor einem solchen Tage ist
kurz gemessen, allein ganz läßt es sich doch nicht
auf denselben verzichten. So sitzen wir denn in
der Wirtsstube des Försterhauses, wo die rußige
Hängelampe den eichenen Tisch bescheint, an den
Hirschgeweihen hängen die grünen Hüte und die
Wettermäntel von braunem Loden; das goldhaarige
Töchterlein aber trägt geschäftig die Speisen auf
und nestelt am Zopfe, wenn etwas erzählt wird,
das ihre Neugier weckt. Dann huscht sie zur Thür

hinaus und kehrt mit einer Hand voll steinerner Krüge zurück, die sie bedächtig vor die Zecher stellt. Die aber stützen die Ellbogen auf den Tisch, daß man die breiten Rücken sieht, und sind ganz vertieft in ihren „Disputat", wie die Bauern sagen; sie achten des blonden Mägdleins kaum, das abseits auf der Bank an ihrem Strickzeug nadelt und dabei an ihren Schatz denkt.

Wohl wär' der Schatz ganz in der Nähe, es ist der schmuckste von den drei Burschen, die hier am Tische sitzen, und sie bringt ihm immer den frischesten Krug, aber er sieht sich niemals nach ihr um. „Heut hat er wieder ganz die Jagerei im Kopf" denkt sie mit einem leisen Seufzer, „oder" — und dann lächelt ihr Antlitz leise — „oder er will sich halt nix merken lassen."

„Lisei, noch a Maß!" schallt es vom Tisch herüber.

„Ja, freili, so muß ma's machen, damit die Kugel daneben geht," brummt eine tiefe mürrische Stimme von der Ofenbank; es ist „der Alte", der Vater des Försters, der hier im Austrag lebt und sich ausstreckt wie ein alter, verwitterter Baum. Nun erhebt er sich langsam und blinzelt aus den

dunklen und noch immer scharfen Augen auf das
junge Volk.

„Saufts nur brav, ein' Maß um die ander',
bis Ihr all' mit'nand damisch werd't, na' wird der
Auerhahn a Freud hab'n, denn der steht im nächsten
Mai aa noch da. Ich hob bös ganz Jahr koa Bier
g'sehn bis auf die heiligen Zeiten, aber koa Stückl
Wildpret hab' i a nit g'sehn, bös mir z'trunna
waar'. Jetzt is ja d'Welt nix mehr nutz, lauter
junge Leut', lauters G'lump."

So spricht der Alte und legt den Kopf wieder
aufs warme Kissen. „Aber heut is er grandig,"
flüstert einer der jungen Burschen; „ja, i glaub's
gern, weil halt er nimmer 'naus kann," setzt der
zweite hinzu.

„Na, na, er hat scho' recht, der Vater," meint
schließlich der dritte, „g'scheider is's, wir legen uns
noch a Stündel nieder," und mit jener Bestimm=
barkeit, die für den Bauern so charakteristisch ist,
wird nunmehr der Aufbruch beschlossen. „Gut'
Nacht, gut' Nacht!" klingt es von allen Seiten;
einer hinter dem andern verschwindet auf die Haus=
flur, wo die Gewehre am Nagel hängen und die
schweren Bergstöcke in der Ecke lehnen; und dann

geht's polternd die Treppe empor, bis es wieder tiefe Stille wird. Nur einer hat sich noch zu schaffen gemacht vor dem Schlafengehn; es raschelt leise auf dem Gang, wie wenn zwei Lippen einander streifen, und kaum hörbar klingt es noch einmal: „Gut' Nacht, gut' Nacht!"

Die Sprache des alten Hausknechts klang deutlicher, als er um ein Uhr nachts mit Dröhnen an die Thür schlug und polterte: „Aufstehen! Rührt si' wieder gar nix? Raus aus der Bettstatt! Dans is!"

Eine Viertelstunde später verließen wir die Thür des einsamen Försterhauses. Alles rundum war noch dunkel und lautlos, eine schneidende Kühle floß durch die Luft und die kahlen Zweige der Buchen regten sich im Mondlicht, während die silberne Sichel über den Felsen stand. Lautlos stiegen wir bergan, mit jenem leisen und doch so mächtig greifenden Schritte, den das Wandern in den Bergen giebt, alle Sinne sind geschärft, jeder einsame Laut, der durch dies Nachtleben klingt, bald schrill, bald heimlich stöhnend, trifft Aug und Ohr mit spannender Gewalt.

Endlich geht's hinein in die breiten schwarzen Massen des Tannenwaldes. Über den Weg zieht

Wurzelwerk, und nur manchmal blitzen die Sterne
durch die hohen rauschenden Wipfel, im Rinnsal
der Schluchten hört man das Wasser quellen, das
der Frühling gelöst hat und das von den Höhen
zu Thäler riefelt.

Bald aber teilt sich der Weg zu den verschie=
benen Standplätzen; stundenweit gilt es noch für
jeden einzelnen emporzusteigen bis an die Almen=
matten, und nun erst, in diesem einsamen Gehen,
kommt uns der Zauber nächtlicher Bergeswelt ganz
zu Gefühl.

Wie ein Wildgarten der Natur liegt zuletzt die
weite Lichtung da, in die man plötzlich aus dem
Walde hinaustritt. Senkrecht steigen die Felsen
an mit ihren bleichen, zerklüfteten Wänden, der
kleine tannenbegrenzte See, der ihnen zu Füßen
liegt, ist hart gefroren, und in den tiefen Wiesen=
mulden lastet allenthalben noch verwehter Schnee.
Gewaltige Felsblöcke liegen zerstreut über dem welli=
gen Wiesengrund, aus dem sich nur hier und dort
eine verwitterte Fichte erhebt; dort ist der Stand=
platz des Hahnes, wo er sich am liebsten „einschwingt“
und „aufbaamt“, um der Hennen zu warten, die
sein Lockruf unten versammelt.

Unhörbar geht es jetzt dahin, bis auf sechzig, fünfzig, dreißig Schritt Nähe; jeder Stein, der auf der Erde rollt, jedes Knacken eines Astes, auf den wir treten, genügt, um den riesigen und doch so scheuen Vogel zu verjagen. Nur während er falzt, ist er vollständig taub und blind, dann geht es in gewaltigen Sprüngen näher, aber im Augenblick, wo der Lockruf endet, muß der Jäger wieder regungs= los stille halten, wie er eben steht. Es ist ein unbeschreiblicher Laut, dies Schleifen und Gurgeln, dies Wetzen des wuchtigen Schnabels — ein Laut, dessen erregende Kraft nur der Weidmann versteht. Nun gilt's — dort auf dem abgesplitterten Aste steht der Hahn, mit geblähten Flügeln und aus= gebreitetem Stoße — Schußweite wär's, aber die Dämmerung des grauenden Morgens läßt nur die Umrisse erkennen. Welch' ein Fieber pocht durch die Hand, die sonst so ruhig ist, nun wird es höchste Zeit, denn so wie es heller wird, geht der Hahn von dannen.

Atemlos horcht der Jäger — da falzt der schwarze Vogel aufs neue, die Büchse liegt an der Wange — es kracht und das Echo des blitzenden Schusses hallt weithin über die Felsenwand. Auf dem Boden aber tönt ein dumpfer Schlag und der riesige Hahn liegt regungslos unter dem Fichtenstamm.

Gegen acht Uhr morgens sind wir wieder in dem stillen, schmucken Försterhaus versammelt, und das blonde Töchterlein mustert die Beute und die langen Gesichter derjenigen, die leer nach Hause kamen. Und während wir nun beim Frühmahl sitzen, geht's an ein Erzählen und Necken, denn die Hahnfalz war ja von jeher ein Hauptvergleich für die Fährlichkeiten der Liebe, so daß der Dialekt manch teckes Schnadahüpf'l von ihr gewann.

Der erste aber, der mit seiner Beute wieder daheim war, war jener „letzte", der aus der Stube ging, und sein Hahn ist auch der prächtigste von den dreien, die wir heimgetragen. Mit ihren lustigen Augen blinzelt das Mägdlein ihm zu, wenn er so waghalsig spricht, und es sieht aus, als ob ihre Lippen halten wollten, was die Augen versprechen.

Auch die Dirndln im Thal wollen's ja so haben, heißt es im G'sangl, daß man um sie werbe mit Locken und Springen:

> Wer nit falzt und nit springt,
> Der bringt's ninderscht zu koan.